KB215179

곽선희 목사 설교집

58

그 아버지의 소원

곽선희 지음

계몽문화사

머 리 말

'복음은 들음에서'—이는 진리이며 우리의 경험입니다. 하나님께서 우리에게 주신 복 가운데 가장 큰 복은 말씀을 주신 것입니다. '말씀이 육신을 입어서 오신 것'입니다. 말씀을 주셨고 들을 수 있게 하셨고 마음문을 열고 받아 믿게 하신 것, 참 놀라운 은혜입니다.

말씀은 단순한 지식이 아닙니다. 추상적인 이론이 아닙니다. 말씀은 선포되는 하나님의 계시적 능력인 것입니다. 말씀의 권능, 그 능력을 알고 체험하면서 비로소 '말씀 안에서 태어나는 생명적 기적'이 나타나게 됩니다. 오늘도 그 말씀이 증거되고 새롭게 선포되고 있습니다. 설교가 곧 말씀입니다. 성령의 역사와 함께 끊임없이 이루어지는 생명의 역사입니다. 이 선포되는 말씀, 증거되는 진리를 통하여 구원의 능력은 항상 새로워집니다. 말씀 안에서 새 생명이 탄생하고 말씀 안에서 영혼이 소생하며, 그 큰 능력 안에서 우리는 강건해집니다. 우상을 이기는 능력의 사람으로 성장해가는 신비롭고 놀라운 사건을 강단에서 늘 경험하고 있습니다.

여기에 또다시 설교말씀을 모아 책자로 내어놓습니다. 예수소망교회 강단을 통하여 하나님께서 우리에게 주신 말씀입니다. 이제 그 말씀을 책자로 엮어 내어놓음으로써 우리가 시간과 공간을 초월하여 개별적으로 하나님을 만나게 되는 '말씀의 역사'에 귀중한 방편이 되고자 합니다. 책자라는 그릇에 담긴 이 말씀들은 읽는 자의 마음 안에서 또다른 '말씀의 신비한 기적'을 낳게 되리라 확신합니다.

한 시간 한 시간의 설교를 위하여 간절히 기도해주신 모든 성도들과 이 책자를 출간하기까지 수고해주신 여러분께 진심으로 감사를 드립니다. 그리고 또다시 영광을 오직 하나님께 돌리면서……

곽 선 희

곽선희 목사

장로회 신학대학 졸업
프린스턴 신학석사
풀러신학 선교신학박사
인천제일교회 목사
장로회 신학대학 교수 역임
숭의여자전문대학 학장 역임
서울장로회신학교 교장 역임
소망교회 원로목사
예수소망교회 동사목사

곽선희 목사 설교집 제58권

그 아버지의 소원

인쇄 · 2018년 1월 5일
발행 · 2018년 1월 10일
지은이 · 곽선희
펴낸이 · 김정수
펴낸곳 · 계몽문화사
등록일 · 1993년 10월 11일
등록번호 · 제2016-2호
전화 · (02)995-8261
정가 · 22,000원
총판 · 비전북 / (031)907-3927
ISBN 978-89-89628-41-5   03230

그 아버지의 소원

한 나그네의 고백

바로가 요셉에게 말하여 이르되 네 아버지와 형들이 네게 왔은즉 애굽 땅이 네 앞에 있으니 땅의 좋은 곳에 네 아버지와 네 형들이 거주하게 하되 그들이 고센 땅에 거주하고 그들 중에 능력 있는 자가 있거든 그들로 내 가축을 관리하게 하라 요셉이 자기 아버지 야곱을 인도하여 바로 앞에 서게 하니 야곱이 바로에게 축복하매 바로가 야곱에게 묻되 네 나이가 얼마냐 야곱이 바로에게 아뢰되 내 나그네 길의 세월이 백삼십 년이니이다 내 나이가 얼마 못 되니 우리 조상의 나그네 길의 연조에 미치지 못하나 험악한 세월을 보내었나이다 하고 야곱이 바로에게 축복하고 그 앞에서 나오니라 요셉이 바로의 명령대로 그의 아버지와 그의 형들에게 거주할 곳을 주되 애굽의 좋은 땅 라암셋을 그들에게 주어 소유로 삼게 하고 또 그의 아버지와 그의 형들과 그의 아버지의 온 집에 그 식구를 따라 먹을 것을 주어 봉양하였더라

(창세기 47 : 5 - 12)

한 나그네의 고백

한 청년이 '내가 일생을 어떻게 살아야 하나?' 하는 깊은 철학적 고민에 빠졌다가 나름대로 좋은 생각을 합니다. '인생의 지혜를 얻기 위해서 나보다 더 나은 인생의 선배가 되는 사람을 만나야겠다. 먼저 산 사람 가운데 지혜로운 사람을 만나서 그로부터 내가 지혜를 얻어가지고 이제 일생을 살 것이다.' 참 좋은 생각입니다. 그래 수소문을 하여 아주 지혜가 있다고 하는 나이 많은 노인을 찾아가 부탁을 하게 됩니다. "제가 인생을 아름답고 지혜롭게 살아가고 싶은데, 그 방법이 뭐겠습니까? 어르신께서 가지신 지혜를 다해서 제게 가르쳐주시면 분부대로 제가 인생을 아름답게 살아가고 싶습니다." 그러자 노인이 빙그레 웃으면서 대답합니다. "두 가지가 있네. 첫째, 두려워하지 말게. 어떤 일을 당해도 두려워하지 말고 일에 임하는 게 좋겠네. 둘째는 지금 말해도 못 알아들을 테니까 지금은 말하지 않고 당신이 나름대로 살다가 일에 어려움을 당해서 딱 벽에 부딪히게 되거든 나를 다시 찾아오게나. 그럼 그때 가서 둘째로 내가 해야 할 말을 해주겠네." 이에 그 청년은 "고맙습니다!" 하고 돌아와서 정말 두려워하지 않고 사건을 만나고, 일을 처리하고, 사람을 대하고, 성공하기도 하고, 실패하기도 하면서 파란만장한 생을 살아갑니다. 30년을 그렇게 살고 나서 그가 가만히 생각해보니 이렇다하게 얻은 것도 없고, 성공한 것도 없는 것 같고 해서 절망감을 느꼈습니다. 그때 비로소 예전에 만났던 그 노인 생각이 나서 다시 찾아가보았더니 노인은 이미 세상을 떠나고 없었습니다. 한데 노인은 장차 이 청년이 자신을 다시 찾아올 것을 알고 미리 편지를 써놨습니다. 청년이 그 편지를 뜯어서 보니까 딱 한 줄이 씌어 있었습니다. '후회하지 마라.' 그러니까 노인의 지혜는 이 두 마디입니다. '두려워하지 마라.' '일이 지나갔거든 후회하지 마라.' 여러분, 한 해를 다 보내면서 어떤 생각이 드십니까? 많이 두려워하고 살았습니다. 쓸데없는 걱정을 많이 했습니다. 그거 한 번 다시 생각해야 되겠습니다. 어떤 일이 있었든 후회하지 말 것입니다. 왜냐하면 이 모든 일이 하나님의 경륜 속에 있었으니까요. 이제 바른 해석을 내려야 되겠습니다.

오늘본문에서 야곱은 바로왕 앞에 가서 고백합니다. 7절부터 귀한 말씀이 있습니다. 요셉이 자기 아버지 야곱을 인도하여 바로 앞에 서게 하니 야곱이 바로에게 축복하매 바로가 야곱에게 묻습니다. "네 나이가 얼마냐?" 야곱이 대답합니다. "내 나이 나그네 길에 세월이 130년이니이다. 내 나이가 얼마 되지 못하니, 우리 조상의 나그네 길의 연조에 미치지 못하나, 험악한 세월을 보내었나이다." 130년을 살았는데 회고할 때 딱 한마디입니다. '험악한 세월을 살았나이다.' 여기에 중요한 비밀이 있습니다. 바로왕 앞이기 때문에 이 말을 하는 것 같습니다. 야곱의 마음속에는 숨겨둔 고백이 하나 더 있습니다. '모든 것은 하나님의 은혜였을 뿐입니다.' 하지만 이 말은 성경에 없습니다. 신학적으로 해석할 때에는 아브라함을 '하나님 아버지의 상징'이라고 말합니다. 이삭을 말할 때는 '예수 그리스도의 예표'요, '예수 그리스도의 상징'이라고 말합니다. 야곱은 우리 인생을 대표한 상징이라고 해석하는 것입니다. 사실 그렇습니다. 야곱은 참으로 억척스럽고 파란만장하게 살았습니다. 130년이나 살았다고 하지마는, 그것은 하나의 순례길이었습니다. 그 일생은 하나의 파노라 마처럼 중요한 메시지가 있는 순례자의 길이었습니다. 첫째는 동생으로 태어납니다. 팔자가 동생입니다. 그런데도 형이 받아야 할 축복을 동생인 자신이 받습니다. 얼마나 억척스럽습니까. 동생인데 형으로 산 것입니다. 그만큼 그는 억척스럽게 축복을 받기 위해서 몸부림치며 살았습니다. 그래서 동생으로서 형의 축복을 받습니다마는, 이 첫 사건이 야곱에게 말해준 바가 무엇입니까? 이것이 중요합니다. 야곱은 복은 받았지만 추방당합니다. 형이 야곱을 죽이겠다고 말합니다. 또 야곱은 죽을 수밖에 없습니다. 그래서 혈혈단신, 혼자서 사막을 거쳐 하란으로 도망갑니다. 어찌 생각했겠습니까? '이거 복 받는다고 생각했더니, 복은 어디 가고 당장 죽게 되었구먼.' 아버지 어머니의 품을 벗어나 방랑의 길을 떠날 때 그가 무엇을 생각했겠습니까? '복보다 귀한 것이 진실이다. 아버지를 속이고, 형을 속이는 일, 속여가며 복 받을 수는 없는 것이다.' 여러분, 이걸 알아야 됩니다. 어떤 축복이라도, 어떤 큰 형통함이라도 거짓 위에 세워질 수는 없습니다.

인도의 간디가 유명한 말을 했습니다. '나는 한 평생 인도의 독립을 위해서 살았지만, 만일에 내가 거짓말을 한마디 해서 인도가 독립이 된다하더라도 나는 거짓말을 하지 않겠다.' 왜요? 거짓말해서 세워지는 나라는 망하니까요. 진실이 우선이요, 진실이 기본이라는 걸 잊지 말아야 됩니다. 우리는 잘 살겠다고 거짓말하고, 복 받겠다고 못할 짓을 합니다마는, 안 될 일입니다. 야곱이 순례자로서 맨처음 깨달은 것이 바로 이것입니다. 축복이 아니라 진실이 중요합니다. 축복보다 진실이 우선이다! 이걸 첫 번째로 깨닫습니다. 그 다음으로 그는 추방당해서 하란으로 가다가 돌베개를 베고 하룻밤을 지냅니다. 그렇게 들에서 자면서 '오늘 밤 나는 죽는가보다!' 하고 생각했습니다. 많은 짐승들이 울어댑니다. 광야, 무서운 곳입니다. '자, 이제 내가 여기서 끝나는가보다!' 그러나 하나님께서 그에게 계시해주십니다. 사다리를 보여주시고, 오르락내리락 하는 것을 보여주시고, 천사가 나타나는 걸 보여주십니다. '내가 너와 함께함이니라!' 하고 하나님께서 그에게 말씀해주십니다. 그는 깨달았습니다. '여기가 하나님의 땅이고, 하나님께서 나와 함께 계시다. 여기가 벧엘이구나!' 거기가 하나님의 집이라는 것을 깨닫게 됩니다. 다시 말하자면 '나는 죄인이었지만, 하나님께서는 나와 함께 계시고, 내가 잘못된 방법으로 축복을 받았지만, 하나님께서는 나를 축복해주시는구나!' 하고 깨달은 것입니다. 놀라운 은혜를 깨달았습니다. 하나님께서 말씀하십니다. "다시 돌아오게 하리라. 안심하고 나그네 길을 떠나라. 내가 너와 함께함이니라. 다시 돌아오게 하리라." 하나님의 약속입니다. '나는 부족하고 죄인이지마는, 하나님의 약속은 변함이 없다!' 아브라함의 하나님, 야곱의 하나님이 되어주신다는 것을 깨닫고, 감격하고 새로운 마음으로 나그네 길을 떠나게 됩니다.

그리고 이제 야곱은 삼촌댁에 가서 목자로 머슴생활을 합니다. 여기서 장가를 가게 되는데, 이것이 특별한 일입니다. 세상에 누가 연애를 했더라도 한 여자를 사랑해서 그 여자를 위해 14년 동안이나 머슴살이를 하겠습니까. 참 장가 한 번 어렵게 갔습니다. 그렇게 고생을 해서 사랑하는 여자하고 이제 결혼을 합니다. 라헬을 차지하게 됩니다. 아마 라헬이 상당히 예뻤던 것 같습니다. 이렇게 해서 열렬히 사랑을 하여 자기가 원하는 사람을 차지했습니다. 하지만 그 다음을 보십시오. 라헬은 우상을 섬겼습니다. 야곱은 라헬이 우상 섬기는 걸 막지 못했습니다. 여기서부터 야곱은 어려움을 당하게 됩니다. 또 라헬은 예쁜 만큼 질투가 많았습니다. 얼마나 심하게 질투를 하는지 모릅니다. 창세기 30장 1절에 보면 희한한 말씀이 있습니다. 라헬이 자기 남편보고 하는 말입니다. "나로 자식을 낳게 하라. 아니면 죽겠노라." 언니인 레아는 자식을 낳았는데, 동생인 자신은 자식을 못 낳으니 질투가 나서 그랬겠지요. 야곱이 대답하는 말이 더 재미있습니다. "내가 하나님을 대신하겠느냐? 네가 낳고 못 낳고 하는 건 하나님께서 하시는 일인데, 너는 어째서 나한테 이렇게 불평을 하느냐?"

우리 교인 가운데 유명한 미인하고 사는 사람이 있습니다. 제가 만날 때마다 문안을 합니다. "미인하고 사는 게 어떻습니까?" 그랬더니 역사적인 실수라고 합니다. 아침마다 두 시간씩 화장대 앞에 앉아 있다는 것입니다. 여러분, 아셔야 됩니다. 적당히 사는 게 좋지, 너무 그렇게 미인하고 사는 건 힘듭니다. 야곱이 라헬을 차지하기 위해서 그 야단을 하고, 그 고생을 했지마는, 결국 가만히 보면 야곱은 이 라헬 때문에 일생이 망가집니다. 고생 많이 합니다. 우상을 섬겼는데, 그 우상 섬기는 걸 막지 못합니다. 이것이 야곱의 실수입니다. 그러고 나서 가장 중요한 것은 이제 집으로 돌아와 형님을 만나게 되는 일입니다. 형님 에서를 만나는 순간은 여러분도 너무나 잘 알지 않습니까. 형님은 자기 사람 400명을 데리고 들어옵니다. 상봉하는 순간 야곱을 죽이려는 건지, 살리려는 건지 알 수가 없습니다. 야곱은 벌벌 떨면서 얍복강변에서 밤새 기도합니다. 자식과 재산을 다 강 건너로 보내놓고 홀로 남아서 밤을 새워가면서 기도합니다. 목숨을 걸고 하나님 앞에 기도합니다. 그리고 다시 이스라엘이라는 축복을 받고 형님을 만나게 되는데, 그때 원수로 대하는 게 아니고, 형님과 동생으로 만납니다. 서로 끌어안고 입을 맞추게 됩니다. 그때 야곱이 한 유명한 말이 있지 않습니까. "형님, 제가 형님의 얼굴을 보니 하나님의 얼굴을 보는 것 같습니다." 여러분, 화목이 먼저입니다. 번영도 좋고, 자유도 좋고, 축복도 좋고, 잘 사는 것도 좋지만, 화평이 먼저라는 걸 이제야 깨닫습니다. 그는 형님과 화평하고야 하나님을 볼 수 있었습니다.

히브리서는 분명히 말씀합니다. '화평을 좇을 것이니라. 이것이 없이는 아무도 주를 보지 못하리라.' 화평입니다. 야곱은 여기서 화목이 가장 중요하다는 것을 깨닫게 됩니다. 그리고 하나님의 은혜 가운데 다시 이제 돌아왔습니다. 그러나 그가 본래 벧엘에서 약속하지 않았습니까. 돌아와서 여기서 하나님을 섬기겠다고요. 십일조를 바치겠다고요. 하지만 깜빡 잊어버렸습니다. 세겜으로 가버린 것입니다. 가서 7년 동안 외도를 합니다. 잘못 갑니다. 많은 재산이 있었으나, 세겜에서 그만 큰일 날 뻔했습니다. 그리고 겨우 목숨을 부지해가지고 벧엘로 돌아갑니다. '벧엘로 돌아가자!' 그때, 지금까지 섬기던 우상, 잘못된 길로 가던 것을 다 땅에 묻어버립니다. 그리고 '벧엘로 돌아가자!' 합니다. 얼마나 중요한 이야기입니까. 원점으로 다시 돌아가는 것입니다. 7년이라고 하는 잘못된 길이 있었습니다. 다 잃어버리고야 비로소 다시 돌아갑니다. 원점으로 돌아간다! 이것이 회개입니다. '메타노에오', '뒤로 돌아간다'는 뜻입니다. 원점으로 돌아가서 다시 그의 생은 시작됩니다.

여기서 중요한 것은 야곱이 요셉으로 인해서 많은 눈물을 흘린다는 것입니다. 사랑하는 아들 요셉입니다. 왜 사랑하는지 아십니까? 라헬의 아들이거든요. 요셉은 그가 그렇게 사랑하던 라헬의 아들입니다. 라헬의 아들 요셉인데, 라헬을 사랑했듯이 그 아들을 사랑했는데, 그 아들이 그만 죽어버렸습니다. 죽었다고 알았습니다. 13년 동안을 그는 아들이 죽은 줄 알고 울며 지냈습니다. 그런데 알고 보니 애굽에 가서 총리대신이 되어 있는 것입니다. 이런 기가 막힌 일이 어디 있습니까. 그리고 오늘 라헬의 아들 요셉에게 주신 은혜를 따라서 그가 애굽으로 간 것입니다. 흉년을 피하기 위해 애굽으로 가서 바로왕의 영접을 받는 이야기가 오늘본문입니다. 그가 바로왕 앞에서 말합니다. "제가 130년을 살았는데, 험악한 세월이었습니다." 한마디가 빠졌습니다. "모든 것은 하나님의 은혜였습니다. 나는 잘못 가기만 했는데, 하나님께서는 계속 은혜로 인도하셔서 저를 오늘 이 자리까지 인도해주셨습니다."

이런 재미있는 이야기가 있습니다. 야곱이 죽을 때 이랬다고 합니다. "내 시체를 레아 곁에 묻어다오!" 야곱이 그렇게 사랑했던 라헬은 질투로 난리를 쳤지만, 외롭게 묻혔습니다. 한데 야곱은 죽으면서 "나를 레아 곁에 묻어다오!" 했습니다. 아마도 원점으로 돌아가 역시 레아가 자기한테는 더 소중한 아내였다고 생각하게 된 것 같습니다. 결국은 그런 생각을 하게 됩니다. 험악한 세월을 살았습니다. 그러나 오직 하나님의 은혜만 있었습니다. 오직 하나님의 은혜로 요셉을 통하여 이 큰 축복을 누리고, 고센 땅에서 이제 영광되게 생을 마칩니다. 여러분, 깊이 생각해보셔야 됩니다.

어느 한 수도사가 한 평생을 살고 하나님 앞에 갔습니다. 요단강을 건너갈 때 천사가 그를 맞이합니다. 그는 수도사로 살아온 자기 생을 돌아보게 되었습니다. 그랬더니 그야말로 필름을 보는 것처럼 일생 살아온 것이 죽 보입니다. 그런데 언젠가 보니까 수도사라서 가족도 없이 혼자 살았는데, 자기가 걸어온 길에 발자국이 둘인 것입니다. 그래 천사한테 물었습니다. "아니, 어째서 저 혼자 살아왔는데 발자국이 둘입니까?" 천사가 답합니다. "하나는 네 발자국이고, 또 하나는 예수님의 발자국이다." "아, 그렇습니까? 예수님이 저와 함께하시는 걸 제가 몰랐습니다." 한데 자세히 보았더니 또 어떤 때는 발자국이 하나뿐입니다. 그래 묻습니다. "저기는 왜 둘이었던 발자국이 한 사람 발자국밖에 없습니까?" 천사가 대답합니다. "네가 너무 힘들어해서 예수님께서 너를 업고 걸어가셨느니라." 수도사가 거기서 크게 깨닫습니다. 자기가 혼자 살아온 줄 알았는데, 주님의 은혜로 오늘의 자기가 있게 되었음을 깨닫고 하나님 앞에 감사했다는 이야기입니다.

여러분, 오늘 야곱이 생각합니다. 130년을 살아왔습니다. 많은 잘못이 있었습니다. 그러나 하나님의 은혜는 크고 놀라웠습니다. 마침내 바로왕 앞에서 고백합니다. "험악한 세월을 살았습니다." 맞습니다. "그러나 모든 것은 하나님의 은혜요, 그 은혜 안에 오늘 내가 여기에 있습니다." 이런 말없는 고백을 하고 있는 것입니다.   △

서원이 있는 새 출발

야곱이 브엘세바에서 떠나 하란으로 향하여 가더니 한 곳에
이르러는 해가 진지라 거기서 유숙하려고 그 곳의 한 돌을 가
져다가 베개로 삼고 거기 누워 자더니 꿈에 본즉 사닥다리가
땅 위에 서 있는데 그 꼭대기가 하늘에 닿았고 또 본즉 하나님
의 사자들이 그 위에서 오르락내리락 하고 또 본즉 여호와께서
그 위에 서서 이르시되 나는 여호와니 너의 조부 아브라함의
하나님이요 이삭의 하나님이라 네가 누워 있는 땅을 내가 너와
네 자손에게 주리니 네 자손이 땅의 티끌 같이 되어 네가 서쪽
과 동쪽과 북쪽과 남쪽으로 퍼져나갈지며 땅의 모든 족속이 너
와 네 자손으로 말미암아 복을 받으리라 내가 너와 함께 있어
네가 어디로 가든지 너를 지키며 너를 이끌어 이 땅으로 돌아
오게 할지라 내가 네게 허락한 것을 다 이루기까지 너를 떠나
지 아니하리라 하신지라 야곱이 잠이 깨어 이르되 여호와께서
과연 여기 계시거늘 내가 알지 못하였도다 이에 두려워하여 이
르되 두렵도다 이 곳이여 이것은 다름 아닌 하나님의 집이요
이는 하늘의 문이로다 하고 야곱이 아침에 일찍이 일어나 베개
로 삼았던 돌을 가져다가 기둥으로 세우고 그 위에 기름을 붓
고 그 곳 이름을 벧엘이라 하였더라 이 성의 옛 이름은 루스더
라 야곱이 서원하여 이르되 하나님이 나와 함께 계셔서 내가
가는 이 길에서 나를 지키시고 먹을 떡과 입을 옷을 주시어 내
가 평안히 아버지 집으로 돌아가게 하시오면 여호와께서 나의
하나님이 되실 것이요 내가 기둥으로 세운 이 돌이 하나님의
집이 될 것이요 하나님께서 내게 주신 모든 것에서 십분의 일
을 내가 반드시 하나님께 드리겠나이다 하였더라

(창세기 28 : 10 - 22)

서원이 있는 새 출발

이런 말이 있습니다. '인간에게는 생일이 둘 있다.' 첫째는 나도 모르게 부모님으로부터 세상에 태어나는 날입니다. 산부인과에서 울음을 터뜨리면서 세상에 태어나는 그 생일 말입니다. 말하자면 생리학적인 생일입니다. 둘째는 인간적인 생일입니다. 그러니까 '내가 왜 존재하는가?'를 깨닫는 시간입니다. 내가 왜 존재하는지, 내 존재의 가치가 무엇인지를 모르고 산다면 그는 아직도 생리학적인 존재일 뿐이지, 인간적인 존재는 아닙니다. 우리가 흔히 이런 말을 하지 않습니까. '철이 난다.' 철이 나서 내가 누구인지, 내가 왜 존재하는지를 알게 될 때, 그날이 인간으로서 다시 태어나는 두 번째 생일입니다.

미국 듀크 대학의 존 위스튼호프(John Westenhoff)가 「Bring up the Children in the Christian Faith」라는 명저에서 신앙의 세계를 이렇게 체계적으로 말합니다. 첫째는 '귀속적 신앙(Affiliative Faith)'입니다. 이것은 아버지 어머니로부터 물려받는 것입니다. 그러니까 나는 뭔지 모르고 부모님 손에 이끌리어 교회에 나가기도 하고, 무슨 말인지도 모르고 부모님이 가르쳐주시는 대로 기도하기도 하는 것입니다. 그러나 그것은 자기 신앙이 아닙니다. 부모님의 인도함을 따라서 그 가족의 분위기 속에서 자동으로 얻어지는 신앙입니다. 그걸 가리켜 우리는 흔히 '모태신앙'이라고 말합니다. 모태에 무슨 신앙이 있나 싶겠지만, 있습니다. 그래서 우리는 육체적으로 DNA가 있는 것처럼 마음속에 신앙의 DNA가 있습니다. 부모님께 물려받는 것입니다. 아주 소중합니다.

둘째는 '탐구적 신앙(Searching Faith)'입니다. 사람은, 중고등학교에 올라가면서부터 시작하여 청년기에 이르기까지, 부모로부터 독립하고자 고민을 하게 됩니다. 부모의 말이라고 다 듣지 않습니다. 이제는 자기 나름대로 판단하려고 합니다. 내가 내 뜻대로 결정하려고 합니다. 그런 시간이 다가옵니다. 제 개인적인 얘기입니다마는, 우리 교회 담임목사인 곽요셉 목사도 어렸을 때 "앞으로 크면 뭐가 되겠느냐?" 하고 물으면 "목사 되지요!" 하고 답하곤 했습니다. 초등학교 다닐 때도 목사, 중학교 다닐 때도 장래희망이 목사였습니다. 한데 고등학교 가니까 "아니요!" 합니다. 대학 다니니까 더더욱 "아니요!" 합니다. 아, 한참 걸렸습니다. 한참 시간이 지나가지고 나중에 물어보니 그제야 "목사요!"라고 대답합디다. 무엇입니까? 바로 '탐구적 신앙'입니다. 자기 스스로 경험하면서 이리저리 부딪히고, 병들고, 건강하고, 실패하고, 성공하고…… 그러고야 비로소 독립적인 신앙을 가지게 되는 것입니다.

셋째는 '성숙한 신앙(Mature Faith)'입니다. 많은 경험을 통해서 이제는 성숙해지고, 자기 신앙뿐만 아니라 다른 사람의 신앙까지도 인도할 수 있는 성숙한 수준의 신앙을 가지게 된다, 이것입니다. 이런 과정을 거치게 됩니다.

야곱은 어렸을 때 부모님의 사랑을 많이 받고 자랐습니다. 그러니까 알게 모르게 신앙의 유전자가 주어진 것입니다. 그러나 이것은 독립 때문이 아닙니다. 오늘본문에서처럼 독립적인 신앙을 가지기 위해서는 큰 시련을 겪어야 합니다. 본인이야 원하든 원하지 않든, 이제 익숙하고 안일했던 가정에서 추방됩니다. 형님이 동생을 죽이

겠다고 하지 않습니까. 또 생각하면 죽어 마땅한 죄를 지은 것도 맞
거든요. 그래서 그는 할 수 없이 그 안일하고 평안한 고향, 그 따뜻
한 부모님의 품을 떠나서 낯선 곳으로 가게 됩니다. 일생토록 한 번
도 가본 일이 없는 그 허허벌판, 광야로 나서게 됩니다. 그리고 돌베
개를 하고 누웠습니다. 여러분, 실제로 돌베개를 베고 누워본 일 있
습니까? 군인들은 가끔 밖에서 밤새 보초를 서는 일이 있습니다. 그
깜깜한 밤에 잠 한 숨 못 자고 보초를 서는 일, 해본 사람만 압니다.
아무튼 야곱은 광야에서 집이 없어 돌베개를 베고 누웠습니다. 참
기가 막힌 일입니다.

저는 북한의 강제노동수용소에서 한 8개월 동안 고생한 적이 있
습니다. 그러다 천신만고 끝에 도망쳐나와가지고 몇 달 동안 산속에
숨어 지냈습니다. 감시가 심해서 집에는 돌아올 수가 없습니다. 그
러니까 야곱처럼 돌베개를 하고 눕는 일을 조금은 경험해본 셈입니
다. 들판에서 잘 때 제일 좋은 자리가 어디인지 아십니까? 무덤입니
다. 무덤에는 잔디가 있지 않습니까. 거기가 그나마 괜찮은 자리입
니다. 죽은 사람하고 얘기도 하고, 괜찮습니다. 제가 그런 데서 자
면서 야곱의 돌베개를 몸소 경험해본 것입니다. 들판에서 야곱이 돌
베개를 하고 누웠을 때 무슨 생각을 했겠습니까? '이대로 죽는가보
다.' 이러지 않았겠습니까. 많은 짐승들의 우는 소리가 들려옵니다.
'이대로 나는 짐승의 밥이 되는가보다. 아니, 내가 복을 받았다고 했
는데, 복은 다 어디로 갔나? 나는 여기서 이렇게 끝나게 되나?' 이런
비참한 탄식을 했을 것입니다. 그런데 하늘이 열리는 경험을 합니
다. 꿈속에서 하나님께서 그에게 말씀하십니다. "내가 너와 함께하
리라." 깜짝 놀랐습니다. 그는 마음속에 고민도 많고, 후회도 많았습

니다. 형님을 속이고, 아버지를 속이고, 복을 받으려고 했지만, 이제
는 다 소용 없고, 그냥 이대로 여기서 죽는가보다 싶었습니다. 돌베
개를 베고 누운 그 야곱에게 하나님께서 계시해주십니다. 조용히 나
타나주십니다. 영영 소망이 없는 자에게 하나님께서 나타나시어 말
씀하십니다. "내가 너와 함께하리라. 네가 누운 땅을 너와 네 자손에
게 주리라. 그리고 너를 반드시 돌아오게 하리라." 하나님의 축복은
약속의 축복입니다. 이를 가리켜 '언약'이라고 합니다. 미래적인 현
실입니다. 언제나 먼 미래를 약속해주십니다. 그 약속에 대한 믿음
이 가장 중요합니다. 여기서 깊이 생각해야 합니다.

　야곱이 '나는 여기서 죽는가보다!' 했는데, 놀라운 체험을 하게
됩니다. 그리고 간증을 합니다. '과연 여기 계시거늘, 이걸 내가 몰
랐구나. 여기가 하나님의 집이다.' '벧엘'에서 '벧'은 '집'이라는 말입
니다. 보통 '베들레헴'이라고 하지만, 엄밀히 말하면 '벧을레헴'입니
다. 여기서 '레헴'은 떡이고, '벧'이 집입니다. 그러니까 '베들레헴'은
'떡집'입니다. 히브리말입니다. 그리고 죄인의 모습, 가책과 불안에
떠는 사람에게 하나님의 영광이 함께하고, 하나님께서 나와 함께하
신다는 것을 깨닫습니다. 현재적 축복을 누리게 됩니다. 하나님께
서 "내가 너와 함께하리라!" 하십니다. 이 말씀을 듣는 순간 나는 소
중해집니다. 현재는 축복입니다. 광야에서 돌베개를 하고 누운 바
로 그 자리가 축복의 자리입니다. 그뿐 아니라, 야곱에게는 지난날
의 모든 어두운 과거가 다 씻겨나가는 시간입니다. Justification, 다
사함 받는 시간입니다. 이제 과거에 매일 것 없습니다. 이제 지난날
의 죄와 불안에 떨 필요가 없습니다. 하나님께서 함께하신다는 말을
듣는 순간 모든 불안과 고통으로부터 싹 벗어나고 맑은 심령이 됩니

다. 깨끗한 심령이 됩니다. 여기서 그는 지난날의 모든 불안과 가책과 후회로부터 벗어납니다.

여러분, 잘 기억해둡시다. 제 아버지께서 제게 가르쳐주신 교훈 가운데 하나입니다. '오늘을 얻는 자에게 잃어버린 과거는 없다.' 똑같은 말을 저는 제 아들에게 수없이 했습니다. '오늘은 얻는 자에게 잃어버린 과거는 없다!' 지난날 실수를 좀 했더라도, 이리저리 방황을 했더라도 오늘을 바로 세우는 순간 지난 일은 다 덕이 됩니다. 잃어버린 과거가 아닙니다. 소중한 경험입니다. 소중한 경험적 가치가 있는 것입니다. 이걸 알아야 합니다. 오늘을 얻는 자는 창조적 가치에 살고, 또한 지식의 가치, 그보다 더 중요한 경험적 가치를 가지고 다시 출발하는 것입니다. 단, 태도의 가치가 중요합니다. 그래서 야곱은 지난날의 잘못에 대한 가책과 후회가 많았으나, 오늘 주님의 음성을 듣는 순간 과거를 싹 지워버립니다. 그리고 하나님 앞에서 새롭게 출발합니다. 이것이 신앙입니다. 이제는 후회가 없습니다. 이제는 낙담도 없습니다. 잘못했느니 잘했느니, 누가 잘했느니 못했느니…… 그럴 것 없습니다. 잃어버린 과거는 없기 때문입니다. 그리고 새로운 세계로 출발합니다. 그때, 이렇게 은총적 계기에 이를 때 그 은총에 대한 응답이 있어야 됩니다. 이것이 중요합니다. 사랑을 받았으면 그 사랑에 대한 응답이 있어야 됩니다. 은혜를 입었으면 그 은혜에 대한 응답이 있어야 됩니다. 특별히 용서받은 사람은 용서라고 하는 그 은총에 대한 응답이 있어야 됩니다.

그래서 오늘본문에서 야곱은 하나님 앞에 서원합니다. 아주 중요한 말씀입니다. '하나님, 제게 나타나주신 것을 감사합니다. 여기에 계신 것을 제가 알았습니다. 저와 함께하시는 걸 알았습니다. 제

길이 잘못된 길이 아니라는 것을 알았습니다. 감사합니다! 이제부터 하나님께서는 저의 하나님이 되시겠습니다. 저는 하나님만 섬기겠습니다. 어디로 가나 우상을 섬기지 않고, 어느 땅에 가나 하나님만 내 하나님으로 섬기는 하나님의 사람이 되겠습니다. 이곳에 기름을 부을 것입니다. 이곳이 성전이 될 것입니다. 예배하는 곳이 될 것입니다. 예배가 있는 생을 살겠습니다. 하나님만 섬기겠습니다. 이 땅에서, 이곳에서 저 멀리 갔다가 돌아오게 되면 여기서 하나님을 섬기겠습니다. 이 자리가 성전이 될 것입니다. 예배의 처소가 될 것입니다.'

그리고 약속합니다. '십의 일조를 하나님께 바치겠습니다.' 이것은 참 특별한 말씀입니다. 그 전에는 십일조라는 말이 나온 일이 없습니다. 십일조란 이런 하나의 신앙고백입니다. '내가 가진 물질이 하나님의 것이다.' 내가 먹고 사는 것, 이 물질의 세계는 내 것이 아닙니다. 하나님께서 주신 것입니다. 십의 일조를 바치는 것은 내 물질세계가 하나님의 임재하심 속에 있음을 증거하는 일입니다. 이런 재미있는 이야기가 있습니다. '십일조를 하나님께 바치는 것은 십일조를 바침으로 해서 남은 열의 아홉을 내가 받는 것이다. 내가 하나를 바치는 것이 아니라, 나머지 아홉을 받는 것이다.' 그런고로 만일에 십일조를 바치지 않는다면 그것은, 말라기서에 나오듯이, 하나님의 것을 도둑질하는 것이 됩니다. 그러면 십일조를 바치지 않고 몽땅 내가 가지면 어찌되는 것입니까? 하나님의 것을 도둑질하는 것을 넘어서, 그것이 내 것이 되지 않습니다. 잊지 말아야 합니다. 십일조 바치지 않고 모으는 재산은 결코 내 재산이 되지 않습니다. 이것을 신앙인들은 간증합니다. 십일조를 바치고야 내 수입이 진정 내 것이 됩니다. 실제로 이런 간증을 많이 듣습니다. 헌금해야 될 줄 알면서 안 하고, 십일조 해야 될 줄 알면서 안 하고, 안 하고 하다가 홀랑 날렸다는 간증을요. 그러고 나서 저한테 와서 울면서 간증하는 사람들이 있습니다. 그러면서 한결같이 이렇게 말합니다. "이렇게 혼날 줄 알았으면 헌금이라도 할 걸 그랬습니다." 그 말 듣고 제가 그랬습니다. "그런 헌금은 하나님께서도 기뻐하지 않으십니다." 이걸 알아야 됩니다. 여러분의 물질생활을 다시 한 번 반성해보십시오. 십일조 바치고 남은 것만 내 것입니다. 바치지 않으면 언젠가는 다 날려버립니다. 그렇다면 그런 줄 아십시오. 이걸 확실하게 믿어야 합니다. 적어도 신앙인은 이에 대한 간증이 있어야 합니다. 십일조를 바칠 때 편안합니다. 이 물질세계가 그렇게 자유로울 수가 없습니다. 그래야 비로소 물질의 노예가 되지 않을 수 있습니다. 어떤 분은 과감하게 이런 말까지 합니다. "사업이 어려워지는 걸 알면서도 제가 십일조를 바치면서 한 일이니까 잘 될 겁니다. 절대 잘못되지 않을 겁니다." 이런 확신을 가져야 합니다. 여러분, 잊지 마십시오. 십일조 바치고 하는 사업은 담대합니다. 바치지 않고 하는 일은 찜찜합니다. 괜히 피곤한 일 하지 마십시오. 내 십일조를 깨끗하게 바치고 살아보십시오. 물질생활로부터, 사업으로부터 완전히 자유할 수 있습니다. 왜 그렇게 사업의 노예가 됩니까? 십일조를 바치지 않았기 때문입니다. 여러분, 신년벽두에 꼭 결심하십시다. 금년에는 십일조를 바치기로요. 한 번 해보십시오. 하면 압니다. 얼마나 자유로워지는지요. 심지어 어떤 분들은 이런 말까지 합니다. "사업이 잘 되든 말든 하나님이 알아서 하시겠지요. 잘 되면 하나님도 좋으실 것이고, 안 되면 하나님도 손해를 보시는 거지요, 뭐." 이런 믿음, 괜찮다고 생각합니다.

야곱이 하나님 앞에 서원합니다. '무사히 돌아오게 해주시면 십일조를 바치겠나이다.' 이렇게 약속을 하고 하란으로 가서 20년을 지냅니다. 그리고 무사히 돌아왔습니다. 돌아왔으면 부리나케 다시 벧엘로 와야 되지 않습니까. 이것이 함정입니다. 재산도 많고, 식구도 많고, 소와 양도 넉넉합니다. 벧엘로 오지 아니하고, 세겜으로 갔습니다. 세겜으로 갔다가 죽을 뻔했습니다. 어려움을 당합니다. 그리고 모든 우상 섬기던 것을 나무 밑에다 묻고 "벧엘로 돌아가자!" 하고 온 식구와 함께 빈 몸으로 벧엘로 돌아옵니다. 휘청거린 것입니다. 야곱에게 실수가 있었습니다. 그러나 하나님께서는 절대로 양보하지 않으셨습니다. 돌아오게 하셨고, 돌아온 야곱을 맞아주셨습니다. 여기에 하나님의 엄청난 축복의 섭리가 있습니다. 야곱은 이모양, 저 모양으로 휘청거렸지만, 하나님께서는 약속을 지키셨습니다. 일방적으로 지키셨습니다. 아니, 야곱으로 하여금 지키도록 하셨습니다. 하나님의 뜻입니다. 하나님의 이 높은 섭리를 바로 이해해야 합니다. 하나님께서는 분명히 야곱과 함께하셨습니다. 야곱은 여러 번 하나님의 사람답지 못하게 행동했지만, 하나님께서는 양보하지 않으셨습니다. 하나님께 돌아오도록, 하나님의 뜻을 따르도록, 하나님의 사람이 되도록 만드셨습니다. 그리고 아브라함의 하나님, 이삭의 하나님, 야곱의 하나님이 되시고, 그 후손 가운데에서 예수 그리스도께서 나오십니다.

여러분, 오늘 신년벽두에 우리 마음속에 서원이 있어야 합니다. 그동안 미뤄오던 것, 마음속으로 '일해야 되겠다!' 하면서 못하던 것, 오늘은 마음에 다짐을 하고, 하나님 앞에 서원할 수 있어야 됩니다. 몇 가지라도요. 새 그릇을 가지고 새 복을 받아야 될 것 아니겠습니까. 그릇은 낡은 그릇인데, 복만 새 복을 달라고 하면 그 새 복이 주어지겠습니까. 야곱이 하나님 앞에 성실하게 약속을 합니다. 서원합니다. 여러분, 우리도 우리 마음속에 무언가 하나님과 약속을 합시다. '금년에는 이러하겠습니다. 앞으로는 이렇게 살겠습니다.' 이것이 바로 하나님의 큰 은총에 대한 응답이요, 하나님의 축복에 대한 보답이라는 것을 잊지 말아야 합니다. 그럴 때 금년은 분명히 새해가 될 것입니다. 새로운 역사가 일어날 것입니다. △

잠잠하라 고요하라

그 날 저물 때에 제자들에게 이르시되 우리가 저편
으로 건너가자 하시니 그들이 무리를 떠나 예수를 배
에 계신 그대로 모시고 가매 다른 배들도 함께 하더
니 큰 광풍이 일어나며 물결이 배에 부딪쳐 들어와
배에 가득하게 되었더라 예수께서는 고물에서 베개
를 베고 주무시더니 제자들이 깨우며 이르되 선생님
이여 우리가 죽게 된 것을 돌보지 아니하시나이까 하
니 예수께서 깨어 바람을 꾸짖으시며 바다더러 이르
시되 잠잠하라 고요하라 하시니 바람이 그치고 아주
잔잔하여지더라 이에 제자들에게 이르시되 어찌하여
이렇게 무서워하느냐 너희가 어찌 믿음이 없느냐 하
시니 그들이 심히 두려워하여 서로 말하되 그가 누구
이기에 바람과 바다도 순종하는가 하였더라

(마가복음 4 : 35 - 41)

잠잠하라 고요하라

통계적으로 우리 그리스도인들이 세상을 떠날 때 맨 마지막으로 읽는 성경, 외우는 성경, 듣고 싶은 성경이 있습니다. 통계학적으로 제일 많은 사람들이 선호하는 것이 바로 시편 23편입니다. 그래서 저는 임종이 가까운 분들에게 이 말씀을 읽어주고, 또 환자가 힘들어할 때는 이 말씀을 읽어주라고 가족에게 부탁합니다. 이런 간증을 들었습니다. 어떤 분이 세상을 떠나면서 아들에게 부탁합니다. "목사님을 만나거든 목사님께서 시편 23편을 들려주셔서 내가 평안한 마음으로 하나님께 간다고, 그래서 고맙다고 인사드려라." 얼마나 아름답고 귀한 간증인지 모릅니다. 시편 23편, 많이 읽고 외우고 사랑해야 할 것입니다. 참으로 아름다운 시입니다. 모름지기 저자인 다윗은 그 자신이 목자였습니다. 그러므로 목장에서 날마다 그 아름다운 장면을 보았습니다. 양이 평안하게 사는 모습, 그 행복한 모습을 눈여겨보았습니다. 아마 그래서 목장의 전경을 시편 23편으로 그리게 되었지 않았나, 하는 생각을 합니다. 그래서 시편 23편은 다윗의 신앙간증이요, 우리 모든 그리스도인의 신앙고백이라고 생각됩니다.

유명한 유대 랍비 한 분이 이런 말을 했습니다. '양이 평안하게 살 수 있는 4대 조건이 있다.' 첫째는 마음에 드는 목자입니다. 선한 목자가 있으면 평안해집니다. 선한 목자에 대한 신뢰가 있는 것입니다. '무엇을 먹을까? 어디로 갈까? 어디서 잠을 잘까?' 이런 걱정 안합니다. 목자가 알아서 다 인도해주니까요. 목자를 믿는 것입니다.

전적으로 믿습니다. 그런고로 선한 목자, 참 중요합니다. 지도자가
참 중요합니다. 정치적으로나, 경제적으로나, 가정적으로나 좋은 지
도자를 만났을 때 우리는 평안합니다. 둘째는 푸른 초장입니다. 먹
을 것이 많아야 됩니다. 배가 불러야 됩니다. 경제문제가 해결돼야
합니다. 경제적으로 넉넉해야 합니다. 푸른 초장에 먹을 것이 많아
야 양이 편안합니다. 셋째는 주변에 맹수가 없는 것입니다. 맹수의
위험이 있으면 안 됩니다. 여기저기서 맹수의 울음소리가 들려오면
양은 불안합니다. 넷째는 마른 땅입니다. 누울 만한 땅, 아주 편안한
풀밭이 있어야 합니다. 이 네 가지입니다. 참 아름다운 해석이고, 좋
은 표현이라고 생각합니다마는, 이걸 다 종합하면 결국 목자의 문제
입니다. 시편은 이렇게 말씀합니다. "내가 사망의 음침한 골짜기로
다닐지라도……" 풀도 아니요, 시냇물도 아니요, 여건이 아닙니다.
오직 목자 하나입니다. '사망의 음침한 골짜기로 다닐지라도 해 받
음을 두려워하지 아니함은 선한 목자가 함께 있기 때문이다.' 목자
의 문제입니다. 목자에 대한 신뢰입니다.

　　신앙을 신학적으로 표현하면 세 가지입니다. 하나는 Total
Acceptance이고, 또 하나는 Total Discipline이고, 마지막 하나는
Total Commitment입니다.

　　첫째, Total Acceptance는 우리 지식과 감성에 대한 문제입니다.
완전히 그에게 다 맡겨버리는 것입니다. 따질 것도 없고, 물을 것도
없습니다. 그가 말씀하는 것은 옳느니까, 그가 인도하는 길은 선한
길이니까 믿고 따라가는 것입니다. Total Acceptance, 전적으로 받아
들이는 것입니다. 전적으로 수용하는 것입니다.

　　둘째, Total Discipline, 가르침의 문제입니다. 그가 우리를 가르

치십니다. 그가 우리를 인도하시기 때문에 우리는 어디로 가는지를 물을 필요가 없습니다. 그가 인도하시는 대로 따라가면 됩니다. 너무 많이 따지는 것, 좋지 않습니다. 저는 신학대학에서 강의를 40년 했습니다. 제가 강의할 때마다 늘 하는 말이 있었습니다. '질문하지 마라. 의심하지도 마라. 전적으로 내 말이 옳은 줄 알고 들어라. 의심은 집에 가서 하라.' 저는 강의시간에 질문을 허락하지 않습니다. 질문은 강의가 끝난 다음에 하라고 합니다. 강의를 듣다가 느닷없이 "교수님!" 하고 질문하는 사람이 있는데, 마음에 안 듭니다. "아직 멀었어. 지금 내가 말하고 있는 중이야. 다 듣고 나서 묻든지 말든지 해." 강의 중에 질문하는 것, 저는 마음에 안 듭니다. 지금 이 설교 들으면서 의심하는 사람, 잘못하는 것입니다. 다 듣고 나야 알 것 아닙니까. 결론까지 듣고 나서 판단해야 합니다. 그런고로 Total Discipline입니다. 그가 나를 제자 삼았으니까요. Disciple은 '제자'라는 말입니다. Total Discipline. 그의 가르침을 전적으로 수용하는 것입니다.

셋째, Total Commitment, 완전히 위탁하는 것입니다. 생명을 위탁하는 것입니다. 살든지 죽든지, 주님을 따릅니다. 주님을 기뻐합니다. 이것이 신앙입니다.

오늘본문에서 예수께서는 제자들과 함께 갈릴리 바다를 건너가십니다. 그때 광풍이 일어납니다. 하지만 예수님께서는 동요하지 않으십니다. "예수께서는 고물에서 베개를 베고 주무시더니……(38절)" 여기 요즈음에는 잘 안 쓰는 말이 있습니다. '고물'입니다. 저는 바닷가에서 자랐기 때문에 잘 아는 말입니다. 배를 보면 뱃머리 쪽에 평평한 데가 있고, 배의 후미에도 평평한 데가 있습니다. 여기서 뱃머리 쪽에 있는 것을 '이물'이라고 하고, 후미에 있는 평평한 곳을 '고물'이라고 합니다. 오늘본문은 말씀합니다. '고물에서 쉬시더라.' 예수님께서는 광풍 속에 흔들리는 뱃전에서 베개를 베시고 그냥 편안하게 주무시고 계셨습니다. 풍랑으로 배에 물이 들어왔습니다. 물이 점점 넘칩니다. 큰 일입니다. 이건 경험해보지 않고는 알수가 없습니다. 저는 여러 번 겪어봤습니다. 배에 물이 막 들어오면 큰일 납니다. 배가 점점 가라앉습니다. 그때 제자들이 호들갑을 떨면서 큰 일 났다고 난리를 칩니다. 오늘본문에는 난센스가 있습니다. 왜요? 예수님께서는 지금 주무시고 계십니다. 제자들은 깨어 있었고요. 이 배가 가라앉으면 누가 먼저 죽겠습니까? 어떻게 이 사람들이 이렇게 멍청한 소리를 합니까? 오늘본문에서 제자들이 이렇게 말합니다. "우리가 죽게 된 것을 안 돌아보십니까?" 이게 무슨 소리입니까? 물이 들어오면 예수님께서 먼저 어려움을 당하실 텐데, 예수님은 생각하지 않고 자기들 생각을 먼저 한 것입니다. "예수님, 우리가 죽게 된 것을 안돌아보십니까?" 이거 참 마음에 안 듭니다. 무슨 이런 사람들이 다 있습니까? 영 마음에 안 듭니다. "예수님 큰일 납니다!" 이래야 하지 않습니까. 어떻게 자기들만 생각합니까? 참 이기적인 사람들입니다. "우리가 죽게 된 것을 왜 돌아보지 않으십니까?" 아니, 주무시는 분이 어떻게 돌아보십니까? 이게 말이 됩니까? 어쨌든 죽을 지경이니 호들갑을 떤 모양인데, 뭐 따질 것 없지요. 그런데 예수님께서 깨어나시어 바다를 꾸짖으십니다. 제일 중요한 말씀입니다. 신학적으로 아주 중요한 말씀입니다. 꾸짖으신다는 그 헬라어의 뜻이 귀신을 꾸짖으신다는 말과 같습니다. 귀신을 향해서 "나가라!" 하실 때 바로 그 소리입니다. 오늘은 바다를 향해서 꾸짖으십니다. 꾸짖으셨다는 말씀, 명령입니다. 타협이 아닙니다. 깊이 생각할 문제입니다. 예수님께서 하나님의 아들 되심과 창조주 되심을 계시하시는 장면입니다. "나가라!" 하시던 주님께서 이제는 "고요하라!" 하고 바다를 향해 말씀하십니다.

이 사물, 이 자연에 대해서는 세 가지 견해가 있습니다. 첫째는 무서워질 때 숭배하는 것입니다. 바람이 불 때 숭배합니다. 벼락을 칠 때 숭배합니다. 지진이 날 때 숭배합니다. 이것을 '서물숭배(庶物崇拜)'라고 합니다. 이것이 발전해서 '애니미즘'이 됩니다. '모든 것은 신이다.' 모든 것을 신으로 여기고 두려워하는 것입니다. 큰 나무를 보아도 무서워합니다. 우리로 치면 서낭당 나무입니다. 또, 큰 바위를 보아도 무서워합니다. 그래서 섬깁니다. 바다가 일어나면 또 바다 신을 섬깁니다. 이래서 서물숭배, 애니미즘이라고 하는 아주 나약하고 비겁한 신앙이 있습니다. 자연을 섬기는 것입니다. 자연을 두려워한 나머지 자연을 섬기려고 듭니다. 그러다보니 신의 이름이 많습니다. 나무 신, 바위 신, 무슨 신…… 그러다가 일본사람들은 '야오요로즈가미(八百万神)'라고 무려 팔백만의 신을 섬깁니다. 그 많은 신들을 나름나름으로 섬깁니다. 다시 말하면 자유를 두려워한 나머지 자연을 숭배하는 것입니다.

둘째는 자연에 순응하는 것입니다. '이자연은 자연일 뿐이다. 우리가 자연에 어떻게 순응하느냐가 문제다. 비가 안 오면 안 오는 대로, 오면 오는 대로, 벼락이 치면 치는 대로 우리는 거기에 어떻게 순응해야 될 것인가?' 그리고 이 마음가짐을 모든 것에 적용합니다. 풍랑에도 적용하고, 벼락에도 적용합니다. 요즈음 시골여행을 하다보면 곳곳에 만들어놓은 풍차들을 심심치 않게 볼 수 있습니다. 풍력, 바람의 힘을 이용하는 발전기입니다. 미국의 팜 스프링이라는 데에는 그 한 지역에만 이런 풍력발전기가 무려 2천 개나 있습니다. 수많은 바람개비들이 쉴 새 없이 뱅뱅뱅뱅 돌아갑니다. 보고 있으면 어지러울 지경입니다. 무엇입니까? 바람에 순응하는 것입니다. 자연을 거스르는 것이 아니라, 자연을 잘 이용하는 것입니다. 심지어 바닷물이 들어오고 나가는 것을 이용하여 전기를 만들어내기도 합니다. 하여튼 우리는 여러 모양으로 자연의 힘을 이용하며 살아갑니다. 제가 가장 아름답게 본 곳은 미국의 포틀랜드입니다. 누가 제게 "만약에 목사님이 미국에 산다면 어디서 살고 싶으십니까?" 하고 물어오면 저는 "글쎄, 내가 가본 데로는 포틀랜드가 제일 좋지!" 합니다. 포틀랜드에는 로키산맥 골짜기로부터 미국에서 두 번째로 큰 강이 흐릅니다. 강폭이 좁아서 물살이 아주 거셉니다. 그래서 거기다가 수력발전소를 만들었습니다. 그 세찬 물의 흐름을 이용해서 전기를 만들어내는 것입니다. 그런 수력발전소가 거기에 무려 7개나 있습니다. 물이 흐르는 한 계속 돌아가는 것입니다. 덕분에 포틀랜드에는 전기세가 없습니다. 밤낮으로 얼마든지 전기를 써도 됩니다. 왜요? 자연을 잘 이용하고, 자연에 잘 순응한다는 것이 이런 것입니다.

셋째는 예수님의 방법입니다. 자연을 향하여 명령하시는 것입니다. 창세기 1장 28절에 이런 말씀이 있습니다. "하나님이 그들에게 복을 주시며 하나님이 그들에게 이르시되 생육하고 번성하여 땅에 충만하라, 땅을 정복하라 …… 모든 생물을 다스리라……" 다스리라! 정치적인 사명입니다. 우리가 이 자연을 다스려야 합니다. 다스릴 책임이 있습니다. 자연을 잘 다스려야 됩니다. 동물도 식물도 자연도, 다른 말로 하면 명령을 해야 됩니다. 굴복하는 것이 아닙니다. 자연을 향해서 명령하는 것입니다. 다스리라! 주님 말씀입니다.

오늘본문에서 예수님 말씀하십니다. "어찌하여 이렇게 무서워하느냐 너희가 어찌 믿음이 없느냐……(40절)" 바람이 좀 일었기로서니 뭘 의심하느냐, 물이 좀 넘치기로서니 왜 무서워하느냐, 이것입니다. 예수님은 자연에 대한 두려움이 없으십니다. 그리고 말씀하십니다. "왜 믿음이 없느냐?" 무슨 말씀입니까? 분명히 풍랑이 있고, 물결이 있고, 배가 침몰될 지경인데도 예수님의 말씀은 그 뒤에 하나님이 계시다, 이것입니다. '바람도 바다도 질병도, 행복도 불행도 그 뒤에 하나님이 계시다. 그런고로 하나님을 믿는 사람이 왜 이걸 무서워하느냐?' 자연은 하나님의 권능과 그 손에 있습니다. 높으신 하나님의 경륜 속에 있는 것입니다. 우연은 없습니다. 역사가들은 말합니다. 자연 속에, 역사 속에 인간의 모든 변화 속에 하나님의 섭리가 있다고요. 조금도 예외가 없습니다. 심지어는 질병 하나까지도 그렇습니다. 그 유행병 속에도 하나님의 말씀이 있는 것입니다. 우리는 이걸 깊이 알아야 합니다. 그러니까 복음적 차원에서 볼 때 그리스도를 통하여 이루어지는 큰 구원의 사역이 있는 것입니다.

예수님께서 주무시면서 생각하십니다. '그래, 풍랑이 좀 일어나기로서니 우리가 죽을 거냐? 물이 들어와서 배가 뒤집힌다고 하자. 그렇다고 해서 하나님의 구원의 사역에 문제가 생길 것이냐? 아니다. 그런 일은 없다.' 그런고로 '왜 믿음이 없느냐? 그리스도를 통해서 만민을 구원하시고, 좋아하시는 큰 섭리가 여기에 있어서 이 사건들이 이루어지고 있는데, 아니, 풍랑이 좀 일어났기로서니 뭘 호들갑을 떠느냐?' 이것입니다. 하나님께서 하고자 하시는 일은 지체

되는 법이 없습니다. 시정되는 일도 없습니다. 다 이루어질 것입니다. 다만 우리가 얼마나 믿느냐가 문제입니다. 얼마나 그 믿음 안에서 우리가 평안하냐가 문제입니다. 예수님께서 크게 책망하십니다. "왜 믿음이 없느냐?" 쉽게 말하면 이것입니다. "내가 이제 이 풍랑에 죽을 것 같으냐? 나를 통해서 이루고자 하시는 하나님의 크신 역사가 있는데, 이까짓 풍랑에 우리가 죽을 것 같으냐? 왜 그렇게 생각이 짧으냐?" 예수님께서 꾸짖으십니다. "어째서 믿음이 없느냐?" 하나님께로 향한 믿음의 속성을 진단해야 됩니다. 내가 지금 뭘 믿고 있는가? 현실에서 무엇을 믿는가? 어떻게 될 것으로 믿는가?

마르틴 루터의 유명한 에피소드가 있습니다. 그가 종교개혁을 할 때 얼마나 많은 적들이 있었고, 얼마나 많은 시험이 있었는지 모릅니다. 그래 너무나 힘들고 지쳐서 어느 날 집에 밤늦게 왔는데, 어깨가 축 처진 몰골이었습니다. 그런데 루터의 아내가 아주 까만 상복을 차려입고 남편을 맞이하는 것이었습니다. 그래 루터가 물었지요. "여보, 누가 죽었어? 왜 상복을 입었지?" 그러자 그 부인이 하는 말이 이랬답니다. "하나님께서 돌아가셨어요." "하나님께서 돌아가시다니, 무슨 그런 망령된 말을 하나?" "여보, 하나님께서 돌아가시지 않았는데, 왜 당신이 낙심해 있어요?" 아주 유명한 일화입니다. 여러분, 하나님께서 살아계시는데 왜 낙심하는 것입니까? 그 소리를 듣고 루터가 다시 용기를 내어 마침내 종교개혁을 완성하게 됩니다.

여러분, 하나님께서 살아계시고, 그 하나님의 능력이 나와 함께하고, 하나님의 지혜가 나와 함께하고, 하나님의 사랑이 나와 함께합니다. 무엇을 두려워할 것입니까? 오늘본문에는 우리가 배워야 할 중요한 교훈이 있습니다. 이렇게 큰 사건을 통하여 예수님께서 제자들에게 믿음을 가르치십니다. 제자들이 예수님께 대한 믿음을 얻게 됩니다. '이분이 누구이신가? 하나님이시다. 하나님의 아들이시다.' 그것을 배우게 됩니다. 모든 풍랑, 모든 사건을 통해서 우리는 하나님을 배웁니다. 하나님의 능력을 배웁니다. 하나님의 사랑을 배웁니다. 하나님께서 우리와 함께하심을 확증하게 됩니다.

유명한 과학자 아인슈타인은 말합니다. '우리는 두 가지 자세로 세상을 살아갈 수 있다. 하나는 기적 따위 믿지 않으면서 사는 것이고, 또 하나는 모든 것을 기적으로 믿고 사는 것이다.' 기적을 믿지 않으면 불안과 공포에 떨면서 살게 됩니다. 하지만 기적을 믿으면 우리가 하는 작은 일이 하나님께서 하시는 일이 큰일, 그 기적 속에 내가 있다고 믿게 됩니다. 이런 사람이 진정 믿음의 사람입니다. 예수님께서 십자가를 지십니다. 엄청난 사건입니다. 십자가를 지시는 그 순간에도 예수님께서는 말씀하십니다. "아버지께서 네게 주신 잔을 네가 마시지 않겠느냐?" 빌라도가 있고, 가야바가 있고, 로마 군병이 있습니다. 십자가라는 큰 사건이 있습니다. 이 모든 것을 예수님께서는 하나님의 능력, 하나님의 사랑 안에서 소화하셨습니다. "아버지께서 주신 잔을 네가 마시지 않겠느냐?" 그리고 십자가를 지셨습니다. 그 엄청난 사건 앞에서 하나님의 사랑을 느끼셨습니다. 하나님의 섭리에 대한 감격과 감사가 있었습니다. 믿음이 있는 자는 평안합니다. 사건을 묻지 마십시다. 잘했느냐, 못했느냐? 성공할 거냐, 실패할 거냐? 그만하십시오. 하나님께서 다 알아서 하실 것입니다.

여러분, 신문을 보면서 불안에 떨지 마십시오. 제가 참 존경하

는 어르신이 한 분 있습니다. 이기영 목사님입니다. 제가 부목사로
있을 때 당회장으로 계시던 분입니다. 이분은 신문에서 끔찍한 사건
기사를 읽고 나면 그 신문을 딱 걷어쥐고 밖으로 나가십니다. 어디
를 가시나 싶어 쫓아가 보았더니, 예배당 본당에 들어가셔서 강대상
앞에다가 그 신문을 쫙 펴놓으시고 "하나님, 어찌하여 이런 일이 있
습니까? 주님께서는 이 일을 통하여 어떻게 하실 것입니까?" 하면
서 기도하시는 거였습니다. 제가 그걸 직접 보았습니다. 여러분, 마
음에 어두운 그림자가 있습니까? 걱정하지 마십시오. 두려움에 떨
것 없습니다. 예수님께서 말씀하십니다. "마음에 근심하지 말라. 하
나님을 믿으니 또 나를 믿어라. 네 아버지 집에 거할 곳이 많도다."
종국은 다 이리로 갈 것입니다, 잘 살거나 못 살거나. "여호와는 나
의 목자시니 내게 부족함이 없으리로다. 내 아버지 집에 영원히 거
하리로다." 이 믿음으로 다시 출발하십시다. △

하나님을 기쁘시게 하는 것

믿음은 바라는 것들의 실상이요 보이지 않는 것들의 증거니 선진들이 이로써 증거를 얻었느니라 믿음으로 모든 세계가 하나님의 말씀으로 지어진 줄을 우리가 아나니 보이는 것은 나타난 것으로 말미암아 된 것이 아니니라 믿음으로 아벨은 가인보다 더 나은 제사를 하나님께 드림으로 의로운 자라 하시는 증거를 얻었으니 하나님이 그 예물에 대하여 증언하심이라 그가 죽었으나 그 믿음으로써 지금도 말하느니라 믿음으로 에녹은 죽음을 보지 않고 옮겨졌으니 하나님이 그를 옮기심으로 다시 보이지 아니하였느니라 그는 옮겨지기 전에 하나님을 기쁘시게 하는 자라 하는 증거를 받았느니라 믿음이 없이는 하나님을 기쁘시게 하지 못하나니 하나님께 나아가는 자는 반드시 그가 계신 것과 또한 그가 자기를 찾는 자들에게 상 주시는 이심을 믿어야 할지니라

(히브리서 11 : 1 - 6)

하나님을 기쁘시게 하는 것

아마도 저는 여러 목사님들 가운데에서도 결혼주례를 가장 많이 하는 목사일 것입니다. 우리 교인들도 그렇고, 교인 아닌 분들도 요청을 해서 제가 결혼주례를 참 많이 하는 편인데, 가끔 결혼주례사를 이러저러하게 해달라고 주문을 해오는 경우도 있습니다. 저게 주례할 때 꼭 빼놓지 않는 말이 있습니다. 아주 실제적이고 중요하다고 생각하기 때문입니다. 신부에게 부탁하는 말입니다. "결혼하고 사는 동안에 남편의 핸드폰을 열어보지 마라. 어떤 일이 있어도 몰래 핸드폰을 살짝 열어봐서 '우리 남편이 어떤 사람하고 전화했나?' 그런 거 알아보려고 하지 마라." 이거 한번 들키면 어쩌면 영영 사랑받지 못합니다. 이럴 경우 남편 마음이 어떨 것 같습니까? '이 여자가 나를 의심하는구나. 같이 사는 이 여자가 나를 의심하는구나.' 생각하면 무섭습니다. 겁이 납니다. 그러니 어떻게 사랑할 수 있겠습니까. "의심은 모든 행복을 앗아가는 무서운 시험이다. 절대 그러지 마라. 더 나아가 저녁에 남편이 늦게 돌아오더라도 왜 늦었느냐고 묻지 마라." 지금 지치고 힘들고 배고파서 들어왔는데, 그저 '배고프겠네! 피곤하겠네!' 하는 생각만 하지, "어딜 쏘다니다가 이렇게 늦었느냐?" 하는 소리 하지 마십시오. "누구를 만나고 왔느냐?" 그래서 어쩌라는 얘기입니까? 영어로 말하면 "So What?"입니다. 상대방을 의심하는 것밖에 안 됩니다. 그렇게 의심하는 것으로 느껴지면 이쪽에서는 아주 좋지 않은 반응이 나옵니다. 그러면 사랑의 관계가 다 끊어지고 맙니다. 그러니까 "사랑한다!"는 말보다 중요한 것은

"믿는다!"는 말입니다. "얼마나 사랑하느냐?" 하고 묻지 않습니다. "얼마나 믿느냐?"가 중요합니다. 그렇습니다. 의심은 병입니다.

여러분, 알아서 믿는 것입니까? 믿어서 아는 것입니까? 오늘본 문은 분명히 말씀합니다. "믿음으로 모든 세계가 하나님의 말씀으로 지어진 줄을 우리가 아나니……(3절)" 믿음으로 천지가 창조된 것을 안다, 이것입니다. 믿음이 먼저입니다. 믿는 만큼 아는 것입니다. 믿는 만큼 지식이 성립됩니다. 의심하면 지식은 없습니다. 알아지는 것이 아무것도 없습니다. 요리조리 의심해보십시오. 죽을 때까지 의심해도 해답은 얻지 못합니다. 결국은 그런 인간이 되고 맙니다. 믿으십시오. 여러분, 속을 때 속아도 늦지 않습니다. 믿어두십시오. 그냥 믿으십시오. 믿으면 지식이 성립됩니다. 믿으면 알게 됩니다. 믿으면 사랑하게 됩니다. 믿으면 평안하게 됩니다. 이걸 잊지 말아야 합니다.

제가 잘 아는 제자 한 사람이 있습니다. 목사님입니다. 제가 소망교회에서 목회할 때 늘 평안한 것만은 아니었습니다. 어려운 일 많았습니다. 이런저런 안 좋은 소문도 났습니다. 의도적으로 나쁜 소문을 퍼트리는 분들이 좀 있었습니다. 갖가지 음모가 돌아다녔습니다. 그렇게 좋지 않은 말들이 떠돌 때 저 사실 괴로웠습니다. 하지만 저는 체질적으로 변명을 싫어합니다. 제 선친께서 늘 하시는 말씀이 이것이었습니다. "절대 변명을 하지 마라. 그건 아무 쓸데없는 것이다." 그 훈계를 따라서 저도 변명하지 않았습니다. 만나서 왜 그러느냐고 따지지도 물어보지도 않고 그대로 참고 기다렸습니다. 그런데 하루는 이 목사님이 강단에서 이런 설교를 했습니다. "아, 요새 곽 목사님이 좀 어려움을 당하시는 것 같더라고요." 한데 그 다음 말이 이랬습니다. "만일에 곽 목사님이 도적질을 하러 가신다면 저는 따라갈 겁니다. 가서 문 밖에서 망을 보겠습니다. 왜 이런 일을 하시느냐고 묻지 않겠습니다." 그 말이 제 귀에 들어왔습니다. 아, 얼마나 고맙고 귀한지요? 그때 그가 개척교회를 하고 있었는데요, 그 뒤에 제가 예배당을 지어주었습니다. 지금까지 그 목사님, 그 교회에서 목회하고 있습니다. 여러분, 말 한마디가 얼마나 중요합니까. 뭘 물어봅니까? '그만한 이유가 있겠지.' 그것이 믿음입니다. 다 알아야 되겠습니까? 어디까지 알아야 되겠습니까? 설명을 꼭 들어야 되겠습니까? 그럴 것 없습니다. "믿어!" 얼마나 고마운 분입니까. 그래서 제가 지금 극진하게 그분을 사랑합니다. 이것이 바로 믿음입니다.

인격과 인격의 만남, 그 관계의 기본은 믿음입니다. 의심하는 자를 믿게 할 수 있는 말은 없습니다. 여러분도 겪어봐서 아시지요? 삐딱하게 돌아가는 사람 만나가지고 아무리 설명을 해보십시오. 믿음 생기는 것 봤습니까? 오히려 갈수록 태산입니다. 점점 더 어려워집니다. 입 다물어야 합니다. "믿으려면 믿고, 말려면 말아라. 믿든 말든 그건 당신 마음이다." 이것이 해결책입니다. 따라다니면서 아무리 변명하려고 해봐야 되는 일 하나도 없습니다. 제가 일생동안 경험한 것입니다. 의심하는 자를 믿게 할 방법은 없습니다. 믿음은 자기자신의 문제입니다. 믿음은 지식을 반납하는 것입니다. 알고자 하는 마음이 다 사라져서 더는 알아보고 싶지 않습니다. 왜요? 다 소화가 되어버렸으니까요. 현재 사랑에 만족할 때 이 일에 대한 사랑을 믿게 되는 것입니다. 여기에는 아무 질문도 없습니다. 아무 의심도 없습니다. 사람을 기쁘게 하는 것이 무엇입니까? 물질입니까?

선물입니까? 성취감입니까? 자기자랑입니까? 아닙니다. 최고로 사람을 기쁘게 할 수 있는 것은 믿음입니다. 여러분이 만나는 많은 사람들 가운데 누가 여러분의 마음을 가장 기쁘게 합니까? 여러분을 믿어주는 사람입니다. 아는 것은 아는 대로, 모르는 것은 모르는 대로 전적으로 믿어줄 때 그에게 사랑이 갑니다. 가장 큰 신뢰가 가장 큰 사랑의 표상이라는 말입니다.

아인슈타인 박사의 이런 유명한 이야기가 있지 않습니까. 아인슈타인이 고등학교 다닐 때 성적이 나빴습니다. 게다가 수업시간에는 선생님께 이상한 질문만 자꾸 합니다. 오죽하면 성적표에 '이 학생은 아무리 공부를 해도 성공할 가능성이 없음'이라고 씌어 있었겠습니까. 지금도 그 성적표가 남아 있습니다. 제가 언젠가 미국의 프린스턴 대학교에 갔을 때 확인한 적이 있습니다. 한데 그런 성적표를 본 아인슈타인의 어머니는 아이를 꾸중하지 않았습니다. 오히려 빙그레 웃으면서 이랬다고 합니다. "애야, 걱정하지 마라. 너는 다른 사람들과 달라. 다른 사람하고 같아지려고 하면 열등생이지만, 다른 사람하고 달라지려고 하면 너는 최우등생이다." 이렇게 믿어준 것입니다. 그래서 오늘의 아인슈타인 박사가 된 것입니다. 믿어준다는 것, 얼마나 중요합니까. 저는 이런 생각도 해보았습니다. '우리나라에서라면 어떻게 되었을까?' 이런 성적표를 가지고 왔으면 아마 상갓집이 되었을 것 같습니다. '이놈의 집, 이젠 이거 망했다.' 안 그렇습니까? 아인슈타인의 어머니, 참 훌륭합니다. 아들을 믿어주었습니다. 그 믿음으로 그 아이가 아인슈타인 박사가 됩니다. 역시 믿음은 하나님께서 주시는 선물입니다. 아무나 이런 믿음을 가지기 어렵습니다. 하나님께서 믿음의 선물을 주셔야 합니다.

　　오늘본문인 히브리서 11장은 흔히 '믿음장'이라고 합니다. 처음부터 끝까지 믿음에 대한 이야기입니다. 한 장 전체가 그렇습니다. 중심은 이것입니다. '하나님을 기쁘시게 하는 것이 뭐냐? 믿음이다. 재물도 아니고, 제사도 아니고, 선행도 아니고, 의로움도 아니다. 하나님을 기쁘시게 하는 것은 믿음이다.' 내가 어떤 것을 가지고 하나님께 나아가면 에로스입니다. 그러나 하나님께서 우리에게 주시는 것을 받아들이는 마음은 믿음입니다. 이것이 아가페입니다. 믿음은 내 판단을 포기하는 것입니다. 그분의 말씀을 받아들이면서 내 의심, 내 생각, 내 뜻, 내 욕심, 내 소원을 다 포기하는 것입니다. 하나님의 말씀을 수용하고, 나를 버리고, 하나님의 뜻을 받아들이는 믿음입니다. 그리고 기뻐하고 평안합니다. 믿고 평안합니다.

　　오늘본문은 성경의 맥락에서 아주 귀중한 말씀입니다. "믿음이 없이는 하나님을 기쁘시게 하지 못하나니 하나님께 나아가는 자는 반드시 그가 계신 것과 또한 그가 자기를 찾는 자들에게 상 주시는 이심을 믿어야 할지니라." 믿을 때, 하나님께서 계신 것과 하나님의 존재를 믿고, 그가 '상 주시는 이'심을 믿고, 그의 약속을 믿는 것이다…… 그리고 줄줄이 믿음의 조상들에 대한 예를 들고 있습니다. 먼저 예로 든 사람이 노아입니다. 하나님께서 노아에게 말씀하시는데, 이것은 좀 어렵습니다. 120년 뒤에 될 일을 지금 말씀하십니다. 이걸 믿어야 됩니다. 그리고 아라랏 산 꼭대기에다 120년 동안 배를 만듭니다. 요샛말로 하면 정신병자 아닙니까. 그러나 노아는 믿었습니다. 그리고 믿은 대로 되었습니다. 120년 뒤에 될 일을 하나님의 말씀만 믿고, 따르고, 순종하고, 꾸준하게 참고, 그 약속 위에 예정된 시간을 향해서 나아가는 노아, 참 위대한 믿음 아닙니까.

아브라함도 믿음의 사람입니다. 하나님께서 "네 고향과 친척을 떠나라!" 하실 때 익숙한 땅, 편안한 땅, 안정된 곳을 떠나서 낯선 광야, 그 허허벌판으로 떠났습니다. 도대체 어디로 가라는 것입니까? 여기서 하나님 말씀이 묘합니다. "떠나라! 내가 지시할 땅으로 가라!" 하지만 지명은 가르쳐주지 않으셨습니다. 동으로 가라! 북으로 가라! 이런 말씀, 없었습니다. 그저 "떠나라!" 하셨을 뿐입니다. 그 떠나는 믿음, 그 떠나는 행동이 있고 나서 얼마 뒤에 하나님께서 이르십니다. "되었다. 떠났으니까. 네가 누운 땅, 네가 지금 있는 그 땅을 너와 네 후손에게 주리라!" 이것이 아브라함에게 주신 말씀입니다. 아브라함은 믿었습니다. 아브라함의 믿음의 특징은 순종하는 것입니다. 믿고 순종합니다.

또 히브리서는 아브라함의 아내인 사라에 대해서 말씀합니다. 사라는 자기 몸이 이미 죽은 것과 같다고 알고 있었습니다. 벌써 단산한 지가 15년쯤 되었습니다. 그런데도 하나님께서는 천사를 보내셔서 이르십니다. "내년 이때에 아들을 낳으리라!" 이걸 믿어야 합니까, 말아야 합니까? 왜요? 이거, 새삼스러운 말도 아니거든요. 이미 25년 전부터 듣던 말이거든요. 그런데 이미 단산한 지가 언제인데 이제 와서 왜요? 이를 가리켜 로마서는 '죽은 것과 방불한 가운데'라고 말씀합니다. 생리적으로는 죽은 것이나 마찬가지입니다. 그런데 "내년 이때에 아들을 낳으리라!" 하셨습니다. 이걸 믿었습니다. 대단한 믿음이지요? 그리고 말씀합니다. '믿음을 따라 살고, 믿음을 따라 죽고, 더 나은 본향을 사모했느니라.' 여기 믿음의 조상들의 이름을 죽 들어가면서 말씀합니다. 믿을 때 용기가 생깁니다. 떠날 수 있는 용기, 순종할 수 있는 용기가 생기더라, 이것입니다.

　　창세기 24장에 아주 재미있는 이야기가 있습니다. 아브라함의 아들 이삭이 있습니다. 이 이삭을 장가보내야 하겠는데, 이방사람들 속에서는 안 될 것 같아서 아브라함은 자기 고향에 종을 보내 아들 이삭과 결혼할 처녀를 하나 데려오라고 시켰습니다. 그래 이 종이 라반의 집에 가서 리브가라는 처녀를 만나게 됩니다. 그런데 이 여자는 아브라함의 아들 이삭을 본 적도 없습니다. 종이 그들에게 설명합니다. 우리 주인께서 그 아들의 신부 될 사람을 하나 데려오라고 자기를 여기로 보내었다고요. 그들이 대답합니다. "이 일이 여호와께로 말미암았으니 우리는 가부를 말할 수 없노라(50절)." 기가 막힌 대답 아닙니까. 하나님께로 말미암은 일이니 가타부타 말할 필요가 없다, 이것입니다. 리브가는 얼굴도 본 적 없고, 몇 살인지도 모르는 이삭을 바라고 그 종을 따라나섭니다. 그래서 이삭이 장가를 갑니다. 저는 결혼주례도 많이 하고, 약혼주례도 할 때마다 제가 꼭 이 이야기를 합니다. "'하나님께로 말미암았으니 가부를 말할 수 없노라.' 이런 마음으로 결혼해야 된다. 그저 눈 맞았다고 덜컥 결혼하고, 가슴이 뛴다고 냉큼 결혼하는 게 아니다. 이게 하나님께로 말미암았느냐, 하는 것이 문제다." 하지만 대개는 잘 못 알아듣습니다. 하긴, 한참 정신이 없을 테니까요. 그러나 한 가지 분명한 것은 믿음으로 순종할 때 기쁘고 행복하다는 것입니다.

　　오늘본문에서 이 모든 믿음의 조상들을 나열하는 가운데 클라이맥스가 있습니다. 바로 아브라함의 믿음입니다. 이삭을 모리아 산에 가서 제물로 바친 사건입니다. 아주 어려운 일입니다. 하나님께서 아브라함에게 이르십니다. "하늘의 별처럼, 바다의 모래처럼 자손을 주겠노라." 그리고 모세는 100세에 아들을 얻었습니다. 이 얼마나 귀한 아들입니까. 이제 그로부터 만민이 나오게 될 것입니다. 한데 갑자기 하나님께서 "그 아들을 모리아 산에 가서 내게 제물로 바쳐라!" 하십니다. 여기서 제물이란 무엇입니까? 죽이라는 뜻입니다. "죽여서 불태워서 바쳐라!" 이게 될 말입니까. 아브라함은 이것 때문에 고민합니다. 그런데 하나님께서는 이상하게도 "당장 바쳐라!" 하지 않으십니다. '사흘 길을 가서' 바치라고 하십니다. 이 '사흘'이 문제입니다. 그동안 아브라함이 얼마나 고민을 했겠습니까. 사흘 길을 아들하고 같이 가는 동안에 말입니다. 지금은 둘이 가지만, 돌아올 때는 혼자 와야 합니다. 그 사흘 길을 가면서 마음이 변할 수도 있습니다. 하지만 아브라함은 이 모든 것을 다 극복합니다. 산에 올라가 이삭을 하나님께서 바칩니다. 여기에 대한 재미있는 전설이 있지요? 이삭은 그때 27살입니다. 아브라함이 그 젊고 혈기왕성한 아들을 힘으로 어찌 이기겠습니까. 그런데 아들에게 말합니다. "이삭아, 내가 너를 얼마나 사랑하는 줄 아느냐?" "압니다." "얼마나 사랑하는 것 같으냐?" "아버지 목숨보다 저를 더 사랑하십니다." "그럼, 사랑하고말고. 그런데 하나님께서 이렇게 말씀하시니 어떻게 하면 좋으냐? 내가 너를 사랑하는 줄 알지?" "압니다." "하나님의 말씀이, 너를 제물로 바치라신다." 여기서 이삭의 대답이 이렇습니다. "예, 하나님께서 저를 사랑하시고, 아버지께서 저를 사랑하시는 줄 저는 잘 알기 때문에 순종하겠습니다." 그러고 제단에 올라갑니다. 바야흐로 이삭을 제물로 바치는 순간입니다. 여러분, 놀랍지 않습니까. 이것이 아브라함의 믿음, 모든 믿음의 클라이맥스입니다. 여기에는 문제가 있습니다. 아브라함은 "왜 이런 일이 있어야 합니까?" 하고 묻지 않았다는 것입니다. "이렇게 되면 약속이 틀리지 않습니까?" 하고 묻지도 않았습니다. "그 다음에는 어떻게 됩니까?" 하고 묻지도 않았습니다. 아무 질문도 없이 하나님 말씀대로 제사를 드리고자 합니다. 바로 그 순간 하나님께서 아브라함을 말리십니다. "아브라함아, 이제야 네가 나를 사랑하는 줄 알았다." 그리고 그야 말로 큰 복을 주시고, 장차 아브라함의 후손 가운데서 메시아가 나 오리라고 약속하십니다. 여러분, 이걸 잊지 말아야 합니다. 참 믿음 은 질문이 없습니다. '왜'도 없고, '언제'도 없고, '어떻게'도 없습니 다. 그저 순종뿐입니다.

성도 여러분은 얼마만한 믿음을 가지셨습니까? 하나님을 믿을 뿐만 아니라, 또 사람을 믿어야 됩니다. 사람에 대한 믿음, 어디까지 왔습니까? 예수님께서는 십자가에 돌아가시면서도 의미심장한 말 씀을 하십니다. 마음으로 새겨보시기 바랍니다. "하나님이여, 이들 의 죄를 사하소서. 저들이 하는 것을 모르기 때문입니다." 무슨 뜻입 니까? 나쁜 사람이 아닙니다. 하지만 모릅니다. 모르기 때문에 그러 는 것입니다. 이제 저들이 알게 되면 돌아올 것입니다. 예수님께서 는 사람의 본질에 대해서 의심이 없으십니다. 다만 사람들이 몰라서 죄를 범하고 있다고 생각하십니다. 예수님께서는 제자들에게도 똑 같이 말씀하십니다. "지금은 모르지만, 이후에는 알리라. 지금은 너 희들이 철없고 한심하지마는, 장차는 너희들이 다 돌아와서 회개하 고, 새 사람이 되어 나를 위해 순교하게 될 것이다." 예수님께서는 제자들을 믿으신 것입니다. 하나님을 믿으셨고, 제자들을 믿으셨습 니다.

여러분, 하나님을 믿을 때 능력이 있고, 평안이 있습니다. 사람 을 믿을 때 능력이 있고, 참된 화목이 이루어집니다. 우리는 어느 정

도의 믿음을 가지고 있습니까? 하나님을 기쁘시게 하는 것은 믿음
입니다. 사람을 사람 되게 하는 것도 믿음입니다. 하나님의 영광을
드러내는 것, 믿음입니다.   △

한 날의 괴로움

그러므로 내가 너희에게 이르노니 목숨을 위하여 무엇을 먹을까 무엇을 마실까 몸을 위하여 무엇을 입을까 염려하지 말라 목숨이 음식보다 중하지 아니하며 몸이 의복보다 중하지 아니하냐 공중의 새를 보라 심지도 않고 거두지도 않고 창고에 모아들이지도 아니하되 너희 하늘 아버지께서 기르시나니 너희는 이것들보다 귀하지 아니하냐 너희 중에 누가 염려함으로 그 키를 한 자라도 더할 수 있겠느냐 또 너희가 어찌 의복을 위하여 염려하느냐 들의 백합화가 어떻게 자라는가 생각하여보라 수고도 아니하고 길쌈도 아니하느니라 그러나 내가 너희에게 말하노니 솔로몬의 모든 영광으로도 입은 것이 이 꽃 하나만 같지 못하였느니라 오늘 있다가 내일 아궁이에 던져지는 들풀도 하나님이 이렇게 입히시거든 하물며 너희일까보냐 믿음이 작은 자들아 그러므로 염려하여 이르기를 무엇을 먹을까 무엇을 마실까 무엇을 입을까 하지 말라 이는 다 이방인들이 구하는 것이라 너희 하늘 아버지께서 이 모든 것이 너희에게 있어야 할 줄을 아시느니라 그런즉 너희는 먼저 그의 나라와 그의 의를 구하라 그리하면 이 모든 것을 너희에게 더하시리라 그러므로 내일 일을 위하여 염려하지 말라 내일 일은 내일이 염려할 것이요 한 날의 괴로움은 그 날로 족하니라

(마태복음 6 : 25 - 34)

한 날의 괴로움

며칠 전, TV프로에 나왔던 이야기입니다. 너무나 인상적이었기에 말씀드립니다. 한 중년남자가 아침에 일어났는데 허리가 몹시 아팠습니다. 그 고통스러워하는 모습을 보고 대학에 다니는 딸이 말합니다. "아버지, 허리 아프세요? 제가 주물러드릴까요?" 그러면서 허리를 주물러드리기도 하고, "뭐 마실 거 드릴까요?" 하고 마실 것도 갖다드리고 하여 그 아버지에게 많은 위로가 되었습니다. 지나가던 아내가 그 장면을 보고 한마디합니다. "젊었을 때 술을 많이 처먹어서 허리가 아픈 거지." 확실한 율법적 심판입니다. 아내가 한마디 덧붙입니다. "그렇게 아침에 일어나서 운동도 좀 하라고 해도 만날 늦잠만 자더니, 허리가 아파도 싸지, 싸!" 여러분, 어찌 생각하십니까? 백 번 옳은 말이거든요. 틀린 말 아닙니다. 그러나 이 아내는 지금 남편을 심판하고 있고, 괴롭히고 있습니다. 어찌하면 좋겠습니까? 지난 과거에 대한 문제, 다 알고 있습니다. 후회스럽습니다. 그러나 이미 지나갔습니다. 과거를 통해서 현재를 꾸짖는 이 율법적 심판, 참으로 무서운 것입니다. 그럼 은혜는 무엇이겠습니까? 복음은 무엇이겠습니까? 확실히 현재의 사건이 있습니다. 그러나 과거라는 큰 짐이 나를 내리누를 때 현재의 고통은 점점 더 가중되는 것입니다. 과거에 그러했습니다. 그러나 되돌아갈 수는 없습니다. 지나간 과거를 잊고, 그 과거로부터 자유로울 때에만 현재를 구원할 수 있습니다.

「성공한 사람들의 인격이란 뭐냐?」라는 책에서는 '성공하는 사람들의 공통분모'를 말하기도 합니다마는, 성공하는 사람들은 하나같이 전체를 보고 부분을 잊어버립니다. '성공하는 사람은 작은 것은 그냥 지나치고, 늘 큰 것을 생각하는 사람이다.' 먼 것을 생각하고, 현재에 매이지 않습니다. 오늘 좀 어려운 일이 있더라도 내일, 그리고 더 먼 앞날을 생각합니다. 우리 그리스도인들은 하나님 나라까지 생각합니다. 영원한 장래를 생각하고, 그리고 현재를 생각합니다. 성공하는 사람들은 하나같이 하나님의 뜻, 하나님의 일, 하나님의 나라를 먼저 생각하고, 그 다음에 자기 일을 생각합니다. 또 하나는 쉬운 일을 하고, 할 수 있는 일을 하고, 할 수 없는 일은 그저 하나님께 맡기는 것입니다. 내가 할 일 내가 하고, 오늘 할 일 오늘 할 뿐입니다. 할 수 있는 일을 극대화하고, 못 하는 일은 기다릴 뿐입니다. 그래서 이런 유명한 말이 있습니다. '성공하는 사람들은 열린 문으로 들어가고, 닫힌 문은 기다린다.' 하지만 실패하는 사람들은 하나같이 열린 문으로는 안 들어가고, 닫힌 문을 열리게 해달라고 기도합니다. 여기에 문제가 있습니다. 그리고 성공하는 사람들은 언제나 My Part, 내가 할 일, 오늘 할 일에 충실합니다. 내가 할 일, 오늘 할 일을 하고, 그 다음은 하나님께 맡기는 것입니다. 그런고로 자유합니다. 하지만 실패하는 사람들은 하나같이 남이 할 일만 생각합니다. 자기 일에는 충실하지 않으면서 남의 일에는 너무 생각이 많습니다. 여기에 문제가 있습니다. 현재에 할 일을 현재에 하면 되는데, 내일 할 일 생각하며 현재의 일도 못하고, 과거의 일을 생각하느라 현재에 할 일을 못합니다. 문제입니다. 그런고로 Simplify, 마음을 단순하게 해야 됩니다. 현재 내가 할 수 있는 일을 단순하게 할 때 새로운 역사가 이루어집니다.

오래전 이야기입니다. 어떤 의사의 심각한 기록을 읽은 적이 있습니다. 의사들은 병이 깊어진 환자를 보면 그가 얼마 뒤에 죽을지 대강 알 수 있다고 합니다. 하지만 죽어야 할 그 실제시간에 죽는 사람은 전체의 5퍼센트밖에 되지 않는답니다. 얼마든지 더 살 사람이 지금 죽었다면 그것은 걱정이 많아서라는 것입니다. 과거에 대한 후회, 미래에 대한 두려움과 걱정이 밀려와서 아직 멀쩡히 몇 년 더 살 수 있는 사람이 오늘 죽는다, 이것입니다. 오늘 예수님께서 확실하게 말씀하십니다. "염려하지 말라." 주님의 말씀입니다. 염려하지 말라! 왜요? 염려할 필요가 없으니까요. 목숨을 더하고, 더 오래 사는 것이 염려해서 될 일입니까. 염려는 무용하고 손해나는 일일 뿐입니다. 그러니 염려하지 말라, 이것입니다. 예수님께서 아주 구체적으로 말씀하십니다. 어차피 모든 것은 하나님의 손에 달려 있습니다. 하나님께서 먹이시고, 하나님께서 입히시고, 하나님께서 주장하십니다. 우리가 이런다고, 저런다고 뭐가 어떻게 되겠습니까. 어차피 하나님의 손에 달려 있으니까 염려하지 말라, 이것입니다.

아브라함 링컨 대통령의 좌우명이 있습니다. '하나님께서 함께하시면……'입니다. 하나님께서 함께하시면 이길 것이고, 하나님께서 함께하시면 성사될 것이고, 하나님께서 함께하시면 이루어질 것이고…… 그래서 누가 그에게 물었습니다. "그 하나님께서 함께하시는 걸 우리가 어떻게 알 수 있습니까?" 그러자 링컨이 빙그레 웃으면서 이렇게 되물었다고 합니다. "왜 그런 쪽으로 걱정을 하나? '내가 하나님과 함께하는가?'를 걱정해야지. '내가 지금 하나님의 뜻과 같이 가고 있는가?' 하는 것만 걱정하면 하나님께서 우리와 함께하시는지는 걱정할 필요가 없는 문제라네." 이것이 그의 신앙고백이었습니다.

또한 오늘본문에서 강조하고 있는 것은 이것입니다. '더 중요한 것을 생각하라. 의복보다 몸이 더 중요하고, 몸보다 생명이 더 중요하고, 현재의 생명보다 영원한 생명이 더 중요하다. 더 중요한 것, 영원한 생명지향적인 판단의식이 있어야 한다. 그리고 그의 나라와 그 의를 구하라. 왜? 반드시 이루어지는 것이니까. 그의 나라와 그 의를 사모하며, 그 나라와 그의 의를 지향하는 생을 살아야 할 것이다.' 그리고 결론에 가서 예수님께서 말씀하십니다. "한 날의 괴로움은 그 날로 족하니라(34절)." 현실성입니다. 실제상황입니다. 오늘을 사는 일이 인간에게 가장 귀중한 실제적 교훈이요 지혜입니다. 한 날의 괴로움을 축소해가지고 한 날의 것으로 만듭니다. 미래에 대한 것도 아니고, 과거로부터 오는 것도 아닙니다. 다 끊어버리고 한 날, 오늘 하루, 한 시간, 한 사건, 이렇게 만드는 것입니다. 아무도 원망하지도 말고, 더는 후회하지도 말고, 아무 걱정도 하지 말아야 합니다. 오늘 한 날의 괴로움은 오늘 한 날에 족한 것입니다. 이 얼마나 중요합니까. 축소해서 한 날의 괴로움으로 끝을 내야 됩니다. 한 사건 뿐입니다. 내일은 내일입니다. 과거는 지나갔습니다. '내일 일을 위하여 염려하지 말라.' 예수님 말씀입니다. 내일 일은 미지수입니다. 하나님께 속한 것입니다. 하나님의 뜻 안에 있습니다. 그러나 하나님의 뜻 안에 있다는 사실만은 확실합니다. 하나님께서는 나를 용서하신 분입니다. 하나님께서는 나를 사랑하시는 분입니다. 하나님께서는 영생을 약속해주신 분입니다. 그런고로 안심할 것입니다.

이런 재미있는 이야기가 있습니다. 요한 웨슬리가 선교사로 배를 타고 대서양을 건너 미국으로 갑니다. 풍랑이 사납게 일어나서 배가 이리저리 흔들립니다. 배에 타고 있는 사람들이 다 죽을 지경입니다. 이리 구르고 저리 구르면서 말할 수 없는 고통을 당하고 있습니다. 그때 요한 웨슬리가 조용하게 찬송을 부르기 시작합니다. 그러자 사람들이 불만을 표합니다. "아니, 이 험한 풍랑 속에 태평하게 노래가 나와요? 차라리 구원해달라고 기도하세요." 그때 요한 웨슬리가 빙그레 웃으면서 이랬다고 합니다. "걱정하지 마세요. 잘 갈 겁니다." "어떻게 잘 가나? 배가 난파되게 생겼는데……" "미국을 가든지 천당을 가든지, 둘 중 하나에는 가지 않겠습니까." 이 얼마나 태평한 말입니까. '미국을 가든지 천당을 가든지, 어디든 갈 것 아닌가! 그러니 Don't worry, 걱정하지 마라. 내일 일은 염려하지 마라. 염려한다고 되는 것도 아니다. 내일 일은 하나님의 손에 달려 있다. 그러니 염려하지 마라.' 그런가하면 과거의 괴로움, 이것이 또한 우리를 괴롭힙니다. 과거에 한 실수, 잘못, 후회, 회한…… 여러분, 후회하는 것과 회개하는 것은 다릅니다. 지난날 잘못한 일을 후회합니다. 괴롭습니다. '그때 이랬으면 차라리 좋았을 걸, 내가 왜 그렇게 하지 않았나? 이랬으면 좋았을 걸……' 이렇게 후회가 많습니다.

제가 언젠가 미국에 갔을 때 우리 한국 교포 가정을 방문한 적이 있습니다. 마침 TV에서 서부활극영화가 방영되고 있었습니다. 여러분도 서부활극 좋아하시는 분들 많지요? 한데 그 교포분이 아무 소리도 안 들리게 볼륨을 줄인 채로 화면만 보는 것입니다. 그래 제가 왜 그러는 것이냐고 물어봤지요. 그러자 그분 하는 말이 TV에서 영어 말소리가 나올 때마다 '내가 옛날에 중고등학교 다닐 때 왜 영어공부 열심히 안 했나?' 하고 후회가 돼서 그런다는 것입니다.

'아, 그때 좀 더 열심히 공부해놨더라면 오늘 이렇게 답답하지는 않을 텐데……' 하고 울화통이 터진다는 것입니다. 그래서 소리는 딱 줄이고 그림만 본다는 것입니다. 그래서 제가 그랬습니다. "그림 보는 거야 좋지만, 총소리는 들어야 되잖아?" 그랬더니 자기도 웃더라고요. 후회가 많은 것입니다. 좀 더 정직하게 살 걸, 좀 더 열심히 공부할 걸, 좀 더 부지런할 걸…… 가만히 생각해보십시오. 후회가 많습니다. 이렇게 회한이 덮쳐올 때 오늘의 고통이 가중되는 것입니다. 좀 더 무거워지는 것입니다. '이랬으면 좋았을 걸, 저랬으면 좋았을 걸……'

이 때문에 오늘의 작은 고통이 점점 더 가중되는 것입니다. 그도 그럴 것이, 이제는 돌아갈 수 없잖아요? 어찌하겠습니까. 이미 지나간 일입니다. 후회해도 소용없습니다. 다 끝난 일입니다. 후회한들 오늘의 내 고통만 점점 더 무거워질 뿐입니다. 그러면 다시 한 번 생각해야 됩니다. 이 과거, 잃어버린 과거입니까? 이런 말이 있습니다. '오늘을 얻은 자에게 잃어버린 과거는 없다.' 오늘 내가 하나님 앞에 바로 서는 순간, 잃어버린 과거는 없는 것입니다. 왜요? 그것이 지혜이기 때문입니다. 그 속에 하나님의 사랑이 있음을 간증하고, 그것으로 말미암아 오늘과 내일이 있는 것이기 때문입니다. 절대 잃어버린 과거가 아닙니다. 그런 실수가 있었기에 오늘 겸손하고, 그런 실패가 있었기에 오늘 내 믿음이 있는 것입니다. 그 모든 것들 속에 하나님의 섭리와 세밀한 능력이 함께하신 것입니다.

사도 바울은 말합니다. '그리스도께 잡힌 바 된 것을 잡으려고 쫓아가노라. 나는 그리스도께 포로 되었다. 작은 일이든 큰 일이든 내가 한 일이 아니다. 주님께서 나를 강권적으로 붙드시고, 이렇게 인도하셔서 오늘의 내가 있게 하신 것이다. 나는 그걸 믿는다. 잡힌 바 된 나, 포로 된 나에게는 선택권이 없었다.' 먼저 믿고, 그러고 나서 생각합니다. 악을 선으로 갚으시는 하나님, 내 실수를 축복으로 바꾸시는 하나님, 내가 잘못한 일을 통하여 내 영혼을 소생하게 하시는 하나님, 내 엄청난 실수로 말미암아 나를 겸손하게 만드시는 하나님, 감사하지 않습니까. 합동하여 선을 이루십니다. 세상적으로, 물질적으로, 사회적으로는 실패한 것 같으나, 영적으로는 실패한 것이 아닙니다. 이걸 알아야 됩니다.

찰스 핸디(Charles Handy)의 「헝그리정신(Hungry Spirit : Beyond Capitalism : A Quest for Purpose in the Modern World)」이라는 저서가 있습니다. 이 책에서 그는 인간을 세 가지로 구분합니다. 하나는 생계 유지형입니다. 먹고 살기 위해 늘 몸부림치면서 사는 사람입니다. 또 하나는 외부지향적인 사람입니다. 사회로부터 존경과 지위와 권력을 누려보려고 하는 외부지향적인 사람입니다. 셋째는 내부지향적인 인간입니다. 내적인 성숙, 인격적인 자유, 내면적 인간의 성숙을 최고의 목표로 삼고 사는 것입니다. 그러면 이런저런 실패와 병과 고통이 있어도 그 모든 것을 통하여 내 내면적인, 내 영적인 존재가 성숙하고 온전해집니다. 이걸 알고 나면 지난 일 후회할 것 없지요. 감사해야지요. 비록 내가 잘못했어도 이제는 감사합니다. 왜요? 그 사건 때문에 오늘 내가 있으니까요. 이만큼의 겸손이 바로 지난날의 실패 때문에 있는 것이니까요. 이걸 알아야 됩니다.

'합력하여 선을 이룬다!'라는 말을 생각할 때마다 꼭 기억나는 사람으로 요셉이 있습니다. 요셉은 17살 때 형님들의 손으로 애굽에 노예로 팔려갔습니다. 그래 파란만장한 고생을 하고 나서 마침내 애

굽의 총리대신이 됩니다. 그리고 형님들을 맞이합니다. 두려움에 벌
벌 떨고 있는 형님들을 위로합니다. "당신들이 나를 팔아먹었다고
후회하지 마십시오. 뉘우치지도 마십시오. 당신들이 팔아먹어서 내
가 여기 온 것이 아니고, 하나님께서 나를 보내셔서 여기에 온 것입
니다. 우리 온 가족을 살리려고요. 하나님의 큰 섭리가 여기에 있었
던 것입니다. 그런고로 과거를 후회하지 마십시오. 과거 때문에 괴
로워하지 마십시오." 여러분, 스스로를 위로하십시오. 남의 위로를
받으려고 하지 말고, 내가 나를 위로해야 됩니다. 그 실수가 있었기
에 오늘의 내가 있다고요. 그런 잘못이 있었기에 오늘의 내가 있다
고요. 지난날의 아픔이 있었기에 오늘의 내가 있다고요. '오, 주여
감사합니다.' 이것이 복음주의적인 하나님의 사람의 모습입니다.

　여러분, 과거에 대한 것은 다 십자가에 못 박고, 그 속에 나타
난 하나님의 섭리와 사랑, 그 깊은 사랑에 감사해야 될 것입니다. 후
회는 없습니다. 원망도 없습니다. 왜요? 그것이 하나님의 사랑이었
으니까요. 나를 향한 하나님의 지혜였으니까요. 사도 바울은 귀중
한 고백을 합니다. 제가 늘 외우고 있는 말입니다. '네게 있는 내 은
혜가 족하다(My grace is sufficient for you).' 사도 바울에게는 치명적
인 약점이 있었습니다. 그것이 정확히 무엇인지 알 수는 없으나, 모
름지기 간질병 아니었나 하고 짐작합니다. 가는 곳마다 쓰러지는 어
려움이 있었습니다. 하나님의 종으로 남의 병을 고치는 사람이 정
작 자기 병은 못 고칩니다. 그 지병을 안고 살아가야 합니다. 어렵습
니다. 그는 이 문제를 두고 하나님 앞에 세 번 기도했습니다. 특별히
기도했습니다. 하나님께서 대답하십니다. "네게 있는 내 은혜가 족
하다(My grace is sufficient for you)." 만족이 아닙니다. 충분하다는 말

입니다. Sufficient라고 하나님께서 말씀하실 때 그대로 받아들입니다. 감사합니다. 내가 약하고 어려울 때 비로소 하나님의 앞에 바로 설 수 있습니다. '충분하다. 만족하다.' 이렇게 받아들이게 됩니다.

한 날의 괴로움, 깊이 생각해봅시다. 과거를 끊으십시오. 그럼 우리의 고통이 절반으로 줄어듭니다. 미래에 대한 두려움은 하나님께 맡겨버리십시오. 그럼 나머지 절반이 없어집니다. 내 영혼은 자유할 것입니다. 깨끗한 자유함으로 한 날의 괴로움을 족하게 받아들이는 순간, 우리는 그 고통을 넉넉히 이길 것입니다. 그리스도의 사랑 안에서 넉넉히 이길 것입니다.   △

한 신앙인의 자화상

그들이 또 브올의 바알과 연합하여 죽은 자에게 제사한 음식을 먹어서 그 행위로 주를 격노케 함으로써 재앙이 그들 중에 크게 유행하였도다 그 때에 비느하스가 일어서서 중재하니 이에 재앙이 그쳤도다 이 일이 그의 의로 인정되었으니 대대로 영원까지로다 그들이 또 므리바 물에서 여호와를 노하시게 하였으므로 그들 때문에 재난이 모세에게 이르렀나니 이는 그들이 그의 뜻을 거역함으로 말미암아 모세가 그의 입술로 망령되이 말하였음이로다

(시편 106 : 28 - 33)

한 신앙인의 자화상

심리학자 마틴 셀리그만(Martin E. P. Seligman)이 제창한 개념으로 '학습된 무력감(Learned helplessness)'이라는 특수한 학술용어가 있습니다. 대단히 중요합니다. 어느 사이에 체질화되어버렸다, 이것입니다. '무력(無力)'이 체질화되고, 습관화되고, 심지어는 무의식의 지경에까지 이르렀다는 것입니다. '무력'이 자기체질처럼 익숙하게 받아들여집니다. 그런고로 여기에는 각성이 없습니다. 뉘우침도 없고, 후회도 없습니다. 당연히 '그러하거니……' 하고 지나가게 됩니다. 잃어버린 무관심에 대해서 관심을 기울여야 합니다. 이 '학습된 무력감'에는 연속성이 있습니다. 지금의 현상이 지속된다, 이것입니다. 전에 있었던 것이 오늘도 있고, 내일도 있을 것이다, 이것입니다. 연속성으로 이해하기 때문에 반성도 없고, 아픔도 없고, 깨달음도 없습니다. 또 하나는 '편재성'입니다. 다 그렇다, 이것입니다. '나만 그런 것이 아니고, 너도 그렇고, 저도 그렇고, 위대하다는 사람들도 그렇고, 성자라는 사람들도 그렇고, 다 그렇다. 그런고로 나도 그렇다.' 이렇게 익숙해지면 아무 반성도 없고, 뉘우침도 없습니다. 또 하나는 '개인성'입니다. '저 사람은 저래도 나는 아니다. 나는 나다. 나는 애당초 나약한 존재다. 그런고로 나의 이 약점은 체질적인 것이고, 본성적인 것이다. 그런고로 고칠 수도 없고, 고치려고 할 필요도 없다.' 이렇게 학습되어 익숙해진 무력감이 편만하고 있다, 이것입니다.

여러분, 인간의 고통은 슬픔에 있습니다. '아프다'라는 말과 '슬

프다'라는 말은 서로 다릅니다. 아픈 것은 육체가 아픈 것이고, 슬픈
것은 마음이 아픈 것입니다. 그런데 인간의 고통은 대체로 슬프다는
데에 있습니다. 이런 경험 해보셨습니까? 배가 고픕니다. 며칠 동
안 굶어서 배가 아주 많이 고픕니다. 나중에는 고프다 못해 배가 아
픕니다. 막 뒤틀립니다. 이런 때에 배만 아픈 것이 아닙니다. 눈물도
납니다. 슬퍼진다는 말입니다. 배만 아픈 것이 아니라, 마음이 아파
지고, 눈물이 나고, 슬퍼지고, 탄식이 절로 터져나옵니다. 이것이 인
간입니다. 이것이 바로 인간과 동물의 차이입니다. 그런데 우리 인
간의 고통 가운데 가장 큰 것은 '배신'입니다. 건강한 줄 알았는데,
건강하지 못합니다. 재산이 있는 줄 알았는데, 아무것도 없습니다.
명예를 추구해봤는데, 명예가 그냥 추락해버렸습니다. 믿었던 것이
믿어서는 아니 될 것이라는 것을 깨닫는 순간, 아주 괴롭습니다. '이
럴 줄 몰랐다!' 하는 것 아닙니까. 우리가 사람에 대해서 꼭 믿었는
데, 믿을 수 없는 사람이었습니다. 그때 오는 그 배신감이라는 것은
말도 못합니다. 너무나 괴롭습니다. 그런데 재산도 있는 줄 알았는
데 없고, 지식도 있는 줄 알았는데 아무것도 없고, 경험이 소중한 줄
알았는데 경험도 아무 쓸모가 없습니다. 그야말로 깊은 허탈감에 빠
집니다. 인간을 괴롭히는 결정적인 괴로움은 자기가 자기에게 속았
다는 것을 깨닫는 순간에 옵니다. 남에게 속은 것이 아닙니다. 나 자
신에게 속은 것입니다. 자기가 자기에게 속았다는 것을 아는 순간
우리는 엄청난 충격에 휩싸입니다.

　제가 인천에서 목회할 때 어떤 초등학교 교사로부터 들은 간증
입니다. 우수한 선생님입니다. 아주 어렵게 조그마한 집에서 사는
데, 아이가 태어났습니다. 이 아이가 세 살이 되어 막 말을 배우기

시작했습니다. 이 아이를 방에다 놔두고 부엌에서 설거지를 하는데, 방 안에서 강아지하고 놀고 있던 아이가 갑자기 이러더라는 것입니다. "죽어버려! 너 그러면 내가 죽여!" 그러더니 몽둥이를 들고 도망가는 강아지를 쫓아다니더랍니다. 이 교사가 깜짝 놀라서 아이를 붙들고 물어봤답니다. "너, 어디서 그런 말 배웠니?" 그러자 아이가 "엄마가 그랬잖아!" 하더랍니다. 이 선생님, 아이를 끌어안고 통곡을 했답니다. 자기도 모르는 새 그 천진한 아이에게 끔찍한 말, 살인자의 말을 가르친 것입니다. 엄마로서 얼마나 놀랐겠습니까. 자기가 자기에게 속는다는 것이 바로 이런 것입니다.

심리학자 프로이트는 이렇게 말합니다. '의식세계와 무의식세계가 있다. 의식과 무의식 가운데 어느 쪽이 진실한가?' 술 취한 사람이 온갖 욕을 다하고 못된 짓을 합니다. 나중에 술 깬 다음에 왜 그랬느냐고 물으면 취중이라 몰랐다고 합니다. 그렇다면 술 깼을 때 하는 말하고 술 취했을 때 하는 말 가운데 어느 쪽이 진짜입니까? 의식 중에 앞뒤 다 고려하고, 이것저것 다 배려하고 하는 말하고, 나도 모르게 어느 순간 불쑥 솟아오르는 말하고 어느 쪽이 진짜입니까? 잠재의식 속 저 깊은 곳에 나도 모르는 무서운 악이 있다는 것을 인정을 하는 데에서부터 출발해야 됩니다. 이것이 우리가 생각해야 되는 문제입니다. 자기가 자기 자신에게 속았다는 것을 깨닫는 순간 가슴이 아픕니다. 그러나 이것을 인정해야 됩니다. 거기서부터 출발해야 되니까요. 그래야 참 평안, 참 인간의 모습으로 돌아갈 수 있으니까요.

오늘본문은 민수기 10장에 있는 역사적 사건을 반영한 말씀입니다. 여러분 아시는 대로 모세는 누가 뭐라고 해도 하나님의 사람이요, 믿음의 사람입니다. 하나님께 순종하여 이스라엘을 구원하는 큰 위업을 이룬 사람 아니겠습니까. 그러나 결정적인 순간에 그는 자신의 추한 모습을 발견합니다. 이스라엘 백성이 하나님을 원망합니다. 모세를 죽이겠다고 합니다. 뿐만 아니라 "일찍이 다른 사람들 죽을 때 같이 죽었으면 좋았을 걸……" 하고 원망을 합니다. 게다가 애굽으로 돌아가자는 운동까지 벌입니다. 이에 모세는 너무나 기가 막혔습니다. 하나님의 엄청난 은혜를 먹고 사는 주제에 감히 이렇게 하나님을 원망하다니, 이게 어디 말이 되는 일입니까. 머리끝까지 화가 치밀어 올랐습니다. 그래서 여러분 아시는 대로 모세가 큰 실수를 저지릅니다. 반석 앞에 서서 "이 패역한 놈들아!" 하고 소리지릅니다. 여기서 '패역'은 '소망이 없다'는 말입니다. '망할 자식'이라는 말입니다. "패역한 놈들아!" 하고 소리를 지릅니다. 또 이릅니다. "우리가 너희를 위하여 물을 내랴!"

여러분, 모세가 언제 물을 낸 일이 있습니까? 하나님께서 내신 것입니다. 모세는 순종했을 뿐입니다. 말하자면 사환으로서 시키는 일을 한 것뿐입니다. "우리가 너희를 위하여……" 건방진 소리입니다. 게다가 모세는 제멋대로 반석을 꽝! 꽝! 두 번 내리쳤습니다. 이것은 혈기입니다. 반항입니다. 엄청난 사건 아닙니까. 그 순간 하나님께서 심판하십니다. "너는 나를 믿지 아니하고, 나의 거룩함을 드러내지 아니하고, 나를 거역했느니라. 그런고로 너는 가나안에 못 들어간다!" 모세가 깜짝 놀랐습니다. 여기서 생각해볼 문제가 있습니다. 모세가 지금 이런 큰 실수를 저질렀는데, 이것이 본성입니까, 아니면 우연성입니까? 이스라엘 백성들이 원망하고 발광을 하니까 그 앞에서 자기도 모르게 불쑥 그런 언행이 나온 것입니까, 아니면 모세의 마음 속 깊은 곳에 본래 그런 것이 있었던 것입니까? 본래성이냐, 우연성이냐 하는 것입니다. 여기에 깊은 문제가 있습니다. 하나님께서 말씀하십니다. 하나님께서 심판하십니다. 하나님께서 모세의 자화상을 그리십니다. "너는 거룩한 사람이냐? 이스라엘의 영도자와 같은 사람이냐? 너는 이 정도냐? 이것이 네 본성이냐?" 하나님께서 심판하십니다. 그런데 보십시오. 그 순간 모세는 겸손하고 진실하게 하나님의 심판을 받아들입니다. 이것이 믿음입니다. 그는 아무 변명도 하지 않습니다. "그렇습니다. 이것이 저입니다. 저 자신입니다." 그러므로 모세는 새로운 일을 시작할 수 있게 됩니다. 불쑥 하는 말, 누구의 말입니까? 어디서 나온 말입니까? 무의식 중에 하는 말, 중요합니다. 어떤 수도사는 말합니다. '꿈이라도 죄를 지었거든 회개하라.' 꿈은 잠재의식입니다. 내 속에 그런 것이 있었기 때문에 꿈을 꾼 것이지, 꿈이 우연히 나온 것이 아닙니다. '꿈을 꾼 것도 회개하라.' 왜요? 그것이 내 깊은 곳에 있는 잠재된 내 모습이니까요.

그러나 한 가지 할 말이 있습니다. 모세가 이렇게 된 것은 백성들의 분노 때문입니다. 백성들이 말도 안 되는 소리로 하나님을 원망하기 때문이었습니다. 원망하고 원망하다가 그만 원망하는 자가 된 것입니다. 불신앙의 사람에 대항하다가 스스로 불신앙의 사람이 되었습니다. 거짓된 사람하고 상대하다가 스스로 거짓된 사람이 되고 만 것입니다. 가끔 이런 경우가 있지 않습니까? 못된 놈 버릇 가르쳐준다고 하다가 스스로 또 깡패가 되더라고요. 누가 누구를 가르칩니까? 자기가 제 모습을 보고 놀랐습니다. 여러분, 아셔야 됩니다. "패역한 너희여!" 이것은 절망입니다. 불신앙적인 행위입니다.

있을 수 없는 말입니다. 제가 상담을 많이 하는데, 가끔 이런 일이 있습니다. 내외가 상담을 하러 와서는 제가 보는 앞에서 부부싸움을 하는 것입니다. 대개 그 싸움의 주제가 이것입니다. "나는 본래 그런 사람이 아닌데, 너 때문에 내가 이렇게 나빠졌다." 남자가 "내가 이런 사람이 아니었는데, 너하고 같이 살면서 이렇게 못된 사람이 되었다!" 하고 말하면 여자는 여자대로 "너하고 같이 살면서 천사 같던 내가 이런 악마가 되었다!" 합니다. 책임을 서로에게 전가하는 것입니다.

오늘본문은 엄하게 말씀합니다. 이스라엘 백성이 아무리 하나님을 원망하고 난리를 쳤더라도 모세는 모세여야만 합니다. 이스라엘 백성 때문에, 그 악한 사람들 때문에 모세가 격분했다고 해서 모세의 그 행위가 정당화되는 것 아닙니다. 모세는 모세입니다. 모세는 모세여야만 합니다. "너는 나에게 거룩함을 드러내지 않았다. 너는 나를 믿지 않았다." 이렇게 하나님께서 심판하십니다. 그 순간 모세는 신앙의 사람이 아니었습니다. 깊이 생각해야 합니다. 어떤 경우에도 '너 때문에', '환경 때문에'라는 말을 하면 안 됩니다. 생각도 안 됩니다. 나는 나입니다. 어떤 형편에서도 나는 나여야만 합니다. 신앙의 사람은 신앙의 사람이어야만 합니다. 그런데 어디서 이런 불손한 존재가 노출된 것입니까? 하나님께서 모세에게 말씀하십니다. "너는 이런 사람이다." 모세가 이 말씀을 받아들입니다.

여러분, 하나님 앞에서 하나님께서 보여주시는 자화상을 보십시오. 내가 어떤 모습인가를 보십시오. 망령된 말은 무서운 말입니다. 말로서 실수합니다. 말 속에 인간이 있습니다. 말 속에 존재가 있습니다. 불쑥 하는 말 속에도 그렇습니다. 말이 빗나가서는 안 됩니다. '망령되이 말하였음이니라.' 이것이 모세가 하나님께로부터 지적받는 순간입니다. 불신앙의 사람들 때문에 내가 불신앙의 사람이 되어서는 안 됩니다. 거역하는 사람들 앞에 서서 내가 또 다른 거역하는 사람이 되어서는 안 된다, 이것입니다. 깊이 생각해야 합니다. 하나님께서 나의 자화상을 말씀하십니다. 이 진실을 받아들여야 됩니다. 깊은 곳에 숨어있는 내 존재입니다. 사도 바울은 로마서 7장에서 말씀합니다. "내가 원하는 바 선은 행하지 아니하고 도리어 원하지 아니하는 바 악을 행하는도다(19절)." "오호라 나는 곤고한 사람이로다 이 사망의 몸에서 누가 나를 건져내랴(24절)." 바울은 솔직하고 진실하게 자기 존재를 인정했습니다. 자기 존재의 성격을 확실하게 고백합니다. 이것이 사도 바울입니다. 그런고로 불의한 사람 때문에 내가 불의해지고, 거역하는 사람을 비판하다가 내가 거역하는 사람이 되고, 불신앙의 사람에게 내가 실망하다가 어느 사이에 내가 또한 불신앙의 사람이 되어서는 안 된다, 이것입니다. 너무나 확실하고 중요한 말씀입니다.

이스라엘 사람들이 소중히 여기는 이런 전설이 있습니다. 모세가 120세가 되어서 눈이 어두워집니다. 점점 어두워집니다. 그때 모세가 하나님께 이렇게 기도했답니다. "하나님, 제가 요단강 건너 저 가나안 땅을 한 번 바라보게 해주십시오. 그리고 죽게 해주십시오." 그래 하나님께서 그를 비스가산에 올라가게 하시어 멀리 요단강 건너편에 있는 가나안 땅을 한눈에 보게 해주셨습니다. "오, 하나님! 감사합니다!" 그러고 나서 다시 말했습니다. "하나님, 좀 더 긍휼을 베푸사 정탐꾼의 모습으로라도 제가 요단강을 건너가서 한 번 가나안 땅을 발로 밟고 죽으면 안 되겠습니까?" 그때 하나님께서 이렇게 대답하셨답니다. "안 된다. 너는 내 능력으로 능력의 사람이 되었고, 이적의 사람도 되었고, 권능을 행한 것도 사실이다마는, 너는 내가 사랑하는 백성을 저주했다. 그러므로 안 된다." 여러분, 하나님께서 사랑하시는 사람을 내가 미워해서는 안 됩니다. 하나님께서 기뻐하시는 사람을 향해서 내가 실망을 해서도 안 됩니다. 하나님의 마음으로 돌아가서 보아야 됩니다. 모세는 자기를 잃어버린 때가 있었습니다. 그러나 하나님께서 보여주시는 자화상을 이제 겸손히 받아들이면서 새로운 사람으로 태어나게 됩니다.   △

모두가 나와 같이 되기를

바울이 이같이 변명하매 베스도가 크게 소리 내어
이르되 바울아 네가 미쳤도다 네 많은 학문이 너를
미치게 한다 하니 바울이 이르되 베스도 각하여 내가
미친 것이 아니요 참되고 온전한 말을 하나이다 왕께
서는 이 일을 아시기로 내가 왕께 담대히 말하노니
이 일에 하나라도 아시지 못함이 없는 줄 믿나이다
이 일은 한쪽 구석에서 행한 것이 아니니이다 아그립
바 왕이여 선지자를 믿으시나이까 믿으시는 줄 아나
이다 아그립바가 바울에게 이르되 네가 적은 말로 나
를 권하여 그리스도인이 되게 하려 하는도다 바울이
이르러 말이 적으나 많으나 당신 뿐만 아니라 오늘
내 말을 듣는 모든 사람도 다 이렇게 결박된 것 외에
는 나와 같이 되기를 하나님께 원하나이다 하니라 왕
과 총독과 버니게와 그 함께 앉은 사람들이 다 일어
나서 물러가 서로 말하되 이 사람은 사형이나 결박을
당할 만한 행위가 없다 하더라 이에 아그립바가 베스
도에게 이르되 이 사람이 만일 가이사에게 상소하지
아니하였더라면 석방될 수 있을 뻔하였다 하니라

(사도행전 26 : 24 - 32)

모두가 나와 같이 되기를

매튜 헨리(Matthew Henry)는 영국의 유명한 신학자요, 목회자요, 주석가입니다. 제가 개인적으로 많이 좋아하는 분입니다. 그가 한 번은 길에서 강도를 만나 돈지갑을 빼앗겼습니다. 그는 그날 자신의 일기장에 이렇게 써놓았습니다. '나는 오늘 강도 만났음을 인하여 하나님께 감사한다. 첫째, 이제까지 한 번도 강도 만난 일이 없었음을 인하여 감사하고, 둘째, 돈지갑은 빼앗겼어도 생명을 빼앗기지 않았음을 감사하고, 셋째, 돈을 다 빼앗겼지마는 그 돈지갑 속에 별로 돈이 없었음을 감사하고, 넷째, 내가 강도를 당했지만 내가 강도가 되지 않은 것을 감사한다. 이렇게 하나님 앞에 감사의 기도를 드렸다.'

'리더십 네트워크(Leadership Network)'의 창업자인 밥 버포드(Bob Buford)의 「하프타임(Half Time)」이라는 유명한 저서가 있습니다. 이 뒤로 비슷한 책들이 많이 나왔습니다. 인생은 얼마를 살든 전반이 있고, 후반이 있다, 이것입니다. 이걸 잊지 말아야 합니다. '항상 하면 된다. 항상 공부하면 된다. 항상 열심히 일하면 된다.' 이런 생각은 잘못된 것입니다. 후반이 있습니다. 전반과 후반은 다른 것입니다. 성공만을 위해서 몸부림쳐왔지마는, 어느 순간 공허감을 메울 수가 없는 것입니다. 그래서 생의 의미를 추구하게 된다, 이것입니다. '내가 무엇을 위해 살았나? 이대로 살면 어떻게 되나? 아니, 이대로 끝나게 되면 어떻게 되나?' 이런 생각을 아니할 수가 없습니다. 그래서 인생의 전반과 후반을 달리 생각하고, 적어도 후반전이 시작되기 전에 전략적으로 작전계획을 다시 세워야 합니다. 이것이 삶의 지혜라고 그는 말합니다. 그러기 위해서 다섯 가지 질문에 대답해야 한다는 것입니다.

첫째, 정말로 내가 잘하는 것이 무엇인가? 잘하는 것을 극대화해야 합니다. 못하는 것을 붙들고 몸부림치면 세월만 보내고 실패하게 됩니다. 가장 잘 하는 것을 얼마나 최대한도로 잘 할 것인가? 이걸 생각해야 됩니다. 둘째, 하고 싶은 일이 무엇인가? 내 마음 깊은 곳에서 정말로 내가 온 생을 다 기울여 하고 싶은 일이 무엇인가? 셋째, 내게 정말 중요한 일이 무엇인가? 어차피 다할 수는 없는데, 이 모든 것 가운데 가장 중요한 것, 이것은 반드시 해야 되고, 이걸 잃어버리면 다 잃어버린 것, 그 가장 중요하게 여기는 것이 무엇인가? 넷째, 나는 장차 어떤 사람으로 기억되기를 원하는가? 여러분은 자신이 자녀들에게 어떻게 기억되기를 바랍니까? 이웃에게, 친구에게, 모두에게 어떤 사람으로 남고, 어떤 사람으로 기억되기를 원합니까? 어차피 떠나야 되니까, 언젠가는 떠날 텐데, 그때 이 사람은 어떤 사람이었느냐, 이것이 중요하다는 것입니다. 마틴 루터 킹은 그의 마지막 설교에서, 아마도 죽음을 예측해서인지, 이런 말을 합니다. "제가 죽어서 장례식을 할 때 저를 위해서 추도사를 하는 사람이 어떻게 말해주기를 바라느냐고 저한테 묻는다면 저는 이렇게 말하겠습니다. '이 사람은 모든 사람을 사랑한 사람이다.' 제가 관 속에 들어가서 듣고 싶은 말입니다. 이 한마디를 관 속에서 마지막으로 듣고 싶습니다." 여러분은 어떤 사람으로 기억되기를 바라십니까? 다섯째, 내가 인생에 완벽했다면, 내 소원을 다 이루었다고 한다면 어떤 모습으로 나타날 것인가? 이 다섯 가지 질문에 대답을 해야 한다고 그는 말합니다.

인생에 있어서 가장 괴로운 것은 '후회'라고 하는 것입니다. 못할 일을 못한 것은 후회할 것이 없습니다. 할 수 없어서 하지 못한 것도 후회할 것이 없습니다. 후회는 할 수 있는 일을 안 했을 때 생기는 것입니다. 충분히 할 수 있는데도 하지 않은 그것이 후회로 남는 것입니다. 그러니까 할 수 있는 일은 다 해야 합니다. 할 수 있는 일이 아직도 많습니다. 얼마든지 남아 있습니다. 하지 않으면 그것들이 전부 장차 후반전에서 내게 괴로움이 됩니다. 공부할 수 있을 때 안 한 것, 일할 수 있을 때 안 한 것, 부지런할 수 있을 때 게을렀던 것, 사랑할 수 있을 때 사랑하지 않은 것, 용서할 수 있을 때 용서하지 않은 것, 이 모든 것이 후반전에서 전부 고통과 아쉬움으로, 후회로 남는다, 이것입니다. 여러분, 자녀들을 키우시지요? 그 자녀들에게 어떻게 말하고 있습니까?

예전에 제가 인천에서 목회할 때 어느 초등학교 교장선생님의 은퇴식에 참석한 일이 있습니다. 교사생활을 40년 한 분으로, 참 좋은 장로님입니다. 이분이 은퇴식에서 송별사에 이은 답사(答辭)를 하는 가운데 이렇게 말하는 걸 제가 들었습니다. "제가 40년 동안 아이들을 가르쳤는데, 꼭 하고 싶은 말이 있었습니다. '나를 본받으라! 나를 본받으라!' 하지만 이 말을 한 번도 못하고 결국 교단에서 물러납니다." 그러면서 눈물을 흘렸습니다. 자기를 본받으라는 말을 한 번도 못해봤다는 것입니다. 여러분은 어떠십니까? 자녀들에게 "나를 본받으라!" 하실 수 있습니까? 오히려 이렇게 말할 사정 아닙니까? "제발 나처럼 살지 마라! 제발 나를 닮지 마라!" 이것이 가장 큰 불행입니다. 참 괴로운 일입니다. 심지어 이런 말까지 오갑니다. "너는 제발 네 애비 닮지 마라." 참 난감한 일 아닙니까.

　이스라엘 사람들이 자녀교육을 잘 한다고 하는 것은 세상에 소문난 일입니다. 누가 어느 랍비에게 물었답니다. "이스라엘 사람들로서, 랍비로서 자녀교육을 어떻게 하면 잘 할 수 있겠습니까? 어디한번 좋은 말씀을 들려주시지요." 그러자 랍비가 껄껄 웃으면서 이렇게 말합니다. "아이고, 별 걸 다 물어보시네요. 그냥 부부싸움이나 하지 마십시오." 그러고 끝났습니다. 자녀교육, 별것입니까? 부부싸움이나 않으면 되는 것입니다. 부부 사이에 서로 존중하고 아끼고 사랑하는 모습을 보여주면 아이들은 저절로 크는 것입니다. 별도교육이 필요하지 않습니다. 가정교육이란 말로 하는 것이 아닙니다. 그저 가난하고 어려워도 둘이 서로 아끼면서 행복하게 살면 아이들은 그 모습을 저절로 본받게 됩니다.

　사도 바울이 오늘본문에서 귀중한 말을 합니다. 그는 지금 재판을 받고 있습니다. 생사의 기로에 놓여 있습니다. 재판결과에 따라죽을 수도 있고, 살 수도 있습니다. 아주 위험한 재판입니다. 여기서 그가 많은 사람들 앞에서 일장연설을 합니다. 그 가운데 한마디가 이렇습니다. "모든 사람이 나와 같기를 원합니다." 아주 놀라운고백입니다. 지금 이렇게 어려운 형편에 있지마는, 그는 스스로 이현재에 만족합니다. 과거의 모든 일은 하나님의 은혜입니다. 그래서이렇게 간증합니다. "오직 은혜로 내가 있다." 나의 나됨, 은혜입니다. 과거에 대한 미련? 없습니다. 오직 은혜니까요. 오늘이 있기 위해서 주어진 소중한 은혜니까요. 그런가하면 자기가 지금 재판을 받고, 감옥으로 가서 고생을 하고 있지마는, 이것은 의로운 고난입니다. 자기의 죄나 허물 때문에 겪는 고난이 아닙니다. 오직 복음을 위

하여 겪는 의로운 고난입니다. 그래서 만족하는 것입니다. 조금도
불만이 없습니다. '잘 되느냐, 못 되느냐? 석방되느냐, 못 되느냐?'
이것은 중요하지 않습니다. 오직 '의로우냐, 불의하냐?'가 중요할 뿐
입니다. 그리고 '내가 지금 어떤 의미의 생을 살아가고 있느냐?'에
신경을 쓸 뿐입니다. 그래서 그는 만족했습니다. 이런 유명한 말이
있습니다. '자기만족이 없거든 입을 열지 마라.' 스스로 만족할 수 없
는 사람은 입을 열 자격이 없습니다. 항상 만족한 가운데 내 만족함
을 나타내고, 내 만족함을 간증하고, 내 만족함을 전하는 거기에 할
말이 있는 것입니다.

　　제가 예번에 인천에서 목회할 때 이런 특별한 경험을 했습니다.
어떤 분이 세상을 떠날 때가 됐다고 하여 제가 가서 임종을 지켰습
니다. 아들 삼형제가 그분 주위에 둘러앉아 있는 가운데 아버지가
세상을 떠나는 것입니다. 그분, 생전에 소문난 술고래였습니다. 오
죽하면 그 집에 있는 달력에 날짜마다 빨간색 동그라미가 쳐져 있겠
습니까. 그 아버지가 술 마시고 들어온 날을 빨갛게 칠해놓은 것입
니다. 달력이 온통 빨갛습니다. 그 아버지, 거의 매일같이 술을 마
신 것입니다. 결국은 술 때문에 일찍 세상을 떠나게 되었습니다. 제
가 그분의 임종을 지켜봤습니다. 그분이 마지막으로 숨이 넘어가는
순간 아들들한테 이렇게 한마디를 합니다. "술 마시지 마라." 그리
고 죽었습니다. 아들들은 그 유언을 듣고 절대 술 마시지 않겠다고
결심했습니다. 한데 언젠가 비가 많이 오던 날, 그 집 둘째아들이 술
에 잔뜩 취해가지고 우리집 문을 두드립니다. 저를 만나자는 것입니
다. 그래 제가 나가서 그 둘째아들을 만났는데, 그때 그가 한 말이
이것입니다. "목사님, 피는 못 속입니다. 아버지의 유언대로 제가 술

을 마시지 않겠다고 그렇게 맹세했는데도 이렇게 술을 마시고 있습니다." 이 둘째아들, 뒤에 회개하고 목사가 되긴 했습니다마는, 여러분 생각해보십시오. '나를 본받으라.' 이 말보다 더 위대한 말은 없습니다.

사도 바울은 스스로 유감이 없습니다. '나를 본받으라.' 나의 무엇을요? '나처럼 살아라. 나처럼 고생을 해야 된다. 나처럼 독신으로 살아라.' 이런 얘기가 아닙니다. 적어도 사도 바울의 마음속에서는 '내가 믿는 바처럼 너희도 믿어라!'입니다. 돈을 믿는 사람, 권력을 믿는 사람, 명예를 믿는 사람, 지식을 믿는 사람…… 이렇듯 믿어서는 안 될 것을 믿다가 뒤에 다 후회하고 마는 사람들, 많잖아요? 하지만 바울은 아닙니다. 그는 믿는 바가 바로 되었습니다. 후회가 없습니다. 나는 예수를 믿었고, 나는 하나님을 믿었고, 나는 하나님의 능력을 믿었고…… '내가 믿는 바, 그것은 완전한 것이었다. 내가 믿는 것처럼 너희도 믿어라. 내가 믿는 바대로 너희도 믿어라.' 이렇게 말합니다. 오직 예수만 바라보고 살아온 그것을 본받으라는 것입니다.

또한 아는 바에 대한 본을 말합니다. 그는 지성인입니다. 추구하는 지식이 있습니다. 지금까지 가장 고상한 지식을 따라왔습니다. 그는 헬라철학을 공부한 사람입니다. 그리고 히브리 문화에 정통합니다. 그러나 모든 지식의 세계, 넓은 지식의 세계를 추구했던 학자입니다. 그러나 그 모든 것을 분토와 같이 버리고, 오직 예수를 알고, 예수 안에서 발견되고, 예수와 함께합니다. 신비로운 지식입니다. 알면 알수록 더욱더 행복합니다. 그 지식이 능력으로 바뀌는 것을 잘 압니다. 그래서 하는 말입니다. '내가 아는 바, 내가 추구한 지식, 나를 본받으라. 내가 그리스도를 발견하고, 그리스도를 알려고 노력한 것, 그의 죽으심을 본받아 부활에 이르려고 하는 그 엄청난 지식을 본받으라.'

또 하나는 '그의 행위를 본받으라!'입니다. 그가 살아온 길을 말합니다. 오직 복음 전파를 위해서 살 뿐만 아니라, 여러분이 너무나 잘 아는 바와 같이 이런 말 아니겠습니까. '너의 믿음과 재물에 내가 봉사를 위해 관제로 드릴지라도 나는 기뻐하리라. 내 몸을 피를 쏟아부어도 나는 기뻐하리라. 그렇게 확실한 절대 가치, 절대 행복을 추구하고 살았노라. 절대 목적을 두고 살았노라. 너희들도 나처럼 살기를 바란다.' 사도행전에는 이런 말씀도 있습니다. '내가 예수 그리스도와 복음을 전파하기 위해서라면 내 생명을 조금도 아깝게 여기지 아니하노라.' 죽고 사는 것보다 더 중요한 것, 생사보다 더 중요한 것이 있고, 그것을 확실하게 추구하는 생을 살았다, 이것입니다. 지금 이렇게 말하고 있는 것입니다. '나를 본받으라!'

예수님께서도 요한복음에서 이런 말씀을 하십니다. '나의 평안을 너희에게 주노라.' 예수님께서는 십자가를 앞에 놓고 계십니다. 몇 시간 뒤에 십자가를 지실 터인데도 예수님께서는 평안하십니다. '나의 평안을 너희에게 주노라. 이 평안은 세상이 주는 것과 다르다.' 여러분, 내가 평안하고야 남을 평안하게 할 수 있습니다. 내가 기쁘고야 남을 기쁘게 할 수 있습니다. 내가 행복하고야 남을 행복하게 할 수 있습니다. 결국은 이것입니다. '나의 행복을 본받으라. 나의 기쁨을 본받으라. 나의 소망을 본받으라. 너희는 함께 나를 본받으라!' 어떻습니까? 우리가 한평생을 살면서 모든 사람이 나와 같기를 바라는 것은 내가 남을 부러워하는 마음이 아닙니다. 남이 나를 부러워하는 것입니다. 내가 남을 부러워하며 사는 것이 아닙니다. 다른 사람이 나와 같기를 바라고, 속 깊은 내면세계에서 스스로 만족하고, 스스로 자랑하고…… '내가 생각하는 것처럼 생각하십시오. 내가 믿는 것처럼 믿으십시오. 내가 살아온 생처럼 살아갑시다.' 이렇게 스스로 만족하고, 스스로 행복하고, 그리고 구원하는 자랑스러운 영적 Pride가 있어야 합니다.

저는 'Pride'라고 하면 늘 생각나는 것이 있습니다. 1963년, 그 옛날에 제가 프린스턴 신학교에서 공부할 때 거기에는 남학생들 밖에 없었습니다. 여학생이 다니지 않는 학교입니다. 지금은 조금 있습니다마는, 그때에는 남학생들만 있으니까 여학생이 보고 싶어서 금요일만 되면 여자대학에서 여학생을 초대해옵니다. 그러면 버스가 한 10대 들어옵니다. 그렇게 버스들이 죽 들어서면 예쁜 여학생들이 내려서 이제 파티를 합니다. 시간도 정해져 있습니다. 11시까지입니다. 6시부터 시끄럽습니다. 11시까지 거기서 춤추며 놀고 차도 마십니다. 그렇게 데이트를 하다가 11시가 딱 되면 전부 돌아가야 합니다. 그때 예쁜 여학생들이 프린스턴 대학생들(얼마나 좋고 잘났습니까)을 붙들고 "전화번호를 좀 주세요. 이름을 가르쳐 주세요!" 합니다. 안 가르쳐줍니다. 이름도 안 가르쳐주고, 전화번호도 안 가르쳐줍니다. 그러면 막 애걸을 합니다. 그래도 안 가르쳐줍니다. 그러면 여학생들이 울면서 버스를 타고 갑니다. 옆에서 그걸 지켜보다가 제가 한 남학생보고 이렇게 한마디했습니다. "예쁘고 굉장히 똑똑해 보이는 저런 여학생들 만나기기가 쉽지 않을 텐데, 왜 그냥 울려 보내는 거야? 전화번호라도 주고, 이름이라도 한 번 가르쳐주지, 그래?" 그러자 그때 그 남학생이 저한테 한 말이 중요합니다.

"Princetonian Pride." 그러더라고요. "프린스턴의 프라이드다. 내가 저 여학생 하나 때문에 공부를 망칠 수는 없잖아?"

그리스도인은 이런 프라이드가 있어야 됩니다. 내적 만족입니다. 스스로 만족하는 것입니다. 사도 바울을 보십시오. '모든 사람이 나와 같기를 바라노라.' 참 멋있지 않습니까. 그리스도인은 프라이드를 가지고 살아야 됩니다. 이런 신령한 자존심이 필요합니다. 예수님께서 십자가를 지실 때에도 비록 십자가를 지시기는 하지만 "다 이루었다! 다 이루었다!" 하셨습니다. 얼마나 굉장한 말씀입니까. '너희는 함께 나를 본받으라!' △

오늘날 섬길 자를 택하라

그러므로 이제는 여호와를 경외하며 온전함과 진실함으로 그를 섬기라 너희의 조상들이 강 저쪽과 애굽에서 섬기던 신들을 치워 버리고 여호와만 섬기라 만일 여호와를 섬기는 것이 너희에게 좋지 않게 보이거든 너희 조상들이 강 저쪽에서 섬기던 신들이든지 또는 너희가 거주하는 땅에 있는 아모리 족속의 신들이든지 너희가 섬길 자를 오늘 택하라 오직 나와 내 집은 여호와를 섬기겠노라 하니 백성이 대답하여 이르되 우리가 결단코 여호와를 버리고 다른 신들을 섬기기를 하지 아니하오리니 이는 우리 하나님 여호와께서 친히 우리와 우리 조상들을 인도하여 애굽 땅 종 되었던 집에서 올라오게 하시고 우리 목전에서 그 큰 이적들을 행하시고 우리가 행한 모든 길과 우리가 지나온 모든 백성들 중에서 우리를 보호하셨음이며 여호와께서 또 모든 백성들과 이 땅에 거주하던 아모리 족속을 우리 앞에서 쫓아내셨음이라 그러므로 우리도 여호와를 섬기리니 그는 우리 하나님이심이니이다 하니라

(여호수아 24 : 14 - 18)

오늘날 섬길 자를 택하라

심리학자 빅터 프랭클은 제2차 세계대전 때에 나치의 강제수용소에 끌려가서 수백만 명이 죽는 처참한 모습을 다 보고 경험하고, 그 속에서 살아남은 아주 특별한 증인입니다. 아내와 자녀와 가정과 병원, 전 재산을 다 빼앗기고 수용소에 들어가서 갖은 고생을 다 하게 됩니다. 많은 사람이 처형당하는 것을 보았습니다. 그러나 그의 간증 가운데 보면 가장 마음이 괴롭고, 답답하고, 아프고, 슬펐던 이야기는 스스로 삶을 포기하는 사람들이 많았다는 것입니다. 수용소에서 처형당하고 갖은 고생으로 죽은 사람들도 있지마는, 그 비참한 것을 보면서 견디지 못해서 자살하는 사람이 그렇게 많았다는 것입니다. 그걸 볼 때마다 마음이 찢어지게 아프고 괴로웠다는 것입니다. 절망으로 무너지는 사람들을 보면서 가없는 고통을 느꼈다는 것입니다. 여기서 필요한 것이 자신의 태도를 선택하는 능력, 바른 의지입니다. 그래서 그는 끝까지 소망을 버리지 않고 견디고 살아남아서 오늘날 많은 사람들에게 존경을 받는 정신과 의사가 되었습니다. 그는 선택의 가치를 '마지막 자유(The last of human freedom)'라고 말합니다. 자유의 마지막 선택입니다. '끝까지 선택을 버리지 마라. 소망을 버리지 마라.' 어떤 경우에도 그래야 한다는 말입니다. 하지만 많은 사람들이 그러지 못합니다. 여러 가지 어려운 지경 속에서 스스로 절망의 길을 갑니다. 그런 모습을 볼 때 가장 마음이 아팠다고 그는 말합니다. 잊지 말아야 합니다. 어떤 극한 상황에도 선택의 자유는 있습니다.

저는 1950년에 북한의 강제노동수용소에 끌려가서 지옥 같은 고생을 한 적이 있습니다. 시키는 대로 작업을 하면서 절대 말을 하면 안 되게 되어 있었습니다. 누구라도 말 한마디 잘못했다가는 그대로 맞아죽습니다. 굴 속에서도 일하고, 굴 밖에서도 일했습니다. 그때 제가 특별한 경험을 했습니다. 휙 하고 지나가면서 휘파람으로 찬송을 부르는 분이 있었습니다. '내 주를 가까이'였습니다. 그런 것은 막을 도리가 없습니다. 그러면 그 다음 사람이 또 이어서 똑같이 휘파람을 붑니다. 그러다보면 여러 사람이 함께 휘파람으로 찬송을 부르게 됩니다. 서로 이름도 모릅니다. 한데도 그렇게 아무것도 모르는 사람들끼리 휘파람 찬송으로 마음과 마음이 통했습니다. 거기에 신앙고백이 있었습니다. 그러니까 빅터 프랭클만이 아닙니다. 저도 제 이 두 눈으로 수많은 사람들이 처형하는 모습을 목도했습니다. 인정사정없이 때려죽였습니다. 하지만 그런 상황이라고 해서 절대 소망을 잃어버려서는 안 됩니다. 절망해서는 안 됩니다. 어떤 극한의 상황에서도 선택의 자유는 있습니다. 아직도 숨을 쉬고 있는 동안에는 선택의 자유가 있는 것입니다. 우리는 요즈음 수많은 사람들이, 심지어는 젊은이들까지도 너무 쉽게 절망하여 자살하는 모습을 봅니다. 너무나 슬픕니다. '이건 아닌데, 이건 아닌데……'

신명기 11장에 이런 말씀이 있습니다. "내가 오늘 복과 저주를 너희 앞에 두나니. 너희가 만일 내가 오늘 너희에게 명하는 너희의 하나님 여호와의 명령을 들으면 복이 될 것이요 너희가 만일 내가 오늘 너희에게 명령하는 도에서 돌이켜 떠나 너희의 하나님 여호와의 명령을 듣지 아니하고 본래 알지 못하던 다른 신들을 따르면 저주를 받으리라." 복과 저주를 너희 앞에 두나니, 너희가 선택하라,

이것입니다. 여러분, 어떤 경우에도 선택의 자유는 있습니다. 그 순간을 놓치지 말아야 합니다. 많은 사람들이 복을 생각하고 복을 말합니다. 더구나 이제 명절 때가 되면 서로서로 복 받으라고 덕담을 하지 않습니까. 한데 이 복에는 세 가지 조건이 있습니다.

첫째, 섬길 자를 택해야 합니다. 사람은 어차피 자기가 목적은 아닙니다. 무엇인가를 섬기고 있습니다. 무엇인가를 섬기며 살아가게 되는 것이 인간의 본질입니다. 그런고로 섬길 자를 바로 택해야 됩니다. 그래서 유명한 말이 있지 않습니까. '내가 하나님이 아니면 하나님이 하나님이시고, 하나님이 하나님 되시니 나는 하나님이 아니다.' 어느 사이에 나 자신이 하나님이 되어버릴 때가 있습니다. 우상이 되어버리는 것입니다. 그러나 하나님을 하나님으로 섬기는 그 섬길 자를 바로 선택하고, 복의 근원을 섬길 자로 선택하는 자에게 복이 있습니다.

둘째, 복된 길이 있습니다. 복의 근원이 되신 하나님께서 우리에게 보여주신 복된 길입니다. 이 길을 통해서 복을 받는 것입니다. 그런고로 저주의 길을 가면서 복 받기를 바라는 사람처럼 바보 같은 사람이 없는 것입니다. 그것은 전혀 복 받을 짓이 아닙니다. 그러면서 복을 또 바랍니다. 길을 잘못 선택한 것입니다.

셋째, 복된 사람이 있습니다. 복된 환경이 있는 것이 아닙니다. 복된 여건이 있는 것이 아닙니다. 복된 사람이 되어야 복을 받는 것이지, 복된 사람이 못되면 어떤 환경에서도 그는 복받을 수 없습니다. 돈 있다고 복도 아니고, 출세했다고 복도 아닙니다. 권좌에 앉았다고 절대 복이 아닙니다. 사람이 안 된 것입니다. 복된 사람이 되어야 비로소 복을 받게 되는 것입니다. '복과 저주를 너희 앞에 둔다.

너희가 선택하라.' 풍요나 번영, 자유나 평등, 이런 외형적 사건은 절대 복이 아닙니다. 복된 사람이 된다는 데에 문제가 있습니다. 성경이 말씀하는 복은 하나님을 섬기는 바른 자세, 그리고 그 자세 안에 진정한 복된 길이 있다는 것입니다. 어떤 여건이나 상태, 그것이 복은 아닙니다. 복의 근원이신 하나님을 선택하는 거기서부터 복을 받게 되는 것입니다. 하나님을 선택하는 믿음, 하나님을 선택하는 경건, 복된 자로, 복자로 나타나게 될 때 모든 환경도, 모든 여건도 복으로 그 의미가 바뀌는 것입니다.

오늘 본문에서 여호수아는 백성들에게 이렇게 외칩니다. 기회를 주는 것입니다. '스스로 선택하라. 섬길 자를 택하라. 이 이상 우왕좌왕하지 말자. 우리가 40년 동안이나 우왕좌왕하면서 하나님 앞에 너무 많은 범죄를 했다. 이제는 여기서 끝내고, 가나안 땅에 들어왔으니, 이제는 섬길 자를 택하라.' 그리고 스스로 말합니다. '나는 여호와를 섬기겠노라. 나와 내 집은 여호와를 섬기겠노라.' 온 백성들이 '우리도 그러하겠습니다!' 하면서 따라나서는 것을 볼 수 있습니다. 하나님을 섬긴다는 것, 무엇입니까? 하나님을 섬기지 않으면 내가 우상이 됩니다. 돈이 우상이 됩니다. 권력이 우상이 됩니다. 명예가 우상이 됩니다. 복의 근원이 못됩니다. '섬길 자를 택하라.' 확실하게 신앙을 고백하고 다시 출발해야겠습니다. 여호수아는 말합니다. '나와 내 집은 하나님만 섬기겠노라.' 무슨 말입니까? '하나님의 능력과 하나님의 지혜와 하나님의 사랑을 믿고 여호와 하나님만 따르겠다!' 하는 고백입니다. 전적으로 믿고, 전적으로 의지하고, 전적으로 순종한 결과는 오직 감사와 기쁨뿐입니다.

이 반대가 원망입니다. 하나님을 섬긴다고 하면서 하나님 앞에 범죄하는 사람이 많습니다. 하나님께 대한 원망입니다. 이스라엘 백성이 애굽을 탈출해 나왔는데, 정작 광야에서 많은 사람들이 죽었습니다. 왜요? 사도 바울은 분명하게 말합니다. '하나님을 원망했다.' 이것은 하나님을 믿는 사람이 범하는 죄입니다. 신앙인의 죄입니다. 이 가운데 가장 큰 죄가 원망 죄입니다. 하나님을 믿기 때문에 하나님께서 하시는 일이 못마땅한 것입니다. 내게 해주시는 것들이 못마땅해서 하나님을 원망하는 것입니다. '많은 사람들이 광야에서 하나님을 원망하다가 죽었다. 그런고로 너희는 원망하지 마라.' 그럼 하나님을 섬긴다는 것은 무엇입니까? 하나님께 감사하는 것이고, 하나님을 찬양하는 것이고, 어떤 여건에서도 하나님께서 하시는 일에 대해서 원망하지 않는 것입니다. 그리고 Total Acceptance, 전적으로 수용해야 합니다. 이걸 잊지 말아야 합니다. 듣는 것입니다. 하나님의 말씀을 듣는 것, 그리고 순종하는 것입니다. 오늘본문에 암시된 중요한 말씀이 있습니다. 하나님만 섬긴다는 것은 곧 우상을 버린다는 의미입니다. 하나님만 선택하고, 나머지 것은 다 버려야 됩니다. 깨끗이 버려야 됩니다.

오래 전에 제가 서교동에 있는 교회에서 새벽기도회로 부흥회를 인도한 적이 있습니다. 겨울이었습니다. 하얀 소복을 입은 한 아주머니가 앞자리에 앉아서 예배를 드리는데, 온몸을 비틀면서 발을 구르고 소리소리 지르는 통해 다른 사람들이 기도를 할 수가 없을 지경이었습니다. 결국 다 나가버렸습니다. 저도 기도를 못하겠더라고요. 아주 발광을 하는 것입니다. 그래 제가 그 교회 목사님한테 물어봤더니, 그 대답이 명언입니다. 그 아주머니가 3년 전까지 그 서교동 일대에서 유명한 무당이었답니다. 그랬던 사람이 어찌어찌 예수를 믿게 되어 교회에 나오기 시작했는데, 새벽기도회부터 철야기도회에 금식기도회까지 빠지지 않고 나온답니다. 뿐만 아니라, 아침마다 찬물로 목욕하고, 하얀 소복을 입고 나온다는 것입니다. 그래 맨 앞자리에 앉아가지고 시끄럽고 요란하게 소리소리 지르는 것입니다. 그래 왜 그러는 것이냐고 물었더니, 목사님 대답이 너무나 명언입니다. 열심은 좋으나 무당기가 덜 빠져서 그렇게 시끄럽다는 것입니다. 유감스럽게도 우리 한국사람들이 다 무당기가 있습니다. 샤머니즘이라고 하는 것이 우리의 핏속에 들어 있습니다. 말하자면 유전입니다. 이 무당기를 빼야 됩니다. 고맙게도 우리교회는 여러분다 아시는 대로 조용한 교회입니다. 여기에는 무당기가 없습니다. 그러나 어떤 교회에 가 보면 예배가 아니라 숫제 발광입니다. 아주난리굿입니다. 왜 그렇습니까? 무당기가 있어서입니다. 무당기가 아직도 있습니다. 여러분, 깨끗이 버려야 됩니다.

　또 기복사상이 있습니다. 복을 달라는 것입니다. 복된 길은 찾지 않고 복만 달라는 것입니다. 그 복은 언제나 물질입니다. 돈입니다. 이런 무당기가 싹 빠져야 됩니다. 더구나 현대인한테는 실존적 우상이 있습니다. 자기 지식을 믿는 것, 자기 기술을 믿는 것, 자기 판단력을 믿는 것입니다. 아니, 자기 경험을 믿는 것입니다. 사람이 경험을 해봤자 얼마나 하겠습니까. 그런 얼마 되지도 않는 자기 경험을 절대화하는 사람이 있습니다. "내가 다 해봤다." 해보기는 뭘 얼마나 해봤습니까? 세상에 제일 못할 소리가 뭔지 아십니까? '남자는 못 믿어!'입니다. 도대체 당신 몇 사람이나 만나보고 하는 소리입니까? 아니, 목사한테 와서 얘기하면서도 그러더라고요. "남자는 못 믿겠어요." 그래서 "저도 못 믿습니까?" 그랬습니다. 도대체 몇 사람이나 만나봤기에 남자 전체를 못 믿겠다는 것입니까? 보편화라고 하는 것처럼 무서운 죄가 없습니다. 내 경험이라는 것, 아무것도 아닙니다. 잊지 말아야 합니다. 하찮은 내 경험을 절대화하려고 하면 안 됩니다. 그러면 우상이 됩니다. 고집이 됩니다. 우상을 버려야 됩니다. 이스라엘 백성이 애굽에서 나왔는데, 이걸 못 버렸습니다. 물리적으로, 또 지정학적으로는 애굽에서 나왔지만, 문화적으로는 아직도 애굽에 매여 있는 것입니다. 헤어나지를 못한 것입니다. 결국은 우상을 섬긴 것입니다.

하버드대학 교수인 로널드 하이페츠는 「실행의 리더십(Leadership on the Line)」이라는 저서에서 우리에게 중요한 것을 지적해줍니다. '사람들은 욕망의 노예가 되기 쉽다. 첫째, 군림하고자 하는 것이다. 돈 푼이나 생기면 군림하고자 한다. 그 다음은 존경받으려는 것이다.' 존경이 하루아침에 이루어집니까? 존경받으려는 마음은 알게 모르게 쾌락주의로 빠집니다. 요새도 상당히 많은 사람들이 쾌락주의에 빠져가지고 패가망신하는 걸 보지 않습니까. 이게 무슨 꼴입니까. 거기까지 올라가는 데 얼마나 시간이 걸렸는데, 이제 와서 그렇게 망신 당하고, 부끄러움을 사는 것을 볼 때 참 인생무상이라고 생각합니다. 마음속에 있는 우상을 버려야 합니다. 에드워드 할로웰이 쓴 「창조적 단절(Crazy Busy)」이라는 유명한 책이 있습니다. 그는 이 책에서 말합니다. '창조적 단절 없이 창조적 미래는 없다.' 여러분, 지난날의 잘못된 것은 속 깊이에서부터 깨끗이 빼버려야 됩니다. 우상을 버려야 합니다. 우상을 버리고야 하나님을 섬길 수 있습니다. 하나님을 섬긴다고 하면서 우상의 방법으로 하나님을 섬기면 하나님을 욕되게 하는 것입니다. 이걸 잊지 말아야 합니다.

많은 시간 기도한다고 하면서도 하나님의 영광을 앞세우고 기도하지 못하고, 하나님의 능력을 믿고 기도하지 못하고, 그저 '주실 줄로 믿습니다. 믿습니다!' 하고 몸부림을 치는데, 때로는 기도한다고 하면서 '하나님께 욕을 돌리지 않나?' 하는 걱정을 해봅니다. 특별히 무서운 것은 혼합주의입니다. 하나님 이렇게 섬기고, 저렇게 섬기고…… 아닙니다. '둘 중 하나를 분명히 하라. 나는 여호와를 섬기겠노라. 우상을 버리라. 깨끗이 버리라.' 많은 사람들이 복 받기를 원합니다. 그러나 복은 공짜가 아닙니다. 하나님께서 주시는 것입니다. 따라서 하나님을 선택해야 됩니다. 하나님께서 나를 선택하셨다는 것을 알고, 하나님께서 선택하신 것을 내가 선택해야 됩니다. 자기 자신을 버리고, 하나님의 말씀에 순종해야 됩니다. 복된 선택, 복된 길, 복된 사람이 되어야 복을 받습니다.

여러분, 얼마만큼 어디까지 왔습니까? 스스로 진단해보십시오. '내가 정말 여호와 하나님을 섬기고 있는가? 내가 하나님을 섬기는 자의 바른 모습인가? 내 생활, 이 구석에 복 받을 사람의 모습이 있는가? 내가 어디까지 왔나?' 이렇게 다시 한 번 점검하면서 복된 길을 다시 선택하고, 그리고 참으로 복 받는 금년 새해가 되시기를, 또 복된 사람으로 사는 그런 미래가 될 수 있기를 바랍니다.   △

하나님은 하실 수 있다

예수께서 그를 보시고 이르시되 재물이 있는 자는 하나님의 나라에 들어가기가 얼마나 어려운지 낙타가 바늘귀로 들어가는 것이 부자가 하나님의 나라에 들어가는 것보다 쉬우니라 하시니 듣는 자들이 이르되 그런즉 누가 구원을 얻을 수 있나이까 이르시되 무릇 사람이 할 수 없는 것을 하나님은 하실 수 있느니라 베드로가 여짜오되 보옵소서 우리가 우리의 것을 다 버리고 주를 따랐나이다 이르시되 내가 진실로 너희에게 이르노니 하나님의 나라를 위하여 집이나 아내나 형제나 부모나 자녀를 버린 자는 현세에 여러 배를 받고 내세에 영생을 받지 못할 자가 없느니라 하시니라

(누가복음 18 : 24 - 30)

하나님은 하실 수 있다

결혼생활 25년차 되는 가정이 있었습니다. 여자는 믿지 않는 남편에게서 앞으로 예수를 믿겠다는 약속을 받고 결혼하였습니다. 그래서 결혼식도 목사님의 주례로 교회에서 올렸고요. 한데 결혼한 뒤로 그 남편, 무려 25년 동안 교회에 단 한 번도 나오지 않았습니다. 그러니 그 부인인 여 집사님 마음이 어땠겠습니까. '어떻게 하면 남편을 인도할까?' 이렇게 늘 마음을 쓰고, 기도하고 했지마는, 그것이 어디 쉽게 되는 일입니까. 언젠가 제가 한번 그 집에 심방을 갔습니다. 그 부인의 딱한 사정을 제가 잘 알기 때문에 이렇게 한마디 물었습니다. "남편분이 요새 교회에 나올 때가 가까워지는 것 같습디까?" 그랬더니 그 부인이 대답을 이렇게 했습니다. "목사님, 저는 포기했습니다. 그 사람, 안 됩니다. 그 많은 날 동안 제가 권면해봤는데, 안 되더라고요. 그래 이젠 아주 포기했습니다. 밤낮 술 마시고, 못된 짓만 골라서 하고…… 제가 애를 쓰다가 이젠 완전히 포기했습니다. 간단합니다. 그 사람, 사람 안 됩니다." 제가 뭐라고 하겠습니까. "아, 그래요? 그래도 낙심하지 말고 기도하세요." 그러고 말았습니다. 그 얼마 뒤 그 집의 외아들이 군대에 가게 되었습니다. 입영바로 전 주일에 웬일로 그 아버지가 아들을 데리고 교회에 나왔습니다. 아들이 군대에 간다고 하니까 마음이 다급해진 것이겠지요. 그래 제 사무실까지 들어와서 인사하고 가더라고요.

여러분, 이걸 뭐라고 하겠습니까? '은총적 계기'라고 합니다. 어떤 은총적 계기가 와야 됩니다. 아무리 권면하고, 공부하고, 애를 써도 안 될 일은 안 됩니다. 에리히 프롬이 쓴 「소유냐 존재냐?(To Have or To Be?)」라는 유명한 책이 있습니다. 그는 이 책에서 사람은 두 가지 유형이 있다고 말합니다. 하나는 Having Mode, 소유양식의 사람입니다. 벌고 또 벌고, 공부하고 또 하고…… 그저 많은 것을 얻으려고 몸부림을 치는 사람입니다. 뭘 좀 얻고 성공하면 금세 교만해져서 다른 사람을 멸시합니다. 또 하나는 Being Mode, 존재양식의 사람입니다. 소유는 중요하지 않습니다. 내가 어떤 사람이 되느냐, 하는 것이 중요합니다. 내 인격이 어디까지냐? 내 덕성이 어디까지냐? 내 성품이 어디까지냐? 내 영적 상태가 어디까지 왔느냐? 이것이 존재양식의 사람입니다. 이 두 가지는 함께 가기가 좀 어려운 것 같습니다.

오늘본문은 여러분이 잘 아시는 이야기입니다. 한 젊은 율법사가 있습니다. 부자입니다. 한데 늘 어딘가 모르게 마음에 평안이 없습니다. 이걸 조금 어려운 말로 하면 영생에 대한 충만한 느낌, 그 만족감이 없는 것입니다. 그래 마침내 예수님 앞에 나아와 여쭈어봅니다. "제가 어떻게 하면 영생을 얻겠습니까? 제가 무엇을 하면 되겠습니까?" 예수님의 대답은 간단합니다. "네게 있는 것을 다 팔아 가난한 자들에게 주라. 그리고 나를 좇으라." 이 순간 예수님께서는 분명히 이 사람이 바라던 영생의 길을 보여주신 것입니다. 하지만 버려야 할 것이 많습니다. 성경은 이 사람에 대해서 이렇게 기록합니다. "심히 근심하더라." 영생은 얻고 싶지만, 마땅히 버려야 될 것을 차마 버릴 수가 없는 것입니다. 그래서 근심하며 돌아갔다는 것입니다. 이 사람이 돌아가는 모습을 보고 예수님께서 말씀하신 것이 있습니다. "재물이 있는 자는 하나님의 나라에 들어가기가 얼마나 어려운지 낙타가 바늘귀로 들어가는 것이 부자가 하나님의 나라에 들어가는 것보다 쉬우니라." 요새는 사람들이 바느질하는 일이 별로 없어서 그런지, '바늘귀'와 '바늘구멍'을 구별할 줄 모르더라고요. '바늘구멍'은 바늘로 콕 찌르면 생기는 구멍을 가리키는 말이고, '바늘귀'는 바늘의 맨 위에 실을 꿰도록 뚫어놓은 구멍을 가리키는 말입니다. '낙타가 바늘귀로 들어간다.' 말이 안 되지요. 일종의 과장법입니다. '부자가 천국에 들어가기가 낙타가 바늘귀로 들어가는 것보다 어렵다.' 그러니까 매우 어렵다는 말입니다. 하지만 영 불가능하다는 말은 아닙니다. 아주 많이 어렵다는 말입니다. 요점은 이것입니다. '하나님께서는 하실 수 있다.' 말하자면 전능하신 하나님께서 큰 낙타를 아주 작게 만드셔서 바늘귀로 쏙 들어가게 하신다, 이것입니다. 하나님께서는 하실 수 있습니다. 이걸 두고두고 마음에 새겨둡시다. 하나님께서는 하십니다.

칼 융 연구소장인 존 레비의 글 가운데 '어플루엔자(affluenza)'라는 유명한 말이 나옵니다. '풍요증후군'입니다. 돈이 많아서 생기는 병입니다. 한마디로 풍요에서 오는 병을 '어플루엔자'라고 한다는 것입니다. 이 병에 걸리면 어떻게 되느냐 하면, 먼저 돈이 많아지면서 의욕이 약해집니다. 의기소침해지는 것입니다. 혹시라도 손해 볼까봐서, 재산을 잃어버릴까봐서 소극적인 인간이 된다는 것입니다. 또 부가 쌓이면 쌓일수록 점점 더 남을 의심하게 됩니다. 친구도 의심하고, 주변사람도 의심하고, 심지어는 자식도 의심하고, 아내도 의심합니다. 왜요? '저것들이 혹 내 재산을 탐하는 거 아닌가?' 싶은 것입니다. 누가 자신을 친절하게 대해도 '이것이 내 재산이 탐나서 이러는 게 아닌가?' 하고 사람을 의심합니다. 그리고 지루함을 느끼고, 신나는 일이 없어지고, 따라서 행복감도 없어집니다. 마지막이 무섭습니다. '만약에 땀을 흘리지 않고 돈을 벌었다면 죄책감에 사로잡힌다. 나는 부하게 살며 가난하게 사는 사람들을 볼 때 어딘가 모르게 마음에 죄책감을 느끼게 된다.'

　오늘 이 청년이 다 가졌는데, 영생에 대한 확신이 없습니다. 영생을 얻지 못한다면 그 많은 재산이 다 소용없는 것 아닙니까. 그래서 그는 고민에 빠졌고, 예수님 앞에 나아와 여쭈어보게 된 것입니다. 불가능한 일은 아닙니다. 하지만 조건이 하나 있습니다. '낙타같이 커다란 네가 바늘귀로 들어갈 수 있을 만큼 작아져야겠다.' 이 말씀입니다. 하나님께서는 사람을 작게 만드실 수 있습니다. 종교개혁자 마르틴 루터의 유명한 명제가 있습니다. '하나님께서는 항상 나를 작게 만드신다(God always makes me small).' 사건마다, 기도할 때마다, 시련을 만날 때마다 나를 작게, 더 작게, 계속 나를 작게 만드십니다. 이것이 하나님의 은총이라고 그는 고백합니다. 얼마나 작아지면 되겠습니까?

　에르하르트(Ludwig Erhard)의 빈곤에 관한 유명한 설교가 있습니다. '마음이 가난한 자는 복이 있다. 천국이 저의 것이다.' 첫째, 아무것도 원하지 않는 마음의 상태가 되어야 합니다. 비집착성입니다. 이제 더는 집착하지 않습니다. 마치 입맛을 잃어버렸을 때 어떤 음식에도 관심이 없는 것처럼 말입니다. 우리가 아무것도 원하지 않는 상태까지 와야 됩니다. 둘째, 아무것도 알지 못하는 사람이 되어야 합니다. 지식에 대해서, 판단에 대해서, 포기에 대해서 그래야 합니다. 쉽게 말하면, 잘난 척할 것이 없다는 것이지요. 내 지식이라는 것이 아무것도 아니라는 사실, 거기까지 도달해야 됩니다. 그래야 하나님의 사랑을 느낄 수 있습니다. 셋째, 아무것도 소유하지 않는 마음이 되어야 합니다. 애착이 없습니다. 아무것도 소유하지 않은 자처럼 말입니다. 그렇게까지 되어야 진정한 감사가 있게 된다, 이것입니다. 얼마나 작아지면 바늘귀로 들어갈 수 있을까요? '사람은 못한다. 그러나 하나님께서는 하실 수 있다.' 곧 인간 스스로는 못한다는 것입니다. 그러나 하나님께서는 하십니다. 그럼 지식이 없는 것처럼 겸손해집니다. 여러분은 여러분의 지식에 얼마나 의지해 보았습니까? 하찮은 것입니다. 아무것도 아닌 것입니다. 뭘 안다고 해봐야 아무것도 없습니다. 아는 게 없습니다, 도대체가. 완전히 지식을 포기할 때 겸손해지는 것입니다. 또 알고 있으나 모르는 것처럼 관용합니다. 다른 사람들이 뭘 잘못하는지 모르는 것처럼 넉넉하게 관용할 수가 있습니다. 재산이 있어도 없는 것처럼 검소합니다. 내 것을 내 것이라고 하는 고집이 없습니다. 함께 공유하는 마음으로 바뀝니다. 이것이 작아지는 것입니다. 아주 작아집니다. 깊이 생각해야 합니다.

하나님께서는 사람을 작게 만드시는데, 그 방법이 두 가지 있습니다. Two Way System이라고 합니다. 마르틴 루터가 재미있는 표현을 했습니다. 하나님께도 왼손이 있으시고, 오른손이 있으시다고요. 왼손은 율법이요, 오른손은 은혜입니다. 이 두 가지로 사람을 작게 만드십니다. 심판으로, 질병으로, 실패로, 역경으로, 고난으로 사람을 낮추십니다. 그런가하면 큰 은혜를 깨닫게 될 때 나는 작아집니다. 큰 은혜에 대해서, 그 광활하고 놀라운 축복에 대해서 감사하는 순간 나는 작아진다, 이것입니다. 작아짐을 느끼는 것입니다. 이것이 진정한 하나님의 은총을 받은 자의 은총적 계기를 아는 사람의 모습입니다.

불과 몇 달 전에 세상을 떠난 우리의 사랑하는 성도 자매님인 영화배우 김자옥 씨를 아시지요? 제가 압구정동에서 목회할 때 상당한 기간 동안 거기 교회에 나오셔서 제가 알고 지냈습니다. 우리 교인인 그 김자옥 씨가 아무렇지도 않은 것처럼 교회를 다녔지마는, 실은 오래전부터 중병이 있었습니다. 여러 차례 수술도 받았습니다. 마지막에는 더는 견딜 수 없어서 모든 일을 쉬고 있다가 가셨는데, 우리 귀에 남는 딱 한마디 중요한 교훈을 전했습니다. "암은 참으로 좋은 병입니다." 왜요? "죽을 준비를 할 수 있으니까요." 여러분, 차 사고로 죽으면 어떻게 되겠습니까? 꽝! 하면 회개할 시간도 없잖아요? "암으로 죽으니까 점점 내려가는 시간에 한 가지, 한 가지 정리할 수가 있었습니다. 암은 좋은 병입니다." 그러고 가셨습니다. "죽을 준비를 하게 해주시니 감사합니다." 무엇입니까? 작아지는 것입니다. 내가 점점 작아지고, 더 작아지면서 하나님 은혜에 대해 감사하는 모습으로 바뀝니다. 여기까지 작아질 수 있었습니다, 은혜 안에서. 감사한 것이올시다.

어느, 정말 속을 많이 썩이던 남편이 있었습니다. 술도 많이 하고, 가부장적으로 호령하고, 집에서 너무너무 속 썩이는 그런 남편이었는데, 그가 중병을 얻어 세상을 떠납니다. 떠날 때 딱 한 마디 했습니다. 자기 부인에게 "여보, 분명 당신은 하나님께서 내게 보낸 천사야. 당신 덕에 내가 하늘나라에 갑니다. 고맙소" 그러고 죽었습니다. 죽기 전에 한 마디 제대로 했습니다. 거기까지 작아진 것입니다. 그렇게 당당하던 분이 말입니다. 그렇게 큰 소리만 치던 사람이 아내 앞에서 "하나님께서 당신을 내게 보낸 천사"라고 말하고 눈을 감았습니다. 얼마나 작아진 것입니까. 여기까지 작아져야 되는 것입니다. 이게 은총이라는 것입니다. 이게 축복이라는 것입니다. 이걸 잊지 말아야 합니다. 욥기 23장 10절은 말씀합니다. "나의 길을 오직 그가 아시나니 그가 나를 단련하신 후에 내가 정금같이 나오리다." 정금같이― 그것은 결코 부를 말하는 것도 아니고, 형통을 말하는 게 아닙니다. 정금 같은 존재를 말하는 것입니다. 작아지고, 작아지고, 작아져서 오직 은혜에 대해서 감사하는 모든 사람 앞에 겸손합니다. 있으나 없는 것처럼, 아나 모르는 것처럼. 오직 하나님의 영광만을 찬양하는 그런 사람으로, 그런 상태로, 그런 존재로 될 때 바늘귀 같은 좁은 문이라도 들어갈 것입니다. 좁은 문으로 들어가라― 그건 천국으로 가는 길이라고요. 모든 것을 내려놓은 마음, 모든 것을 다 잃어버린 마음입니다.

　특별히 오늘본문은 마지막에 우리에게 귀한 교훈을 줍니다. 부자가 와서 영생에 대해서 여쭙니다. 예수님께서 이르십니다. "네게 있는 것을 다 팔아서 가난한 자들에게 나눠주라 …… 그리고 와서 나를 따르라." 이때 그가 어떻게 반응합니까? '지옥이 있는지 없는지, 천국이 있는지 없는지 모르겠으나, 좌우간 지금 나는 이 재산을 버릴 수 없다.' 그리고 슬픈 낯으로 돌아갔다고 하지 않습니까. 그 뒷모습을 보시면서 예수님께서 말씀하십니다. "내가 진실로 너희에게 이르노니 하나님의 나라를 위하여 집이나 아내나 형제나 부모나 자녀를 버린 자는 현세에 여러 배를 받고 내세에 영생을 받지 못할 자가 없느니라……" 여러분, 버리면 얻을 수 있습니다. 잃어버리면 찾을 수 있습니다. 부인하면 긍정하게 될 것입니다. 이걸 잊지 말아야 합니다. 여러 배를 받을 것이라는 것을 말입니다. 그 마음의 상태를 묻는 것입니다. 그것만 바로 잡으면 내가 가진 물질이 결코 잘못될 게 아닙니다. 그거 없어야 된다는 것도 아닙니다. 물질과 나와의 관계가 문제입니다. 존재지향적 모드라야 됩니다. 내 영적 상태가 최우선이라는 걸 잊지 말아야 합니다. 내 영적 자유가 가장 중요하다는 사실을 알아야 합니다.

여러분, 다시 한 번 생각하십시다. 하나님께서는 하십니다. 교만한 자를 겸손하게 하시고, 욕심으로 사는 사람을 자유하게 하십니다. 불안과 공포에 떠는 사람을 자유와 평안으로 인도하십니다. 사람은 못합니다. 그 무엇으로도 할 수 없습니다. 그러나 하나님께서는 하십니다. 그 은총적 계기에 대하여 감사하면서 다시 출발하는 은혜가 여러분에게 있기를 바랍니다. △

약속의 땅과 축복의 땅

여호와의 종 모세가 죽은 후에 여호와께서 모세의 수종자 눈의 아들 여호수아에게 말씀하여 이르시되 내 종 모세가 죽었으니 이제 너는 이 모든 백성과 더불어 일어나 이 요단을 건너 내가 그들 곧 이스라엘 자손에게 주는 그 땅으로 가라 내가 모세에게 말한 바와 같이 너희 발바닥으로 밟는 곳은 모두 내가 너희에게 주었노니 곧 광야와 이 레바논에서부터 큰 강 곧 유브라데 강까지 헷 족속의 온 땅과 또 해 지는 쪽 대해까지 너희의 영토가 되리라 네 평생에 너를 능히 대적할 자가 없으리니 내가 모세와 함께 있었던 것 같이 너와 함께 있을 것임이니라 내가 너를 떠나지 아니하며 버리지 아니하리니 강하고 담대하라 너는 내가 그들의 조상에게 맹세하여 그들에게 주리라 한 땅을 이 백성에게 차지하게 하리라 오직 강하고 극히 담대하여 나의 종 모세가 네게 명령한 그 율법을 다 지켜 행하고 우로나 좌로나 치우치지 말라 그리하면 어디로 가든지 형통하리니 이 율법책을 네 입에서 떠나지 말게 하며 주야로 그것을 묵상하여 그 안에 기록된 대로 다 지켜 행하라 그리하면 네 길이 평탄하게 될 것이며 네가 형통하리라 내가 네게 명령한 것이 아니냐 강하고 담대하라 두려워하지 말며 놀라지 말라 네가 어디로 가든지 네 하나님 여호와가 너와 함께 하느니라 하시니라

(여호수아 1 : 1 - 9)

약속의 땅과 축복의 땅

아주 오래전 이야기입니다. 1963년에 제가 처음으로 미국으로 유학을 가게 되었는데, 제가 공부할 학교는 동부에 있는 프린스턴 신학교였습니다. 서부 LA에 도착하여 그곳으로 가기 전에 잠깐 시간이 남아서 한 두 주 동안 쉬었습니다. 그때 제 친구가 조그마한 호텔(요새도 지나가면서 보니까 아직도 있더라고요. 그 낡은 호텔이)에 방을 하나 잡아주면서 거기 머무는 동안 할리우드를 구경하라고 권했습니다. 그래서 제가 정말 한 주일 동안 할리우드 근방을 돌아다니면서 이것저것 구경을 했습니다. 그런데 하루는 아침 일찍 나와서 좀 이상한 풍경을 보게 되었습니다. 수염이 텁수룩하게 난 전형적인 유대사람 하나가 커다란 빌딩을 뱅뱅 돌고 있었습니다. 가만히 보니 맨발입니다. 쌀쌀한 날씨에 왜 그러고 있나 싶어서 잠시 지켜보는데, 그 유대사람, 입으로 계속 뭐라고 중얼중얼하는 것입니다. 그러면서 건물을 빙빙 돕니다. 나중에 제가 친구한테 물었습니다. 이 사람이 무슨 부랑자나 정신병자도 아닌 것 같은데, 왜 맨발로 저러고 있는지 모르겠다고요. 그랬더니 친구가 그게 전형적인 유대사람이라고 하는 것입니다. 해답은 오늘본문 3절에 있습니다. "내가 모세에게 말한 바와 같이 너희 발바닥으로 밟는 곳은 모두 내가 너희에게 주었노니." 그래서 그 유대사람이 남의 건물을 뱅뱅 돌면서 기도하는 것입니다. '이 땅을 제게 주세요. 이 건물을 제게 주세요.' 그야말로 성경을 문자 그대로 믿는 것입니다.

이와 비슷한 이야기가 또 있습니다. 제가 인천에서 1960년대부터 14년 동안 목회를 했거든요? 하루는, 부목사로 있을 때인데, 새벽기도를 마치고 나오는 길에 당회장 이기혁 목사님이 저한테 이러셨습니다. "나하고 어디 좀 같이 가세." 교회 위쪽으로 일본인들이 지어놓은 큰 건물이 한 채 있었는데, 바로 거기를 가자시는 거였습니다. 목사님은 그 자리에다가 새로 교회를 짓고 싶어하셨는데, 돈이 없었습니다. 그때 목사님이 제 손을 잡으시고 그 건물을 뱅뱅 도셨습니다. 그러면서 기도하셨습니다. 그리고 하시는 말씀이 이랬습니다. "내가 이렇게 새벽기도 마치고 이 건물 주변을 뱅뱅 돈 지가 벌써 10년이나 되었네. 그러니 머지않아 이거 사게 될 거야." 결국 그 건물을 사서 오늘날 언덕 위의 예배당을 지었습니다.

오늘 본문이 그걸 가르칩니다. 하나님께서 주시는 축복은 언제나 약속입니다. 이걸 잊지 말아야 합니다. 우리는 현재 내가 생각하는 대로 이루어지기를 바랍니다마는, 하나님께서는 생각이 좀 다르십니다. 이걸 잊지 마십시오. 나는 현재지만, 하나님께서는 미래십니다. 미래, 곧 약속입니다. 우리는 물질적인 것, 세속적인 것을 구하지마는, 하나님께서는 신령한 것을 주려고 하십니다. 다음으로, 타이밍(Timing)이 문제입니다. 꼭 주십니다. 그러나 그 시간이 내가 생각하는 시간은 아닙니다. 이 모두를 극복해야 복 받는 사람이 될 것입니다. Promise and Fulfillment, 약속과 성취, 이 긴장 관계 속에 신비가 있는 것이고, 신앙고백이 있는 것입니다. 축복은 약속으로 이루어집니다. 약속을 믿고 순종해야 약속이 성취됩니다. 칼 바르트의 유명한 명제가 있습니다. 제가 참 좋아하는 요절이기도 합니다. 'God's love dose not find its object but created it.' 하나님의 사랑은 그 대상을 찾아 헤매는 것이 아니고, 대상을 창조하는 것이다, 이것입니다. 먼저 자격 없는 사람을 자격 있는 사람으로 만드시고, 이어서 주신다, 이것입니다. 그릇이 없는 사람에게 그릇을 주시고, 믿음이 없는 사람에게 믿음까지 주심으로써 복을 내리시는 것입니다. 이것이 하나님께서 하시는 일입니다. 그래서 하나님의 사랑은 창조적 사랑이다, 이것입니다.

히브리서 4장 1절 이하에 아주 슬픈 이야기가 있습니다. "그러므로 우리는 두려워할지니 그의 안식에 들어갈 약속이 남아 있을지라도 너희 중에는 혹 이르지 못할 자가 있을까 함이라." 약속은 있는데 약속에 미치지 못하는 사람이 있을까, 약속의 땅은 눈앞에 있는데 약속의 땅에 못 들어가는 사람이 있을까 두려워하라고 말씀하시는 것입니다. 약속의 땅은 하나님께서 분명히 주셨습니다. 그러나 그 약속의 땅에 들어가기까지는 40년을 기다려야 했습니다. 무엇을 기다리는 것입니까? 약속을 받을 만한 사람이 되기를 기다리는 것입니다. 물질이 주어졌다고 축복입니까? 아닙니다. 사람이 되어야 복입니다. 돈이 주어졌다고 복입니까? 아닙니다. 지혜가 있어야 복입니다. 지혜 없는 자에게 돈은 저주입니다. 패가망신(敗家亡身)입니다. 지혜가 있고, 성실이 있고, 사람이 되어야 비로소 복이 복 될 수 있는 것입니다. 그러니까 약속의 땅은 있는데, 약속의 땅에 들어가기 위해서는 축복된 백성이 되어야 한다, 이것입니다. 복 받을 사람이 되어야 한다, 이것입니다. 하나님께서는 창조적으로 당신의 백성을 기르십니다.

오늘본문에는 분명 약속이 있습니다. '발로 밟은 땅을 다 너희에게 주었다. 분명히 가나안 땅을 너희에게 주었다.' 그래서 문제입니다. 지금도 이스라엘을 가 보면 그곳이 원래는 팔레스타인 사람들이 차지하고 있던 곳입니다. 그런데 제2차 세계대전 뒤에 각 나라에 흩어져 있던 유대사람들이 몰려와서 팔레스타인 사람들을 몰아내고 그곳을 차지한 것입니다. 그래서 팔레스타인 사람들하고 이스라엘 사람들이 같이 머물게 된 것입니다. 엄연히 지난 2천년 동안 팔레스타인 사람들의 땅이었는데, 하나님께서 자기들한테 주신 땅이라고 고집을 부리고 있는 것입니다. 어찌 생각하면 참 맹랑한 일 아닙니까. 그러나 신앙인의 눈으로 볼 때에는 하나님께서 그들한테 주신 약속의 땅이라는 것이 이스라엘 사람들의 고집입니다. 이것이 바로 지금 이스라엘의 고민입니다. '어쨌든 하나님께서 이 땅을 주셨다. 두 번째는 당할 자가 없으리라.' 하나님께서 보증해주십니다. '너희가 쳐들어가라. 당할 자가 없으리라. 내가 너희와 함께함이니라.' 확증을 해주십니다.

그런데 이 약속의 땅이 축복의 땅이 되려면 조건이 있습니다. 세 가지를 잘 생각해야 됩니다. 먼저는 생활습관, 라이프 스타일입니다. '율법을 지켜라. 우로나 좌로나 치우치지 말고 행위가 하나님의 백성다워야 한다. 하나님의 명령을 따라야 한다.' 생활 전체가, 행동 자체가 복 받은 사람의 그것이 되어야 한다, 이것입니다. 복 받을 사람의 행동이 되어야 복된 땅이 복된 땅이 된다는 말씀입니다. 둘째는 마음속에 굉장히 중요하게 들리는 말씀입니다. '율법을 네 입에서 떠나지 말게 하라.' 여러분, 너무 해석하려고 하지 마십시오. 그냥 받으십시오. '율법을 네 입에서 떠나지 말게 하라. 너는 말을 할 때 율법을 말하라. 율법적으로 말하라. 세상적으로 말하지 마라.'

여러분, 말이 운명이 된다는 걸 아십니까? 제가 요새 이런 데 대한 책을 몇 권 읽어봤는데, 너무너무 중요합니다. '망한다. 망한다'

하면 망합니다. 부정적으로 말하면 망합니다. 여러분, 아주 결심하고 네거티브(Negative)로 말하지 맙시다. 안 됐다고 말하지 맙시다. 그저 세상 어차피 잘 갈 거니까, 내가 이렇게 말한다고 달라질 것 없잖아요? 내 입에서는 항상 긍정적인 말을 합시다. 이게 아주 중요한 것입니다. 요새도 우리나라에서 무슨 인선을 바꿔서 청와대 사람들이 바뀌고 그러면 뭐라고들 합니다. 방송에 나와서 그걸 해설하는 사람들 보면 어떤 사람은 그걸 좋게 봐서 "아, 좋은 일이 있을 것 같습니다" 하고 보는 사람이 있는가하면, 또 어떤 사람은 그냥 나쁘게만 말합니다. 그런 모습을 보면 '저 사람은 저거 배냇병신인가? 아니, 해봐야 알 거 아니야?' 싶습니다. 과거에 성공한 사람은 믿을 수가 없습니다. 교만하니까요. 실패한 사람이 더 좋은 사람입니다. 여러 번 실패한 사람이 오늘 와서 믿을 만한 사람이지, 실패를 겪게 하는 사람, 그거 어디다 써 먹습니까? 이 나라는 사람을 고를 때마다 실패 안 한 사람만 고릅니다. 실패 안 한 사람 어디 있나요? 여러 가지 시련을 겪은 사람이 오히려 쓸 만합니다. 왜 그렇게 사람을 자꾸 끌어내리는지, 그런 말 들을 때마다 '저 사람은 아무래도 배냇병신이야. 저건 못 고치는 병이지. 저거. 저러다가 망할 것이지' 싶습니다. 나쁜 말 하면 망합니다. '망한다. 망한다' 하면 망합니다. '죽는다. 죽는다' 하면 죽습니다. 제발 입 좀 고치십시오. 입을 바꿔야 됩니다.

성경은 말씀합니다. '율법을 네 입에서 떠나지 않게 하라. 율법을 떠나지 않게 하라.' 그래서 이스라엘 사람들은 성경을 외웁니다. 랍비가 가르쳐줍니다. 이번 주일에는 여기서 여기까지 읽으라고요. 교인들이 그걸 일주일 동안 계속 그것만 읽습니다. 기도도 그걸 읽

으므로 기도가 됩니다. 다른 기도하지 않습니다. 성경 읽으므로 기
도합니다. '율법을 네 입에서 떠나지 않게 하라.' 제가 하나 더 추가
할게요. '찬송을 떠나지 않게 하라.' 계속 찬송 부르고, 성경을 외우
면 성경이 입에서 떠나지 않습니다. 그것이 바로 '내 말이 내 운명'입
니다. 내 말이 곧 운명이 됩니다. 그런고로 입에서 떠나지 않게 하라
― 50이 넘었거든 더욱 그러하십시오. 얼마 안 남았으니까요. 이제
는 나쁜 말을 하지 마십시오. 꼭 좋은 말, 축복된 말, 그래서 다 긍정
적이고 창조적이고 신앙적인 그런 말을 하십시오. 율법을 네 입에서
떠나지 않게 하라― 이건 문화, 언어문화를 말하는 것입니다. 언어
문화가 순화되어야 민족이 바뀝니다. 이걸 알아야 합니다. 신앙적인
사람은 신앙적인 언어를 가지고 있습니다. 신앙적인 언어가 신앙적
인 운명을 만들어갑니다. '그래서 내 입이 내 운명이다. 그런고로 내
입은 여호와의 말씀에 딱 묶여 있어서 성경말씀을 말하고, 성경말
씀을 외우고, 주를 찬양하는 것으로 입이 바뀌어야 된다.' 세 번째는
주야로 묵상하라― 생각 중심의 말씀이 있어야 한다는 것입니다.

　　저는 언젠가 한 번 시카고에 가서 이스라엘 사람이 경영하는 식
당에 갔습니다. 왜냐하면 한국 사람하고 이스라엘 사람이 합작으로
식당을 하는 데가 있더라고요. 가서 식사를 같이하는데, 이거 분주
하게 식당에서 다들 일하고 있는데, 그 이스라엘사람 주인, 그러니
까 절반 주인이지요. 그 사람은 한쪽에 앉아가지고 성경책을 딱 펴
놓고 눈을 이렇게 감고 성경을 외우고 있습니다, 계속. 손님들이야
가든 오든 성경만 읽고 있는 것입니다. 그래서 내가 "이래서 장사가
되겠나?" 하고 걱정했더니, 그 한국 주인 하는 말이 이게 이스라엘
사람이 함께 한다고 그래가지고 이스라엘 사람들이 많이 손님으로

와서 장사가 제법 잘 된다고 그러더라고요. 아무튼 복잡한 거리에서
도 식당 한 가운데서도 저들은 말씀을 묵상합니다. 주야로 묵상하는
것입니다. 왜요? 우리 생각 속에 하나님의 말씀이 있어야 되니까요.
생각이 다른 데로 빗나가면 안 되니까요. 생각이 외도하면 안 됩니
다. 그래서 말씀을 묵상하는 것입니다. 말씀을 마음으로 읽고, 외우
고, 생각하고요. 내 생각 중심에는 언제나 하나님의 말씀이 있는 것
입니다. 주야로 묵상하며— 정말입니다. 이스라엘 사람들은 이걸 그
대로 지킵니다. 딱 앉아가지고 남이야 뭐라고 했든 그 복잡한 거리
에서도 성경말씀을 묵상하는 것을 봅니다. 여러분, 너무 해석을 붙
이지 마십시오. 하나님의 말씀을 주야로 묵상하며— 이 세 가지입니
다. '율법을 지켜라. 율법을 입에서 떠나지 않게 하라. 그리고 주야
로 묵상하라. 그리하면 형통하리라. 그리하면 가나안 땅은 너의 것
이다. 약속의 땅은 축복의 땅이 될 것이다.' 이렇게 말씀하십니다.

아돌프 퀘자다(Adolfo Quezada)가 쓴 「Loving yourself for God's
sake」라고 하는 아주 유명한 책이 하나 있는데, 감동적입니다. 그
는 '하나님의 영광을 바라보며 자신을 사랑하라'고 자신에 대해서 아
주 강조하고 있습니다. '자신을 자신 모습 그대로 받아들이라. 안 된
거, 실패한 거, 뭐 부족한 거 생각하지 말고 있는 대로 얼마를 알든
얼마를 가졌든 자신 있는 대로 자기 자신을 용납하라. 자기는 소중
한 것이다.' 둘째는 '과거와 화해하라'입니다. 많은 경우 지난날에 잘
못한 것 후회하다가 망가집니다. 후회는 이제 그만하십시오. 후회는
후회로 끝나야지, 아직도 옛날 것에 얽매어 '그때 그랬어야 되는데'
하지 마십시오. 어떤 사람은 일생동안 후회하는 게 하나 있습니다.
'이 사람하고 결혼한 것, 그때 손을 잡지 말았어야 되는데……' 죽을

때까지 그 소리 하더라고요. 그 사람 그거 정신병자입니다. 이왕 결혼했잖아요? 애까지 낳았잖아요? 여기서부터 생각을 해야지, 왜 자꾸 옛날로 돌아갑니까? 과거를 용서하십시오. 그리고 과거 속에 나의 실수지만, 그 속에 하나님의 뜻이 있었고, 내가 모르는 하나님의 축복이 있었다는 것을 인정해야지요. 이걸 인정해야 됩니다. '과거와 화해하라. 합동하여 선을 이루신 하나님의 능력을 수용하라. 그리고 자신에게 책임을 물어라. 존재의 이유가 있음을 알아라.' 존재의 이유ㅡ

존 맥쿼리(John Macquarrie)이라고 하는 유명한 신학자가 있습니다. 제가 개인적으로 좋아하는 분인데, 이분의 책 가운데 「Principle of Christian Theology」라고 하는 아주 명저가 있는데, 그 속에서 세 가지를 말합니다. '죄는 무관심에 있다.' 첫째, 하나님에 대하여 무관심하다ㅡ 어떤 사건이든지 하나님을 생각합니다. '하나님께로 말미암았다는 걸 잊지 마라. 손해를 보아도 하나님, 잘 때에도 하나님. 하나님에 대해서 깊은 관심을 가져야 된다, 최우선적으로.' 이 일은 하나님께로 말미암았다고 하는 것을 잊지 말아야 합니다. 둘째, 이웃에 대해서 책임을 생각해야 된다ㅡ 다른 사람들이 내게 간구하는 바, 내가 어떻게 되어주길 바라는 바가 있거든요? 이웃에 대한 의무, 여기에 관심을 가져야 됩니다. 마지막은 자기 자신에 대하여 '내가 누구냐? 그 많은 은혜 가운데 내가 있는데 나의 운명은 어디로 가는가? 나 자신의 마지막 운명을 항상 관심 있게 생각해야 된다' 그런 말씀입니다. 여러분, 지난날의 역사, 부끄러운 일이 많습니다. 그러나 이제는 그만하고 잊어버립시다. 하나님의 약속은 확실합니다. 약속은 있습니다. 그러나 부름 받은 사람은 많은데, 택함 받은 사람

은 적다고 하신 주님의 말씀처럼 약속은 분명한데 약속의 땅에 들어
가는 복된 사람이 많지 못합니다. 분명히 하나님의 축복은 우리에게
함께합니다. 이제는 축복받은 사람, 축복받은 백성, 축복받은 문화,
그리할 때 약속의 땅은 곧 축복의 땅이 될 것입니다.   △

무엇을 얻으리이까

이에 베드로가 대답하여 이르되 보소서 우리가 모든 것을 버리고 주를 따랐사온대 그런즉 우리가 무엇을 얻으리이까 예수께서 이르시되 내가 진실로 너희에게 이르노니 세상이 새롭게 되어 인자가 자기 영광의 보좌에 앉을 때에 나를 따르는 너희도 열두 보좌에 앉아 이스라엘 열두 지파를 심판하리라 또 내 이름을 위하여 집이나 형제나 자매나 부모나 자식이나 전토를 버린 자마다 여러 배를 받고 또 영생을 상속하리라 그러나 먼저 된 자로서 나중 되고 나중 된 자로서 먼저 될 자가 많으니라

(마태복음 19 : 27 - 30)

무엇을 얻으리이까

　세상에서 제일 행복한 사람이 누구겠습니까? 이에 대해서 많은 사람들이 여러 가지 말을 합니다. 그러나 가장 제 마음에 드는 대답은 세 가지입니다. 제일 행복한 사람 그 첫째는 일이 있는 사람, 일거리가 있는 사람입니다. 일을 할 수 있는 능력도 있고, 기회도 있습니다. 일이 있다는 사실이 얼마나 중요합니까. 일거리가 없는 사람은 폐기물이나 마찬가지입니다. 내가 무엇엔가 쓰일 수 있다는 것, 어딘가 아직도 내가 할 일이 있다는 것, 이 얼마나 귀중합니까. 제가 언젠가 연세대학교 총장님을 만난 적이 있는데, 그때 그분이 이런 걱정거리를 털어놓았습니다. "목사님, 이런 문제는 어떻게 하면 좋겠습니까?" 그래 제가 되물었지요. "뭔데요?" 그랬더니 총장님이 이런 이야기를 합니다. 그 대학교에 교수님들이 수백 명 있는데, 그분들이 65세로 정년이 되어 은퇴를 하면 다들 대학교 가까이로 이사를 온다는 것입니다. 전에는 멀리 살면서 곧잘 강의시각에 늦어 지각도 하고, 결근도 하더니, 은퇴한 다음에는 학교 가까이로 이사를 와서 아침마다 캠퍼스로 산책을 온다는 것입니다. 그래 캠퍼스를 어슬렁거리며 돌아다니다가 우연히 총장님을 딱 만나면 강의 한 시간만 달라고, 돈 안 받고 강의할 테니 한 시간만 강의할 수 있게 해달라고 그렇게 부탁을 해온다는 것입니다. 교칙이 있는데 당연히 안 되지요. 그렇게 거절을 하고 생각해본답니다. '진작 이랬으면 얼마나 좋았을까?' 돈을 안 받고 강의하겠다는 그런 마음으로 강의를 했었더라면 아마 명강의를 했을 텐데. 이제야 철이 났군.' 결론이 뭔지 아십니까? 은퇴한 다음에 철났다, 이것입니다. 왜 진작 그 생각을 못했을까? 일 한다는 것 그 자체만 가지고도 얼마나 행복한 일인데, 예전에는 몰랐더라, 이것입니다.

제일 행복한 사람 그 둘째는 일을 즐기는 사람입니다. 돈 벌기 위해 일을 하는 것이 아니라, 취미삼아 하는 것입니다. 놀이와 일이 하나가 되어야 합니다. Play와 Job이 같아져야 된다, 이것입니다. 돈 벌기 위해서 일하는데, 또 그 일을 즐기기도 한다면 얼마나 좋습니까. 가끔 그림 그리는 분들 보면 그림에 미쳐서 자지도 않고 그립니다. 그렇게 그리다보면 돈도 벌어 생계가 됩니다. 누가 시켜서 억지로 하는 일이 아닙니다. 누가 말릴 사람도 없습니다. 그렇게 사는 것입니다. 일을 즐기는 사람이 행복한 사람입니다.

제일 행복한 사람 그 셋째는 아무 보상도 바라지 않는 사람입니다. 남들이 알아주든 말든, 보수를 많이 주든 적게 주든 상관없습니다. 일 그 자체만 가지고 만족합니다. 아무것도 바라지 않습니다. 이렇게 3단계까지 가야 진정 행복한 사람입니다. 아무리 많은 수고를 했다고 하더라도, 또 지금 하고 있다고 하더라도 마지막에 오늘본문말씀대로 무엇을 얻고자 하는 마음, 뭘 바라는 마음, 알아주기를 바라는 마음, 무슨 보수를 바라는 마음, 누가 기억해주기를 바라는 마음이 있다면 안 됩니다. 다 쓸데없는 소리입니다. 잊어버려야 됩니다.

요즈음 제가 골치아파하는 문제 가운데 하나가 사람들이 자기 일생 살아온 것을 자서전으로 쓰는 일입니다. 아주 유행입니다. 그게 뭐라고 잔뜩 써가지고 저한테 봐달라고 가져오는데, 제가 그걸 왜 봅니까. 본인도 기억하기 싫은 걸 왜 줄줄이 써가지고 다니면서 사람을 괴롭힙니까. 그건 그냥 잊어버려야 되는 것입니다. 그냥 물 흘러가듯이 내버려두어야 합니다. 당신을 누가 기억하라는 것입니까. 왜 기억하기를 바랍니까. 잊어버려야 합니다. 그래야 자유인이 될 수 있습니다. 가끔 사람들이 제게 "목사님은 왜 자서전을 안 쓰십니까?" 하고 물어오데, 그래서 안 쓰는 것입니다. 그것이 제 철학입니다. 누가 기억하라고요? 잊어버려야 합니다. 아무 보상도 바라지 않는 깨끗한 자유인, 그가 행복한 사람입니다.

데일 카네기의 인생철학에 이런 것이 있습니다. 사람 따라 인생을 바라는 하나의 유행이 있는데, 세 가지가 있다고 합니다. '첫째는 방관자요, 둘째는 패배자요, 셋째는 승리자다.' 이렇게 세 가지로 사람을 분류했습니다. 첫째, 방관자는 패배를 두려워합니다. 실패할까 무서워서 아무 일도 못합니다. 심지어 승리까지도 두렵습니다. 승리 다음에 오는 후속결과가 걱정되기 때문입니다. 승리는 중요한 게 아닙니다. 승리를 지켜가야 되니까요. 그래서 아무 일에도 손을 댈 수가 없습니다. 그래서 세상을 멀리 남의 일처럼 바라봅니다. 나그네처럼 보면서 나그네처럼 사는 것입니다. 둘째, 패배자는 정신적 빈곤과 굴욕감을 가지고 사는 나약한 존재입니다. 성공한 사람들을 부러워하고 질시합니다. 시쳇말로 상대적 박탈감을 느끼는 것입니다. 다른 사람의 성공이 곧 내 손해입니다. 다른 사람 잘 되는 것이 곧 내가 망하는 길입니다. 뭘 달라는 것이 아닙니다. 그러나 상대적 박탈감에 깊이 빠져서 헤어나지 못합니다. 잘 사는 사람을 보면서 스스로 점점 더 비참해지는 것입니다. 친구가 성공했다는 전화가 오기라도 하면 스스로 더 깊은 패배감에 사로잡힙니다. 왜 이렇게 살아야 하나, 싶은 것입니다. 철저한 패배자입니다. 그리고 자기실패

의 책임을 남에게 전가합니다. '저 사람 때문에 내가 실패했다.' 그렇
습니까? 셋째, 승리자는 목적지향적이요 승리지향적입니다. 목표를
정하고, 목표를 향해서 나아가는 과정 자체를 즐깁니다. 목표를 바
라보며 즐기고, 목표를 지향하며 즐깁니다. 오늘 좀 어려운 일이 있
다 하더라도 이 또한 저 목표를 향해서 가는 과정일 뿐이라고 생각
합니다. 그리고 과정 자체를 즐기며 삽니다.

　　예수 그리스도의 제자들은 큰 꿈을 품고 예수님을 따라다녔습
니다. 예수가 메시아이신 줄로 알았습니다. 예수님께 능력이 있고,
기적이 있고, 인기가 있고, 권세가 있다고 믿었습니다. 앞으로 큰 영
광을 누리게 될 이스라엘을 구원하실 메시아시라고 믿었습니다. 그
영광에 편승하려는 것이었습니다. '예수님만 따라다니면 자동으로
큰 영광이 내게도 올 것이다.' 이렇게 생각한 것입니다. 하지만 가만
히 보니 조금 문제가 있었습니다. 예수님을 따르자면 직업을 버려야
됩니다. 예수님을 따르자면 가정을 버려야 됩니다. 그러니까 버려야
할 것이 너무 많은 것입니다. 게다가 큰 모험이 있었습니다. 하지만
Final Goal, 그 최종승리를 바라보면서 예수님을 부지런히 따라다녔
습니다. 지금은 초라한 것 같아도 장차는 큰 영광이 이루어지리라고
믿은 것입니다. 이것이 예수님의 제자가 되기로 결심한 제자들의 심
리적 배경입니다. 그러나 성경을 보면 이 제자들의 마음속에는 참으
로 끈질기게 세속적인 욕망이 여전히 남아 있었습니다. 예수님께서
십자가에서 돌아가신 다음 엠마오를 향해서 가는 제자들을 보십시
오. 깊이 실의에 빠진 모습입니다. 성경은 말씀합니다. '저가 이스라
엘을 회복할 자라고 믿었노라.' 여러 가지 뜻이 포함되어 있는 말씀
입니다. '저가 이스라엘을 회복하게 되면 그 영광을 누릴 때 우리는

그에 편승하게 될 것이다. 이런 청운의 꿈을 품고 따라다녔는데, 십자가에 비참하게 죽었더라.' 이런 뜻입니다.

　여러분, 십자가가 실패입니까, 성공입니까? 예수님께는 성공인데, 제자들에게는 실패였습니다. 그래서 슬퍼하고 있는 것입니다. 심지어 예수님께서 부활하신 다음에까지도 마찬가지입니다. 사도행전 1장에서 부활하신 예수님의 신령한 몸을 마주하고도 제자들은 여전히 이렇게 묻습니다. '이스라엘을 회복할 때가 이때입니까?' 이 얼마나 끈질긴 욕망입니까. 이런 욕망을 품고 있으니, 예수님의 뒤를 따라다니다가 예수님께서 큰 영광의 세계로 가시는 것이 아니라 비참하게 십자가를 지시는 길로 가신다는 사실을 깨달았을 때 그 제자들, 얼마나 놀랐겠습니까. '이게 무슨 소린가? 어떻게 예수님께서 십자가를 지신다는 말인가?' 이제 제자들은 예수님의 신비로운 말씀에 대하여 깊은 회의를 느끼기 시작합니다. 고통을 느끼고, 갈등을 느낍니다. 최종목적은 확실한 것 같은데, 거기로 향하는 과정이 십자가라니, 그 깊은 세속적인 욕망에 사로잡혀 있던 제자들로서는 너무나 감당하기 어려운 일이었습니다. 그래서 예수님께서는 때마다 말씀하십니다. '버려야 한다. 버려야 한다. 나와 함께 영광을 얻기 위해서는 나처럼 버려야 한다.' 오늘본문을 보면 이 말씀을 듣고 수제자 베드로가 철없는 말을 합니다. "보소서 우리가 모든 것을 다 버리고 주를 따랐사온대……(27절)" 정말로 버렸습니까? 그렇다면 자유해야 하는데, 걱정이 없어야 하는데, 실은 그렇지 않았습니다. 버리지 않은 것입니다. 버리지 못한 것입니다. 직업이나 가정은 버린 것 같은데, 명예는 버리지 못했습니다. 후속결과를 버리지 못한 것입니다. 그 다음은요? 질문을 버리지 못했습니다. 묻지 말아야 하

는데, 물었습니다. "그런즉 우리가 무엇을 얻으리이까?" 왜 물어봅
니까? 신령한 세계, 차원이 다른 세계에 속하는 문제입니다. 깨끗이
버려야 합니다.

칼뱅은 말합니다. '참 신앙이란 계속적으로 자기를 부정하는 것이
다. 또 계속적으로 순례자의 정체성을 확인하는 것이다.' 여러분,
깨끗이 버렸습니까? 효도도 마찬가지입니다. 자녀교육도 다르지 않
습니다. 여러분이 자녀교육을 잘 하려고, 또 훌륭한 부모가 되려고
애들을 많이 씁니다마는, 그게 어디 쉽게 됩디까? 예전에 제가 어
느 목사님 가정을 방문한 적이 있습니다. 그 교회의 부흥회를 인도
하러 갔다가 일정을 마치고 그 교회 목사님 댁에 가서 함께 차를 마
시는데, 사모님이 큰 소리로 이런 자랑을 합니다. "저희는 아이들이
셋 있는데요, 용돈을 줄 때마다 장부에다 '몇 월 며칠에 얼마'라고 써
놓고 그걸 보여줍니다. 그래가지고 이놈들 큰 다음에 다 받아내렵니
다." 그렇게 하니까 아이들이 용돈을 함부로 막 쓰지 않고, 제법 절
약도 하는 것 같다는 것입니다. 그 소리를 듣고 제가 이렇게 말했습
니다. "하나 물어봅시다. 제가 못 봤지마는, 혹 댁네 자녀가 이렇게
말하지 않습디까? '돈 주세요. 이자를 보태서 드릴게요.'" 그랬더니
"어떻게 아세요?" 합니다. "뻔하잖아요? 저라도 그렇게 할 텐데요?
'이자까지 보태서 드릴 테니까, 돈 내놓으세요!' 할 것 아닙니까. 그
러면 이거 일이 어떻게 되는 것입니까?" 그러자 그 사모님이 가만히
생각하더니 그 장부를 그 자리에서 찢어버렸습니다.

여러분, 자녀에게 보상을 바라십니까? 제발 부탁인데, 부모님
께 효도는 해야겠지만, 자식들한테 효도를 바라지는 마십시오. 그
바라는 마음 때문에 효도가 안 됩니다. 요새 아이들은 공부 열심히

하라는 말을 들으면 이렇게 나온답니다. "내가 누구를 위해서 공부를 해? 내가 공부 잘하면 우리 엄마가 동네방네 돌아다니면서 자랑하고 싶어서 그러는 모양인데, 나 그 꼴 못 봐!" 요새 아이들이 그렇습니다. 보상을 바라지 마십시오. 자녀 교육, 간단합니다. "세상에 태어난 게 고맙고, 잘 자라준 게 고맙고, 공부는 잘 못한다마는, 건강하니 고맙고, 너희들과 함께 식사를 하니 고맙다." 여기서 끝이어야 합니다. 그래야 아이들이 바로 자랍니다. 거기다 대고 무슨 보상을 바라서 "효도해라!" 합니까. 여러분이 부모님께 효도는 해야겠지만, 자녀들이 효도하기를 바라지는 마십시오. 그 바라는 마음 때문에 효도가 없어집니다. 이걸 알아야 됩니다.

오늘본문에서 베드로가 여쭙니다. "우리가 무엇을 얻으리이까?" 아무것도 바라지 마십시오. "모든 것을 버리고……" 했습니다. 한데, 정말 다 버렸습니까? 아니지 않습니까. 아직 목숨을 버리지 않았습니다. 허영심도 버리지 않았습니다. 명예심도 버리지 않았습니다. 후속결과에 대한 걱정도 버리지 못했습니다. 아주 깨끗이 버려야 하는데, 그러지 못한 것입니다. 스스로는 중요한 것을 버렸다고 믿고 있는 모양인데, 아닙니다. 착각입니다. 스스로 잘못 생각하고 있는 것입니다. "무엇을 얻으리이까?" 얻기는 뭘 얻습니까? 이 물음에 대하여 예수님께서는 엉뚱하게도 천국을 말씀하십니다. "인자가 자기 영광의 보좌에 앉을 때에 나를 따르는 너희도 열두 보좌에 앉아……" 세상에서는 얻을 게 없다는 뜻입니다. "무엇을 얻으리이까?" 그만하십시오. 지금까지 많이 얻었잖아요? 여러분, 꼭 잊지 마십시오. 줄 때는 그저 주기만 하면 됩니다. 줄 수 있으니 고맙고, 줄 기회가 있으니 고맙고, 오늘 내가 받는 자가 아니고 주는 자가 되었으니 고맙고……

제가 평양에 자주 가는데, 그때마다 그곳 호텔에서 기도를 하게 되면 꼭 이런 생각을 하게 됩니다. '어쩌다가 내가 피난을 와서 고생은 좀 했지만, 지금 이 시간에 여기에 와 있지 않은가? 왜 왔는가? 주려고 왔다. 줄 수 있으니 온 것이다. 베풀러 온 것이다.' 바라는 것은 아무것도 없습니다. 없어야 합니다. 그래야 줄 수 있는 것입니다. 대가를 바라고 하는 일처럼 피곤한 일이 없습니다. 제발 잊어버립시다. 요새 우리나라에서도 '대가성'이라는 말이 많잖아요? 선물을 주고받는 데에 대가성이 있으면 뇌물이고, 대가성이 없으면 선물입니다. 선물과 뇌물의 차이가 무엇입니까? 액수입니까? 백만 원, 이백만 원…… 쓸데없는 소리 하지 마십시오. 그냥 주기만 하면 선물이고, 대가를 받으면 단 십 원이라도 그것은 뇌물입니다. 오늘 바로 여기에 문제가 있는 것 아닙니까. 자녀들한테 그저 이렇게 말하십시오. "고맙다. 줄 수 있으니 그저 감사하고 좋다. 너희들이 자라는 걸 보니 좋다." 이미 받은 것으로 족한 것입니다.

제가 최근에 읽은 어떤 수필에 나오는 이야기입니다. 아이들은 네 살까지가 제일 예쁘답니다. 실제로 얼마나 예쁩니까. 어쩌다가 남의 집 아이들을 봐도 그저 예쁘잖아요? 본전은 그때 벌써 다 찾은 것입니다. 아이 키우면서 얼마나 좋았습니까. 저도 제 책상에 아이들 사진을 놓아두었는데, 전부 다 백일 때 사진입니다. 그때가 제일 예뻤거든요. 그때 본전 다 찾은 것입니다. 뭘 또 바라십니까? 잊어버리십시오. 자녀 교육도 보상을 바라지 마십시오. 그래야 효과가 있습니다. 또 자녀 된 도리에도 어떤 일을 하든지 대가를 바라지 말 것입니다. 부모님께 효도하면서 "저한테 뭘 주시겠습니까?" 해서야 되겠습니까.

브라질에 있는 어느 장로님한테 들은 이야기입니다. 아들 셋이 있는데, 둘은 미국에 갔는데, 하나는 변호사가 되었고, 또 하나는 의사가 되었답니다. 그 고생을 하면서 공부시켰는데, 이 두 놈은 1년 내내 전화 한 통 안 한답니다. 아들 셋 가운데 지지리도 공부 못 하는 놈 하나가 부모하고 일생을 같이 산답니다. 옛날부터 그런 말이 있지 않습니까. '병신효도'라고요. 똑똑한 놈들 공부 열심히 해봐야 별것 없습니다. 다 잊어버리십시오.

그저 중요한 것은 버려야 됩니다. 얼마나 버렸는지, 한번 진실 게임을 해봅시다. 내 마음이 얼마나 깨끗한가? 예수님께서 말씀하십니다. 아주 차원이 다른 말씀입니다. "세상이 새롭게 되어 인자가 자기 영광의 보좌에 앉을 때에……(28절)" 그때에만 보상이 있다, 이것입니다. 그전에는 보상을 바라지 말라, 이것입니다. 얼마나 실제적인 말씀인지 모릅니다. 요한복음 14장에서 도마가 예수님께 여쭙니다. '주여, 어디로 가십니까?' 어디로 가시는지 우리가 어떻게 알겠습니까. 주를 따라야 하겠는데, 어디로 가시는지 몰라 어디로 가시냐고 묻는 것입니다. 주님께서 대답하십니다. '그건 왜 물어보느냐? 내가 곧 길이요 진리요 생명이다. 그냥 묻고 따라와라. 묻지도 마라. 따지지도 마라. 내가 곧 길이요 진리요 생명이다. 나와 함께 하면 되는 거지, 어디로 가느냐고 왜 묻느냐? 안다고 설명하면 알겠느냐? 보여주면 알겠느냐?' 여러분, 미래를 무슨 수로 알 수 있습니까? 다 소용없습니다. 그저 잊어버리십시오. 천당이 어디 있느냐고 묻거든 주께서 계신 곳, 이것뿐입니다. 무슨 말로 설명하겠습니까. 설명이 될 수 있습니까, 이것이? 그런고로 '무엇을 얻으리이까?' 하는 바람을 지워버리십시오. '어디로 갑니까?' 하는 말도 지워버리십시오. 그 결과 어떻게 됩니까? Total Commitment. 전적으로 신뢰하고 함께할 것입니다. 그리스도와 함께할 것입니다. 그리스도께서 가신 길이라면 분명히 좋은 길입니다. 그리스도께서 계신 곳이라면 거기는 확실한 생명의 길입니다. 잊지 말아야 합니다.

마태복음 4장에서 사탄이 시험받으시는 예수님을 유혹하며 이렇게 말합니다. "내게 한 번 경배하라. 그러면 천하만국과 영광을 주리라." 사탄은 언제나 쉽게 약속합니다. "천하만국과 영광을 다 네게 주리라." 줄 수 있습니까? 사탄이 하는 말은 다 거짓입니다.

오늘 예수님께서 말씀하십니다. '내가 네게 주리라. 단, 버려라. 다 버려라. '무엇을 얻을까?' 하는 생각까지 버려라. 그리고 자유하라. 그리스도만으로 만족하라. 그리고 감사하라.' 거기에 진정한 생명의 길이 있습니다. 예수님 말씀하십니다. '내가 곧 길이요, 진리요, 생명이다!' △

내게로 와서 마시라

　　명절 끝날 곧 큰 날에 예수께서 서서 외쳐 이르시
되 누구든지 목마르거든 내게로 와서 마시라 나를 믿
는 자는 성경에 이름과 같이 그 배에서 생수의 강이
흘러나오리라 하시니 이는 그를 믿는 자는 성경에 이
름과 같이 그 배에서 생수의 강이 흘러나오리라 하시
니 이는 그를 믿는 자들이 받을 성령을 가리켜 말씀
하신 것이라 (예수께서 아직 영광을 받지 않으셨으
므로 성령이 아직 그들에게 계시지 아니하시더라)
이 말씀을 들은 무리 중에서 어떤 사람은 이 사람이
참으로 그 선지자라 하며 어떤 사람은 그리스도라 하
며 어떤 이들은 그리스도가 어찌 갈릴리에서 나오겠
느냐 성경에 이르기를 그리스도는 다윗의 씨로 또 다
윗이 살던 마을 베들레헴에서 나오리라 하지 아니하
였느냐 하며 예수로 말미암아 무리 중에서 쟁론이 되
니 그 중에는 그를 잡고자 하는 자들도 있으나 손을
대는 자가 없었더라
　　　　　　　　　(요한복음 7 : 37 - 44)

내게로 와서 마시라

　유대교회당에서 목회를 하는 아브라함이라는 랍비가 있었습니다. 어느 날 식구들이 마침 다 외출을 하고 없어서 그날 저녁에는 혼자 식사를 하게 되었습니다. 그래 큰마음을 먹고 좋은 일 한 번 하자 싶은 생각에 거리로 나가 동네에서 소문난 부랑아, 우리말로 치면 조폭 같은 청년 한 사람을 같이 저녁식사를 하자고 집으로 초대했습니다. 음식도 손수 준비했습니다. 그래 잘 차려놓은 식탁에 둘이 마주앉아 식사를 하게 되었습니다. 식사 도중에 랍비가 아무래도 한마디하고 싶어서 하나님의 뜻과 은총에 대하여 말을 꺼냈습니다. 인간에게 가장 중요한 것은 하나님의 은총을 아는 것이요, 어떤 일에도 감사하는 마음으로 사는 것이라고요. 그랬더니 이 불량청년이 벌컥 화를 내면서 원망의 말을 합니다. "은총 따위는 없어요. 하나님의 은총이 어디 있습니까? 있다면 내가 이 모양으로 살겠습니까?" 청년의 원망이 좀 지나치다는 생각에 랍비가 청년을 꾸짖습니다. "자네는 내가 정성껏 마련한 이 좋은 음식을 대접받으면서 어찌 고맙다고는 못할지언정 하나님까지 원망을 하나?" 그랬더니 이 부랑아가 밥을 먹다 말고 그냥 나가버렸습니다. 당연히 랍비는 마음이 언짢았지요. '이거 내가 아무래도 뭔가 잘못한 것 같다.' 그날 밤 하나님께서 이 랍비에게 나타나셨습니다. "나는 지난 50년 동안 이 불량청년이 퍼붓는 그 많은 욕설을 참으면서 그에게 밥을 제공해서 먹여주었다. 그런데 이 사람아, 자네는 단 한 끼의 식사도 제대로 줄 수 없다는 말이냐?" 이에 랍비 아브라함이 무릎을 꿇고 하나님께 회개했다는 이야기입니다. 여러분, 마음에 깊은 갈증이 있는 사람을 우리는 달랠 길이 없습니다. 위로할 길이 없습니다. 기껏 한 끼 음식가지고 되겠습니까. 옷이라고 되겠습니까. 그 마음에 갈증이 있는 사람, 불안과 공포와 짜증이 있는 사람, 위로할 길이 없습니다. 이래도 불만이고, 저래도 짜증이고, 자칫하면 폭발하기 일쑤입니다. 그야말로 구제불능입니다. Impossible, 어찌할 도리가 없습니다.

심리학자 폴 투르니에(Paul Tournie)는 「The Person Reborn」이라는 책에서 중요한 철학적 이론을 말합니다. '사람은 결정론과 자유론 사이에 놓여 있다. 우리 앞에는 어차피 내가 도저히 어찌해볼 수 없는 일들이 닥쳐온다. 동시에 다른 한편으로는 또 내가 선택할 수 있는 일이 있게 마련이다. 그러니까 결정적인 것과 선택적인 것 사이의 긴장관계 속에서 우리는 인생을 살아가는 것이다.' 그렇습니다. 어떤 때에는 내가 할 수 있는 일이 있는가하면, 또 내가 할 수 있는 일이 하나도 없을 때도 있습니다. 이렇게 아무것도 할 수 있는 일이 없을 때 사람은 흔히 절망합니다. 그리고 이렇게 생각합니다. '나는 피해자다. 이 세상의 피해자다.' 심지어는 이렇게 하나님을 원망하기도 합니다. '나는 하나님께서 하시는 일의 피해자다.' 그러나 아무리 결정적이고 불가피하고 필연적인 상황이라고 할지라도 그 일의 상당부분은 내 선택의 결과입니다. 내가 선택한 것이 있다, 이것입니다. 생각해보십시오. 사람이 가난하다고 다 도둑질합니까? 억울한 삶을 살았다고 다 깡패가 됩니까? 아닙니다. 가난하게 살아도 잘되는 사람이 있고, 부자로 살아도 망가지는 사람이 있습니다. 부자가 아니었더라면 차라리 더 좋았을 사람이 있는 것입니다. 공부도 마찬가지입니다. 어떤 사람은 공부를 아주 잘했는데, 그 공부 잘한

게 되레 문제입니다. 일생동안 문제가 됩니다. 못된 놈은 항상 못되고, 착한 사람은 항상 착합니다. 결국은 무엇입니까? 다 내 책임이라는 뜻입니다. 내 내면의 존재가 운명을 결정한다고 결론을 낼 수밖에 없습니다. 이것이 바로 생명력이라는 말입니다.

오늘본문에서 예수님께서는 아주 심오한 뜻의 말씀을 하십니다. 그리스도와 우리와의 관계를 비유적으로 말씀하십니다. '생수'라고요. '나를 만나는 것이 생수요, 내가 말하는 복음이 생수요, 나를 믿는 자는 생수를 마시는 것과 같다. 생명수다.' 그리스도의 말씀, 그리스도를 믿는 믿음, 그리고 성령의 역사 안에서 그 생수와 같은 은혜를 내가 받아들이게 되는 것입니다. 사랑에 대한 응답입니다. 사랑에 대한 응답은 사랑이 아닙니다. 믿음입니다. 이 믿음은 곧 받아들이는 것입니다. 사랑은 받아들일 때 사랑입니다. 사랑을 믿을 때 사랑입니다. 사랑을 믿지 않으면 어떤 것도 사랑이 될 수 없습니다. 이 미묘한 관계를 예수님은 생수라고 말씀하셨습니다. 여기서 한 번 되짚어볼 필요가 있습니다. 구원의 문제에서 왜 예수님께서는 예수님과 우리의 관계를 금덩어리라고 하지 않으셨을까요? 보화라고 하지 않으셨을까요? 부귀영화라고 하지 않으셨을까요? 그러니까 기복사상이라고 말씀하지 않으신 것입니다. '예수를 믿는다는 것은 곧 생수다. 생명수와 같다. 금덩어리도 보화도 부귀영화도 아니요, 생수다.' 이것이 예수님의 관점입니다. 그래서 예수님께서는 말씀하십니다. "내게로 와서 마셔라." 여러분, 이 물이라는 것이 얼마나 귀한 것입니까.

옛날에 헬라의 철학자들은 이 우주에 대해서 많은 생각을 했더랬습니다. 수많은 현상들의 근원, 그 맨 끝에 우주의 아르케가 있다

고 믿었습니다. 아르케란 Beginning, Origin입니다. 그 만물의 아르
케, 헬라철학을 공부할 때 맨 첫 페이지에 나오는 말입니다. 그것이
그들이 풀고 싶은 수수께끼였습니다. 만물의 아르케가 무엇일까?
그리고 그들은 그것이 '물'이라고 생각했습니다. '모든 것의 근본은
물이다.' 오늘도 과학자들은 흔히 이렇게 말합니다. '생명의 근원은
물이다.' 생각해보십시오. 인류가 과학기술을 발달시켜서 이제는 화
성도 탐험하고, 금성도 탐험하는데, 그때마다 맨 처음 던지는 질문
이 무엇입니까? 물이 있느냐, 없느냐, 하는 것입니다. 아니면, 물이
있었느냐, 없었느냐, 하는 것입니다. 물이 생명과 직결되는 것이기
때문입니다. 우리 인체 속을 흐르는 피의 90퍼센트가 물이라고 하지
않습니까. 우리 뇌의 80퍼센트도 물입니다. 우리의 살과 근육의 75
퍼센트도 물입니다. 우리가 소중히 여기는 뼈도 그 25퍼센트가 물입
니다. 지구 표면의 4분의 3이 물입니다. 온통 물, 물, 물, 물입니다.
우리가 몸이 안 좋아 당장이라도 병원에 입원을 하면 제일 먼저 받
는 조치가 무엇입니까? 링거 주삿바늘을 혈관에 꽂는 일입니다. 거
기에는 큼직한 물주머니가 달려 있습니다. 무엇입니까? 물입니다.
링거액의 95퍼센트가 물입니다. 말하자면, 고작 5퍼센트의 당이 섞
인, 거의 맹물입니다. 왜요? 물이 없으므로 사람이 죽어가는 것입니
다. 그래 새로이 물을 집어넣으면 살아나는 것입니다. 여러분도 아
시다시피 병원에는 의식 없이 오랫동안 병상에 누워 고생하는 분들
이 많습니다. 그분들 혈관에 계속해서 물을 집어넣는 것입니다. 그
덕에 아직까지 살아남아 있는 것입니다. 물이 빠지면 죽습니다. 그
런데 이상하게도 물은 분명히 물인데 바닷물은 먹을수록 갈증이 생
깁니다. 오직 생수라야만 합니다. 먹을 수 있는 물, 그것도 가장 귀

한 생수입니다. 예수님께서 비유로 말씀하십니다. "내게로 와서 마셔라. 이건 생수다."

　여러분, 이제 예수님의 관점에 대해서 생각해보십시다. 예수님께서는 이 세상 모든 문제의 근본을 뭐라고 생각하셨을까? 그리고 그 마지막 해결책이 뭐라고 생각하셨을까? 예수님의 Insight, 그 통찰력을 한번 생각해보십시오. 예수님의 답은 물입니다. 생수! '이 세상의 모든 문제는 배고픔의 문제도 아니고, 전쟁의 문제도 아니고, 철학의 문제도 아니고, 지식의 문제도 아니다. 가장 중요한 문제는 목마름의 현상이다.' 목마름, 영적으로 목이 마릅니다. 목이 마르면 원망과 불평이 따르게 마련입니다. 도대체가 구제불능이 됩니다. 무엇으로도 위로할 수 없습니다. 목이 마른 사람에게 필요한 것은 물뿐입니다. 생수뿐입니다. 이것 말고는 해결책이 없습니다.

　우리는 살면서 이런저런 사람들을 만나서 교제도 하고, 상담도 합니다. 그러다보면 매사에 불평불만인 사람들을 보게 됩니다. 그런 사람들은 설득할 길이 없습니다. 구제불능입니다. 그럼 이런 생각을 하게 됩니다. 칼뱅으로 돌아가는 것입니다. '아마 예정된 사람이 아닌가보다.' 그러고 맙니다. 그런 사람에게는 도대체가 해결책이 없습니다. 이 갈증, 목마른 사람의 이 영적인 갈증은 달랠 길이 없습니다. 오직 생수만이 해결책입니다. 소유나 지식의 문제가 아닙니다. 성공의 문제도 아닙니다. 만족함이 있어야 하는데, 그러자면 영적인 생수를 마셔야 됩니다. 생명수를 마실 때에만 만족이 있습니다. 그래서 예수님 말씀하십니다. "수고하고 무거운 짐 진 자들아 다 내게로 오라. 내게 와서 마셔라. 내게 와서 마셔라." 예수님께서는 스스로를 생수라고 말씀하셨습니다. "내가 주는 물은 영원히 목마르지 아니하리라." 자기 혼자만 시원한 것이 아니라, 다른 사람들도 시원할 것이다, 이것입니다. 생수입니다. 너무나 중요합니다. 생명을 살리는 것은 오직 생수뿐입니다. 생수만이 우리의 영을 시원하게 해줍니다. 말씀과 성령의 역사입니다. 내적이고 영적인 힘을 줍니다. 이 생수가 있을 때 사랑이 사랑되고, 은혜가 은혜 되고, 은총이 은총 되는 것입니다. 사랑을 알고, 감격하고, 사랑에 응답하며 새로운 힘을 얻게 됩니다. 그런데 예수님께서 말씀하십니다. "내가 주는 물은 배에서 강같이 흐른다." 배에서 강같이 흘러서 나만이 시원할 뿐만 아니라, 나와 관계된 모든 사람들을 시원하게 할 것이다, 이것입니다. 이 얼마나 귀중한 이야기입니까.

어떤 장로님의 딸 이야기를 해드리겠습니다. 부모가 그렇게 말리는데도 막무가내로 어떤 남자와 연애를 해서 결혼을 하였습니다. 믿지 않는 가정의 남자였습니다. 하도 부모가 안 된다며 말리니까 그 딸이 마지막에는 이런 말까지 했습니다. "무슨 소리세요? 장로님, 정신 차리세요. 제가 그 집에 들어가서 그 집을 예수 믿게 만들면 될 것 아닙니까!" 이렇게까지 나오는데 할 말이 있습니까. 결국 결혼을 허락해주었습니다. 아이도 낳고 살았습니다. 얼마 뒤에 먼 곳으로 이사를 가버렸습니다. 장로님 내외는 늘 딸 걱정에 시름이 많았습니다. 그렇게 10년이 흘렀습니다. 10년이면 강산도 변하는데 사람이 안 변하겠습니까. 딸의 남편도 처음과는 달리 차츰 변해서 밤낮 없이 술을 마시고 집에 들어와 주정을 합니다. 그런가하면 그 시어머니도 점점 괴팍하고 무서워집니다. 감옥같은 생활이 이어져온 것입니다. 하지만 딸은 할 말이 없습니다. 부모님이 극구 말리는 결혼을 고집대로 한 것 아닙니까. 그러니 낯이 서지 않아 친정에 전화를 걸어 하소연도 못 합니다. 하루하루 너무나 견디기가 어렵습니다. 그래 어느 날 장을 보러 나갔다가 몰래 교회에 갔습니다. 10년 만에 와보는 교회입니다. 얼마나 눈물이 나겠습니까. 통곡을 하면서 기도했습니다. 웬 여자가 장바구니를 들고 와서 통곡을 하니 그 교회 목사님이 무슨 일인가 궁금하지 않았겠습니까. 그래 여자와 대화를 나눕니다. 사연을 다 듣고 나서 목사님이 그 일을 참 귀하게 여겨서 그 여자를 위해서 간절히 기도를 해주었습니다. 그 뒤로 여자는 장보러 나올 때마다 몰래 그 교회에 들렀습니다. 그렇게 한 6개월 동안 교회를 다녔습니다. 시댁에서는 그 사실을 아무도 모릅니다. 어느 날 뭘 느꼈는지, 남편이 물어봅니다. "당신, 요새 가만히 보니까 뭔가 모르게 좀 달라졌는데? 얼굴이 환해지고, 내가 무슨 불평을 해도 잘 받아들여주고, 어머니께도 잘하고, 사람 전혀 달라졌어. 비결이 뭐야? 왜 달라진 거야?" 남편이 이렇게 하도 캐묻기에 여자가 결국 한마디 했습니다. "너무 괴로워서 교회 좀 나갔지." 그랬더니 남편이 뭐랬는지 아십니까? "나도 나갈게. 당신 달라지는 거 보니까 거기에 뭔가 있네." 여러분, 이게 생수라는 것입니다. 내가 변하는 순간에 내 마음이 변하고, 내 낯색이 변하고, 내 언어가 변하고, 내 성품이 변합니다. 마침내는 다른 사람도 변하게 되는 것입니다. 생수가 강같이 흐른다는 이 말, 얼마나 귀합니까. 나 하나가 복음으로 변하고, 내 성품이 복음화하고, 내 영이 생수로 충만하게 될 때 내 주변에 있는 사람들까지 다 달라지는 것입니다. 이것을 잊지 말아야 합니다.

　여러분, 가정에서 화초를 키우십니까? 여러분이 그 화초를 만져서 그 화초가 죽거든 회개하십시오. 여러분한테서 독이 나가서 죽

은 것입니다. 예수를 믿고 찬송하면서 화초를 만지면 화초도 살아
납니다. 이것을 알아야 됩니다. 제가 그래서 종종 농담반진담반으
로 이렇게 말합니다. "여러분이 길을 갈 때 강아지가 여러분을 보고
짖거든 회개하십시오." 강아지는 냄새를 잘 맡습니다. 도덕성의 냄
새를 맡을 줄 압니다. 상대가 도둑놈인지 아닌지 알아본다, 이것입
니다. 그럼 무조건 회개해야 합니다. 나 자신을 보고 나를 아는 것
이 아니라, 내 주변을 보고 나를 아는 것입니다. 주변사람들이 나를
다 반가워하면 스스로 괜찮은 사람이구나 생각하십시오. 주변사람
들이 여러분을 좀 이상하게 대하거든 그걸 비판하지 마시고 빨리 돌
아서서 회개부터 하십시오. 그리고 다시 말씀의 은혜에 들어가 주
님을 만나십시오. 그래서 내가 예수로 말미암은 생수로 시원하게 될
때 사도행전의 말씀처럼 천사의 얼굴이 되고, 천사의 대화가 되고,
천사의 행동이 되는 것입니다. 그러면 나만 윤택해지는 것이 아닙니
다. 내 주변에 있는 모든 사람들이 다 시원함을 얻게 될 것입니다.
현대는 목마른 사슴 같은 시대입니다. 짜증나는 세상입니다. 삐끗하
면 죽습니다.

  지난해에 자살한 고등학생이 무려 150명이라고 합니다. 도대
체 어떻게 되어가는 것입니까? 왜 이렇게 되는 것입니까? 피곤하고,
지치고, 절망적입니다. 조금만 건드리면 죽습니다. 여기까지 왔다는
말씀입니다. 왜요? 너무나 목말라서입니다. 들어야 할 말씀을 못 듣
고, 보아야 할 주님의 은혜를 못 봐서 영혼이 너무나 목말랐습니다.
느껴야 할 그리스도의 사랑을 느끼지 못했습니다. 짜증이 났습니다.
요새 걸핏 하면 이런 문제를 경제의 관점에서, 또 정치의 관점에서
해결하려고 들지만, 여러분, 물질적으로 잘 산다고 해결되는 문제입

니까, 이게? 전혀 아닙니다. 오직 생수의 문제입니다. 신비로운 말씀입니다. 그래서 예수님 말씀하십니다. "내게로 와서 마셔라. 시원함을 얻어라. 그러면 네 속에서, 네 배에서 생수가 강같이 흘러서 많은 사람, 많은 사회, 세상을 윤택하게 할 것이다." 나만 구원받는 것이 아닙니다. 많은 영혼을 구원하게 될 것입니다.

제가 오늘 특별한 것을 한 가지 느껴서 말씀을 드립니다. 본인들에게는 좀 실례됩니다마는, 우리가 지금 예배 서두에 1장 찬송을 부르잖아요? 그래서 우리 교회 나오는 사람치고 1장 찬송을 모르는 사람이 없잖아요? 한데 가만히 보면 찬송가책을 펴서 들여보면서 부르는 사람이 있습니다. 그런 분들, 특별히 환영합니다. 그렇지 않습니까. 1장 찬송을 책을 펴들고 부르는 사람은 우리 교회에 처음 나온 사람이거든요. 귀한 분입니다. 여러분 옆에서 누가 찬송가를 펴놓고 부르시거든 나가실 때 특별히 악수하십시오. 환영할 일입니다. 귀한 일입니다. 그렇지 않습니까. 1장 찬송을 찬송가를 펴놓고 부르는 사람, 환영합니다. 참으로 귀한 일입니다. 왜요? 생수가 강같이 흘렀습니다. 이제 당신이 구원을 받고, 당신의 가정도 구원을 받을 것입니다. "주 예수를 믿으라. 그리하면 너와 네 집이 구원을 얻으리라." △

내 잔을 마실 수 있느냐

그 때에 세베대의 아들의 어머니가 그 아들들을 데리고 예수께 와서 절하며 무엇을 구하니 예수께서 이르시되 무엇을 원하느냐 이르되 나의 이 두 아들을 주의 나라에서 하나는 주의 우편에, 하나는 주의 좌편에 앉게 명하소서 예수께서 대답하여 이르시되 너희는 너희가 구하는 것을 알지 못하는도다 내가 마시려는 잔을 너희가 마실 수 있느냐 그들이 말하되 할 수 있나이다 이르시되 너희가 과연 내 잔을 마시려니와 내 좌우편에 앉는 것은 내가 주는 것이 아니라 내 아버지께서 누구를 위하여 예비하셨든지 그들이 얻을 것이니라

(마태복음 20 : 20 - 23)

내 잔을 마실 수 있느냐

1951년 1월 13일 아침 저는 고향을 떠났습니다. 중공군이 전쟁에 개입하여 여기저기서 대포 터지는 소리와 총소리가 요란하게 나던 시간입니다. 모두가 후퇴를 합니다. 우리가 잘 아는 1·4후퇴입니다. 제 어머니와 저는 그날도 새벽기도에 갔다가 집으로 돌아왔는데, 이제 더는 제가 어머니를 모시고 그 동리에 살 수 없는 순간이 되었습니다. 떠날 수밖에 없는 처지입니다. 그때 어머니께서는 성경책 한 권을 제 손에 쥐어주시면서 이르셨습니다. "자, 떠나라. 어찌할 수가 없겠다." 그때 마지막으로 하신 그 말씀을 제가 영영 잊을 수가 없습니다. 개인적으로 아주 중요한 간증입니다. "내가 너를 위해서 할 수 있는 일이 아무것도 없구나. 지금 떠나면 오늘 밤 어디에서 잘지⋯⋯" 영하 20도입니다. "정월 추위가 대단한데 이제 집을 떠나서 어디서 자며, 무엇을 먹으며⋯⋯ 아무것도 예측할 수 없는데, 어쨌든 떠나야 된다니, 내가 너를 위해서 할 수 있는 일이 아무것도 없구나. 내가 너를 사랑하지만, 너를 위해 할 수 있는 일이 없어. 뿐만 아니라 아무 말도 할 수가 없어. 앞에 무슨 일이 있을지 모르니까. 이리로 가나 저리로 가나, 이렇게 하면 된다, 저렇게 하면 산다는 말도 할 수가 없구나." 세상에 이렇게 무능하고, 무지하고, 답답할 수가 있습니까. 하지만 어머니는 이렇게 말씀하셨습니다. "딱 한 가지, 네가 떠난 후 나는 새벽마다 이 시간에 기도할 것이다. 그런고로 너도 새벽이 되거든 나와 함께 기도해라." 여러분, 우리는 어느 순간 아무것도 모를 때가 있습니다. 머리가 하얗게 되고, 아무 생각도 없습니다. 아무 할 일도 없습니다. 이렇게 무능하고, 이렇게 무지할 수가 없습니다. 어머니는 주님께 의지하고 이렇게 말씀하십니다. "너를 위해 기도하는 것 외에 나는 아무것도 해줄 것이 없구나." 그 장면을 저는 일생동안 잊을 수가 없습니다. 여러분, 인생을 가장 피곤하게 하는 것이 이것, 무능입니다. 할 수 있는 일이 뭔가 있을 것 같은데, 실은 아무것도 없습니다. 그 절박한 순간에, 그 결정적 순간에 아무것도 할 수 있는 일이 없습니다. 뿐만 아니라, 아무 말도 할 수가 없습니다. 이렇게 하면 된다, 저렇게 하면 된다…… 현재도 과거도 미래도 무지하기 짝이 없습니다.

　　이름만 대면 누구나 알 만한 유명한 실업가가 있습니다. 하버드대학에서 박사학위를 받았고, 한국에 들어와서 많은 일을 했습니다. 사업도 했고, 학문적으로도 많은 일을 했습니다. 그런 분이 갑자기 급성간암에 걸렸습니다. 그래 병원에 입원했습니다. 제가 찾아갔지요. 그때 그분이 한 말이 참 너무너무 절절하게 귀에 남아 있습니다. "목사님, 제 생애에 이런 시간이 있으리라고 미처 생각하지 못했습니다. 제 삶의 마지막이 이렇게 속히 오리라고는 전혀 생각도 못했습니다. 무지하고, 무능하기 짝이 없는 일입니다. 그뿐입니까? 제가 지금 몹시 고독합니다. 어느 누구의 말도 위로가 되지 않습니다. 옆에 자식들이 서 있다고 위로가 되겠습니까. 아내가 옆에서 운다고 위로가 되겠습니까. 이 절절한 시간에는 아무 것도 위로가 되지 않습니다. 오로지 저 혼자일 뿐입니다. 그런가하면, 생각할수록 주변 사람들에게 질투를 느낍니다. 사람들이 저의 이 꼴을 보면서 뭐라고 할까, 싶습니다. 후원? 성원? 아닙니다. 그저 시기와 질투뿐입니다. 그런 사람들이 너무나 많습니다. 그 속에서 더더욱 깊은 고독을 느끼게 됩니다. 열심히 살았는데, 목적이 없었던 것 같습니다. 확실한 소원이 있는 것 같지만, 무지하고, 무능하고, 쓸모없고, 아주 쓰레기 같은 인간이라는 생각뿐입니다." 이렇듯 살아온 것을 뉘우치며 괴로워할 때가 있다, 이것입니다.

오늘 예수님께서 하신 말씀, 절절하게 한 번 마음으로 음미해 보십시오. "너희는 너희가 구하는 것을 알지 못하는도다……(22절)" 네가 지금 구하고 있는 것, 네가 지금 기도하고 있는 것, 네가 지금 바라는 바 소원이 무엇인지 네가 알지 못한다, 이것입니다. 알지 못하는 것을 구하고 있고, 알지 못하는 것에 정열을 쏟고 있고, 알지 못하는 것에 근심, 걱정하고 있는 것입니다. 아무것도 모르고 있다, 이것입니다. 정말로 쓸데없는 걱정, 쓸데없는 근심, 쓸데없는 소원입니다. 현재도 모르고, 미래도 모릅니다. 더더욱 이 소원마저, 마지막 가슴 속에 있는 소원마저 이렇게 의미가 없고, 현재적 가치는 물론이거니와 미래적 가치는 더더욱 아무것도 아닙니다. 그런 가운데서 예수님 앞에 나와 구하고 있다는 말입니다. '구하는 것을 모른다. 내가 기도하고 있는 것을 모른다. 모르는 것을 구한다.' 어떻게 되는지 전혀 모르면서 뭘 중얼중얼 열심히 구하고 있고, 노력하고 있다는 것입니다. 그런데 그 결과가 어떻게 되겠습니까? 그저 허우적거리다가 마는 것이지요. 모르고 산다— 아직도 모릅니다. 앞에 있는 일은 더더욱 모릅니다. 그리고 열심을 내고 있고, 그리고 탄식도 하고 성공했다, 실패했다, 소원을 이룬다, 못 이룬다…… 생각해보면 사는 것이 난센스입니다. "너희가 구하는 것을 알지 못하는도다." 저들은 예수를 따랐습니다. 아마도 3년 동안 예수님을 열심히 따랐을 것입니다. 직업도 버리고 예수를 따랐습니다. 예수님 가시는 대로 가고, 예수님 주무시는 데서 주무시고, 예수님과 함께 나름대로 예수님의 말씀을 열심히 들으면서 따랐습니다. 하지만 그것은 다 수단입니다. 예수를 따라서 내 소원을 이룬다는 것이지, 예수가 목적이 된 것은 아닙니다. 예수가 목적이 아니고, 예수가 수단이었다, 이것입니다. 요새 보면 예수 믿는 사람들, 그런 경우가 많습니다. 예수가 수단입니다. 그래서 예수 믿으면 소원성취하고, 예수 믿으면 시험에 합격하고, 예수 믿으면 장사가 잘 되고, 예수 믿으면 땅값이 올라가고, 집값이 올라가고…… 정말 그렇습니까? 이 얼마나 잘못된 소원입니까. 예수가 목적이 아니라, 예수가 내 생활의 수단이었다는 말입니다. 오늘 결정적인 시간에 바로 그걸 구하고 있는 것입니다. 예수님께서 이제 곧 십자가를 지실 판인데, 바로 그 절체절명의 순간에 제자들은 여전히 그 소원을 예수님께 마지막으로 구하고 있더라는 말입니다. 모르는 것을 구하고 있었습니다. 결과도, 현재도, 아무 의미도 모르는 것을 열심히 구하고 있었더라, 이것입니다.

누가복음 9장 51절에 참 귀한 말씀이 있습니다. "예수께서 승천하실 기약이 차가매 예루살렘을 향하여 올라가기로 굳게 결심하시고." 여기서 굳게 결심하셨다는 것은 헬라 원문대로 보면 '얼굴을 굳게 했다'라는 뜻입니다. 예루살렘 쪽을 바라보시면서 마음의 결심을 다지셨다, 이것입니다. 굳게 결심하십니다. 저 예루살렘, 저기에 지금 십자가가 기다리고 있습니다. 그걸 다 아시면서 그 길로 가시기로, 십자가를 지시기로 결심하시는 모습입니다. 예수님께서는 십자가를 아시고, 십자가를 지셨습니다. 십자가의 길로 알고 그 길을 가셨습니다. 다 아시고, 아시는 중에 용기가 있으셨습니다. 모르고 하시는 일이 아닙니다. 아시고, 다 아시고, 그 결과까지도 다 아시고,

그리고 그 다음 이야기까지 다 아시고, 그리고 예수님께서는 십자가를 향하여 어엿하고 담담하게 가고 계시는 것입니다.

　여기서 세베대의 어머니는 예수님을 지극히 사랑한 여인들 가운데 한 사람입니다. 예수님의 사랑을 많이 받은 사람, 예수님과 가장 가까운, 어쩌면 먼 친척이라고도 생각됩니다. 이 사람이 예수님께 와서 말하자면 외교를 합니다. 교섭을 합니다. 무엇입니까? 떳떳하지 못한 일을 말했기 때문에 모름지기 많은 사람들 틈에 섞여 몰래 와서 조용히 예수님께 이를테면 사바사바한 것입니다. 그러니까 인사청탁을 넣은 것이지요. "예수님, 저희들이 믿기로 예수님께서는 곧 유대나라의 왕이 되시겠습니다. 인기로 보나, 능력으로 보나, 상황으로 보나 꼭 예수님께서는 유대나라의 왕이 되실 것 같습니다. 꼭 그렇게 되시리라고 믿습니다. 그때 우편에 좌편에……" 이거 중요하잖아요? 우정승, 좌정승, 두 사람이 꼭 필요하지 않겠습니까. 그래서 청합니다. "제 아들, 하나는 예수님 우편에, 또 하나는 예수님 좌편에 앉게 해주십시오." 이 두 사람이 누구입니까? 야고보와 요한입니다. 이 둘은 형제입니다. 그래 그 하나는 우편에 다른 하나는 좌편에 앉혀달라는 것입니다. 이게 무슨 말입니까? '언중언(言中言)'이 있습니다. 지금 이 아들 둘이 예수님을 따르는데, 예수님께서 열두 제자들 가운데서 세 사람을 특별히 사랑하셨거든요. 그래서 변화산에 올라가실 때에도 그 세 사람을 데려가셨습니다. 특별히 예수님께서는 겟세마네 동산에 올라가실 때에도 열 두 사람 가운데서 특별히 세 사람을 사랑하셨는데, 이것이 마음에 안 든 것입니다. 왜요? 야고보와 요한 이 두 형제를 사랑하셨으면 우편에 하나, 좌편에 또 하나 해서 딱 맞는 짝이 될 텐데, 이때 베드로가 걸리는 것입니다. 게다가 베드로는 수제자입니다. 여기에 지금 언중언, 말 중의 말이 있습니다. 비밀이 있는 것입니다. "베드로는 물리치시고, 야고보와 요한, 제 두 아들을 하나는 우편에, 하나는 좌편에 앉게 해주십시오." 이런 말입니다. 이런 말이 오갔다는 것을 베드로가 모를 리 있습니까. 열 두 제자들이 다 압니다. 그러니까 시기, 질투하지요. "저것이 뭔데 감히 저러느냐?" 이러지 않겠습니까. 엄연히 천국 열쇠를 가진 베드로가 있는데, 어찌 감히 저런 소리를 할 수 있느냐, 이것입니다. 그렇지 않겠습니까. 그러니까 이런 말입니다. "베드로는 물리치시고, 제 두 아들을 하나는 우편에, 하나는 좌편에 앉게 해주십시오." 요구입니다. 그런 것을 구하고 있는 것입니다. 그러니까 말이 분명할 수가 없지요. 떳떳하지 않은 말은 불분명한 법입니다. 예수님께서 되물으십니다. "너, 지금 무슨 소리 하는 거냐? 무엇을 구하는 것이냐? 다시 한 번 말해봐라." 이렇게 된 것입니다. 예수님께서는 다 아시고 말씀하시는 것입니다. "내 잔을 마시겠느냐? 내가 마시고자 하는 잔을 마시겠느냐?" 물어보십니다. 어이없게도 뜻도 모르고 구하고, 뜻도 모르고 대답한다는 것입니다. "마시겠습니다." 포도주인 줄 알았던 모양이지요?

요한복음 18장 11절을 보십시오. "아버지께서 주신 잔을 내가 마시지 아니하겠느냐?" 분명히 이 '잔'은 십자가의 고난을 뜻합니다. 그래서 "내 잔을 마시겠느냐?" 하시니 뜻도 모르고 생각도 없이 그저 욕심만 가득해서 "마시겠습니다!" 하는 것입니다. 예수님께서 대답하십니다. "그럼, 마실 수 있지. 그러나 우편에, 좌편에 앉는 것은 하나님께서 하시는 일이다." 여기에 신비로운 말씀이 있습니다. 모르고 대답했습니다. 모르고 장담했습니다. 그러나 예수님께서는 아시고 이렇게 말씀하셨습니다. "마실 수 있지." 바로 그 야고보가 열두 제자들 가운데서 맨 먼저 순교합니다. 모르고 물었고, 모르고 대답했지만, 아시는 예수님께서 정확하게 말씀하십니다. "마실 수 있다." 가장 먼저 순교한 제자가 야고보입니다. 예수님 말씀하십니다. "너희는 우편, 좌편, 하늘나라의 영광을 바라지만, 그보다 먼저 할 일이 있음을 잊지 마라. 으뜸이 되고자 하는 자는 섬기는 자가 되어야 하고, 주인이 되고자 하는 자는 종이 되어야 한다. 인자는 섬기러 왔노라. 애당초부터 섬기러 왔고, 나를 대속물로 주려고 왔다." 이 무슨 말씀입니까? 대신 죽는다는 말씀입니다. 살리시기 위해서 죽으시고, 의인을 만드시기 위해서 죄인 되시고, 영광을 누리게 하시기 위해서 십자가를 지신다는 것입니다. 이 과정 없이는 내가 구하는 것을 얻을 수 없다는 말씀입니다. 십자가 먼저입니다. 섬김이 먼저입니다. 먼저 종이 되라고 말씀하십니다. 놀라운 미스터리입니다. 하지만 그리스도께서는 이 어리석은 간구를 꾸짖지 않으셨습니다. "첫째가 되고 싶습니다. 으뜸이 되고 싶습니다." 그러자 "집어치워라. 그건 잘못된 생각이다!" 하지 않으시고 이렇게 타이르십니다. "그래, 으뜸이 되어라. 크게 되어라. 영광을 누려라. 단, 십자가를 먼저 져야 한다. 먼저 고난이 있어야 하고, 먼저 섬겨야 하느니라." 그 잘못된 욕망에 대해서 꾸짖지 않으셨습니다. 단, 자세가 잘못되었고, 길을 잘못 찾은 것이다, 하셨습니다. "그런고로 먼저 종이 되어야 하리라. 먼저 섬겨야 하리라. 먼저 죽어야 하리라. 그러고야 부활의 영광이 있는 것이다. 내 잔을 마시겠느냐?" 아무 생각도 없이 마시겠다고 했는데, 예수님께서는 "그래, 마셔라!" 하십니다. 여러분, 알고 따라야 합니다. 열심히 공부하고, 묵상하고, 더 깊이 알고,

더 확실하게 알고, 그리고 먼저 섬기고, 먼저 십자가를 져야 합니다. 그러고야 부활의 영광이 있다는 말씀입니다.

어떤 사람이 유명한 벤자민 프랭클린의 성공비법을 전수받고 싶어서 이렇게 물었습니다. "선생님은 날마다 어떤 일을 하시나요?" 벤자민 프랭클린은 대답했습니다. "저는 날마다 자신과 싸우고 있습니다." "그럼 이기셨나요?" "잠깐 동안 이겼습니다. 하지만 내일 또 반격해올 것입니다. 자신과 또 싸우고, 또 싸워야지요. 나는 이 싸움의 과정이 즐거워서 전혀 지치지 않습니다." 자기 십자가를 진다는 것, 다 알고 있습니다. 그러나 십자가를 회피합니다. 비켜가려고 합니다. 이것이 내게 없었으면 합니다. 나 자신과의 싸움입니다. '자기 십자가를 지고 나를 쫓을 것이니라!' 십자가를 지지 않고는 승리가 없고, 십자가의 죽음이 없이는 부활의 영광이 없습니다. 주님께서 말씀하시고, 주님께서 보여주시고, 주님께서 먼저 가신 길입니다.

여러분, 오늘도 우리의 마음을 가다듬어서 주님께서 가신 길을 바라보며, 우리가 가야 할 십자가의 길을, 고난의 길을 먼저 생각해야 할 것입니다. 십자가의 고난 뒤에 부활의 영광이 있습니다. 그 아침을 생각하며 오늘의 십자가를 즐거운 마음으로, 오히려 감사한 마음으로, 그렇게 지고 승리해야 할 것입니다. △

내가 세상을 이기었노라

이것을 비유로 너희에게 일렀거니와 때가 이르면 다시는 비유로 너희에게 이르지 않고 아버지에 대한 것을 밝히 이르리라 그 날에 너희가 내 이름으로 구할 것이요 내가 너희를 위하여 아버지께 구하겠다 하는 말이 아니니 이는 너희가 나를 사랑하고 또 내가 하나님께로부터 온 줄 믿었으므로 아버지께서 친히 너희를 사랑하심이라 내가 아버지에게서 나와 세상에 왔고 다시 세상을 떠나 아버지께로 가노라 하시니 제자들이 말하되 지금은 밝히 말씀하시고 아무 비유로도 하지 아니하시니 우리가 지금에야 주께서 모든 것을 아시고 또 사람의 물음을 기다리지 않는 줄 아나이다 이로써 하나님께로부터 나오심을 우리가 믿삽나이다 예수께서 대답하시되 이제는 너희가 믿느냐 보라 너희가 다 각각 제 곳으로 흩어지고 나를 혼자 둘 때가 오나니 벌써 왔도다 그러나 내가 혼자 있는 것이 아니라 아버지께서 나와 함께 계시느니라 이것을 너희에게 이르는 것은 너희로 내 안에서 평안을 누리게 하려 함이라 세상에서는 너희가 환난을 당하나 담대하라 내가 세상을 이기었노라

(요한복음 16 : 25 - 33)

내가 세상을 이기었노라

　어느 날 한 남자가 회사 일을 다 마치고 퇴근하여 차를 몰고 자기 집으로 가다가 집 근처 공원에서 잠시 차를 멈추었습니다. 마침 공원에서는 동네꼬마들의 야구경기가 벌어지고 있었는데, 그걸 구경하기 위해서였습니다. 그는 1루 쪽에 자리를 잡고 앉았습니다. 그리고 1루 수비를 맡은 아이에게 물었습니다. "현재 스코어가 어떻게 되니?" 아이가 답합니다. "우리가 14대0으로 지고 있어요." 그런데 이상하게도 아이가 그렇게 말하면서 방글방글 웃고 있는 것입니다. 그래 이 남자가 다시 물었습니다. "그렇구나. 그런데도 너는 별로 절망하는 것 같지 않네? 무슨 이유가 있니?" 그랬더니 이 아이가 뜻밖의 대답을 합니다. "왜 우리가 절망해야 하죠? 우리는 아직 한 번도 공격해보지 못했거든요? 이제 공격할 일만 남았으니까 실망할 일이 아니죠." 그렇습니다. 야구경기의 묘미가 여기에 있습니다. 홈런만 몇 개 날리면 됩니다. 그러면 마지막 이닝에 가서 승부가 나는 것입니다. 그래서 야구경기 하는 사람들의 말버릇이 하나 있습니다. "야구는 9회 말에 결정된다. 9회 말, 그때 가서 보아야지, 지금 이겼느니 졌느니, 그럴 필요 없다." 그렇습니다. 제 아는 친구가 그렇게 야구를 좋아합니다. 얼마나 좋아하느냐 하면 병원에 입원해 있다가도 때만 되면 환자복을 입은 채로 야구구경 하러 갑니다. 그렇게 야구에 미친 사람이 있습니다. 도대체 왜 그렇게 야구를 좋아하느냐니까 야구의 승부는 9회 말에 나는 것이라서 그 시간을 바라고 꾸준히 기다리는 걸 즐긴다는 것입니다. 그렇습니다. 참 승리란 저 끝에 있는 것입니다. Final Goal, Final Triumph. 이것을 잊지 말아야 합니다. 성공했느니 실패했느니, 너무 호들갑 떨지 맙시다. 끝에 가봐야 알지, 미리 뭐라뭐라 할 것 없습니다. 공부해서 성공했다, 돈 벌어서 성공했다, 명예로 성공했다고 난리를 칩니다마는, 끝에 가서 봅시다. 최종승리가 저 앞에 있다는 걸 잊지 마십시오. 결코 과거에 있지 않습니다. 아니, 현재에 있지도 않습니다. 승리는 미래에 있습니다. 저 앞에 있는 것이지, 지난날에 성공했느니 실패했느니, 그걸 어쩌라는 얘기입니까. 그 실패 때문에 오늘 성공할 수 있는 것입니다. 현재라는 것은 지나가는 것입니다. 이걸 가지고 성공했느니 실패했느니, 쓸데없는 생각 하지 마십시오. 성공의 기준은 앞에 있는 것이고, 영원한 미래에 있는 것입니다.

예수님께서는 앞에 있는 승리를 예견하셨습니다. 그 확실한 승리를 믿으셨습니다. 승리를 확신하셨습니다. 그렇기 때문에 현재에도 즐거우셨습니다. 여기에 신비로운 의미가 있습니다. 확실히 약속된 앞날을 믿을 수 있는 사람에게 현재의 고난은 아무것도 아닙니다. 로마서 8장에 나오는 바울의 유명한 신앙고백이 있지 않습니까. "생각하건대 현재의 고난은 장차 우리에게 나타날 영광과 비교할 수 없도다(18절)." 앞에 있는 영광을 바라보니까 오늘 좀 고생을 한들 무슨 상관입니까. 이 고난은 오히려 영광으로 향하는, 요즘말로 Process, 과정입니다. 아무 문제도 없지요. 그렇지 않습니까. 예수님께서는 앞에 있는 십자가, 그리고 부활의 영광을 다 알고 믿고 확신하셨습니다. 그렇기 때문에 오늘도 예수님께서는 승리의 축제를 즐기셨습니다. 행진을 하셨습니다. 나귀를 타고 입성하셨습니다. 호산나 만세를 들으시며 종려나무 가지를 흔드는 사람들 사이로 당당하게 나귀를 타고 예루살렘 성전을 향하여 퍼레이드를 벌이셨습니다. 이것은 앞에 있는 영광의 미래를 바라보며 현재를 즐기신 것입니다. 이것이 예수님의 마음이요, 예수님의 생활철학이요, 예수님께서 우리에게 보여주신 귀한 승리의 표본입니다.

떼이야르 드 샤르뎅(Teilhard de Chardin)이라는 20세기 프랑스의 유명한 가톨릭 신학자가 있습니다. 그는 십자가의 고난을 생각하며 이렇게 말했습니다. '예수님은 승리하셨다. 예수님은 영광을 누리셨다.' 그리고 철학적인 관점에서 예수님을 이렇게 평가했습니다. '예수님은 정결에 승리하셨다. Purity. 죄와 타협하지 않고, 세상과 타협하지 않고, 세상일로 절망하지 않고, 깨끗한 순결과 정결함으로 승리하셨다. 그 승리를 예수님은 즐기셨다.' 또 하나는 Charity입니다. 사랑입니다. '예수님은 어떤 경우에도 끝까지 사랑하셨다. 모든 사람을 사랑하셨다. 제자들을 사랑하셨다. 사랑의 승리. 그런가하면 자기 자신을 완전히 부정하고 믿음으로 승리하셨다. 자기 자신을 깨끗이 비우셨다. 아무 미련도 없이 다 부인하셨다. 오직 믿음, 순결한 믿음 그 자체가 승리였다.'

예수님께서 십자가를 지시기 전날 밤을 생각해보십시오. 오늘 저녁에 성만찬 예식을 하시고, 내일 아침이면 십자가를 지셔야 됩니다. 바로 그런 시간, 전야입니다. 바로 눈앞에 십자가가 닥쳐와 있는 시간입니다. 그런 시간에 예수님께서는 성만찬 예식을 행하시면서 위대한 선언을 하십니다. "내가 세상을 이기었노라!" 이렇게 선포하고 계십니다. 축제와도 같은 말씀입니다. "내가 세상을 이기었노라!" 십자가를 눈앞에 두고 이렇게 말씀하십니다. 그 신비로운 뜻, 그 엄청난 감격의 마음을 우리가 헤아릴 수 있어야 하겠습니다. 이것이 그리스도인들의 모습입니다. 예수의 승리는 먼저 무지와 불안과 절망으로부터의 승리입니다. 우리가 승리다, 패배다, 하는 것이 다 어디에서 옵니까? 무지에서 오는 것입니다. 무지하기 때문에 불안한 것입니다. 미국의 유명한 루즈벨트 대통령은 말합니다. '가장 큰 공포는 두려움 그 자체다.' 그렇습니다. 왜 두려운가? 불확실하기 때문입니다. 앞의 일이 불확실하기 때문에 두려운 것입니다. 그런고로 불확실성 자체가 실패입니다. 그러나 미래가 확실하다면 그것은 승리입니다. 왜요? 알고 하는 일이니까요. 모르고 끌려가는 길이 아닙니다. 알고 자진해서, 자발적으로, 선택적으로 가는 길이니까 이건 절대로 실패일 수 없습니다. 어떤 일을 해도 알고 하는 일은 실패일 수 없습니다. 모르고 하는 일이 실패입니다. 모르고 지내다가 뒤늦게 이런 소리나 하는 것입니다. '이럴 줄 몰랐다! 돈에 속고, 사랑에 속았다!' 실패입니다. 알았어야지요. 확실하게 알고 살아야지요. 그래야 승리할 수 있습니다. 예수님께서는 십자가를 알고 계셨습니다. 누가복음 9장에도 나옵니다. 예수님께서는 예루살렘을 향하여 올라가시기로 굳게 결심하셨습니다. 다 알고 계셨기 때문입니다. 그 십자가로 향하는 길을 알고 계셨고, 그 길을 가셨습니다. 그랬기에 예수님께서는 승리하신 것입니다.

오늘본문에 나오는 것처럼 고독으로부터의 승리입니다. 예수님께서 이제 제자들을 향해서 말씀하십니다. "너희들이 다 떠날 것이다." 다 떠날 것이라고 알고 계셨습니다. 안 떠날 줄 알았다가 떠나면 실패지만, 떠날 줄 알고 있다가 떠나면 그것은 실패가 아닙니다. 예수님께서는 알고 계셨습니다. 제자들이 다 떠나고 홀로 남을 것을 알고 계셨습니다. 이 고독으로부터의 자유, 고독으로부터의 승리를 잊지 말아야 합니다. 언젠가는 다 고독해집니다. 고독을 받아들여야 됩니다. 여러분, 죽을 때 같이 죽습니까? 같이 죽는다고 같이 가는 것입니까? 아무 소용이 없습니다. 언젠가는 홀로 선다는 것을 잊지 마십시오. 홀로 서기를 미리부터 연습해야 됩니다. 너무 그렇게 의존할 것 없습니다. 옆에 누가 있다고 달라집니까? 옆에서 누가 운다고 뭐가 됩니까? 여러분, 병원에 입원해보셨지요? 누가 옆에 서 있다고 안 아픕디까? 아플 만큼 아픈 것이지요. 인생은 외로운 것입니다. 처음부터 고독이라고 하는 실존을 받아들여야 됩니다. 인정해야 됩니다. 홀로 살고, 홀로 가는 것입니다. 주님 앞에 홀로 서는 것입니다.

　예수님께서 말씀하십니다. '제자들이 다 흩어질 때가 왔다. 나는 혼자 있다. 그러나 혼자 있는 것이 아니라, 아버지께서 나와 함께 계시느니라. 세상사람, 제자들은 다 떠나지만, 하나님은 나와 함께 계시다.' 이 절대적 고독, 절대적 신앙을 잊지 말아야 합니다. '하나님께서는 내 편이시요, 하나님께서는 나와 함께 계신다.' 그런고로 승리합니다. 뿐만 아니라, 예수님께서는 제자들이 배반할 것도 예언하십니다. "다 도망갈 것이다. 다 배반할 것이다." 그러나 예수님께서는 말씀하십니다. "지금은 모르지만 이후에는 알리라. 이제 다시 돌아와서 너희들이 회개하고 뉘우치고…… 한평생 복음을 전하다가 나의 이름을 위해서 너희들이 순교하게 될 것이다." 제자들을 믿으셨습니다. 현재가 아니라 장래를 믿으신 것입니다. 모든 제자들이 예수님을 위하여 충성을 다하고 순교할 것을 예수님께서는 믿고 계셨습니다. 그런고로 잊지 말아야 합니다. 하나님을 믿으신 예수님. 제자들도 믿으신 예수님. 그런고로 예수님께서는 승리하신 것입니다.

유명한 신학자 데이비드 그리핀(David R. Griffin)은 「God and Relation in the Postmodernism World」라는 그의 책에서 이렇게 말합니다. '현대인들은 알게 모르게 어느 사이에 하나님을 부인했다. 하나님 없는 생을 살려고 했다. 그러는 동안에 하나님 없는 믿음을 잃고 나니까 절대를 잃어버리고, 상대주의에 빠지고, 그리고 의미를 잃어버리고, 허무주의에 빠지고, 영원한 생명을 잃어버리고, 물질주의에 빠지고, 궁극주의에 빠지고, 신(新) 부족 중심의 생활에서 싸움판을 벌이고 있다. 그런고로 세상은 절망으로 치닫고 있는 것이다.' 그러나 예수님께서는 확실하게 하나님을 믿으셨고, 제자들을 믿으셨습니다. '그리고 하나님이 나와 함께 계시다. 하나님의 임재, 하나님의 동행, 하나님의 동역, 하나님이 아신다.' 오늘본문에 귀한 말씀이 있습니다. "아버지께로 가노라……(28절)" 무슨 뜻입니까? 예수님 앞에 배반이 있고, 십자가가 있고, 고난이 있고, 아주 복잡한 일들이 눈앞에 있습니다마는, 이것을 다 한 눈으로 제하시고, 이 과정을 통해서 내가 아버지께로 가노라, 하셨습니다.

여러분, 이제 앞으로 어떤 일이 있을는지는 몰라도, 모름지기 어디가 아파서 병원에 입원하고, 어찌어찌 이런저런 과정을 거쳐서 아버지께로 갈 것입니다. 하나의 과정일 뿐입니다. 아버지께로 간다는 이 결정적인 사건, 이것이 바로 이기는 것입니다. 승리입니다. 그리고 이 모든 일도 아버지의 경륜 속에 있습니다. 아버지의 사랑 속에 있습니다. 예수님께서 요한복음 18장에서 말씀하십니다. "아버지께서 주신 잔을 내가 마시지 아니하겠느냐……(11절)" 아버지께서 주시는 잔을 내가 마시는 이것이 지금 십자가라고 하는 사건입니다. 예수님의 마음입니다. "아버지께로 가노라!" 그리고 예수님의 마음은 평안하셨습니다. 예수님께서 말씀하십니다. "내가 주는 평안은 세상이 주는 평안과 다르다. 내 평안을 너희에게 주노라. 이건 세상이 주는 평안과 다르다." 예수님의 마음속에 평안함이 있었습니다. 오늘본문 33절에도 여유 있는 말씀이 있지 않습니까. "이것을 너희에게 이르는 것은 너희로 내 안에서 평안을 누리게 하려 함이라……" 평안은 어디서 오는 것입니까? 예수님께서는 용서하셨습니다. 십자가를 지시면서도 십자가를 지우는 사람들을 용서하셨습니다. 용서 속에 평안이 있습니다. 온전한 용서가 자유하게 합니다. 여러분, 사랑을 많이 말합니다. 사랑이 이것이다 저것이다 하지만, 사랑의 본질 저 깊은 곳은 용서입니다. 물질이 아닙니다. 구제가 아닙니다. 진정한 용서, 깨끗한 용서, 그리할 때에 여러분의 심령은 자유로워지는 것입니다.

저는 이 말씀을 드릴 때 생각나는 것이 있습니다. 제가 존경하던 임택진 목사님이라고 계십니다. 그분이 이제 90세로 세상을 떠나시게 되었는데, 그분께 이런 이야기를 들었습니다. 목사님이 목회하실 때에 어떤 장로님 한 분 때문에 어려움이 좀 있었습니다. 그 장로님이 목사님을 어지간히도 괴롭혔거든요. 그런데 그 장로님이 돌아가시게 되었습니다. 그 소식을 듣고 목사님이 장로님을 문병 갔습니다. 그래 예배를 드리고, 성경을 읽어드리고, 기도하고, 위로하는 시간을 마치고 일어서려고 할 때 아무래도 마음에 꺼림칙한 게 남아 있어서 한마디했습니다. "장로님, 혹시라도 마음에 뭔가 걸리는 게 있거든 이제 다 잊어버리세요." 그랬더니 장로님이 목사님을 딱 쳐다보면서 이러더랍니다. "목사님, 아직도 뭘 기억하고 있는 게 있습니까?" 그 말을 듣고 목사님은 뒤통수를 세게 한 대 얻어맞은 기분이었답니다. 충격이었습니다. 그 목사님, 이 이야기를 그 뒤로 설교할 때마다 했습니다. 저도 몇 번 들었습니다. 그때 장로님의 그 말을 듣고 너무너무 스스로 괴로웠기 때문입니다. 여러분, 잊어버립시다. 아직도 뭘 기억하고 있는 게 있습니까? 이미 다 잊어버렸습니다. 이미 다 용서해버렸습니다. 그러고야 내가 자유할 수 있는 것입니다. 참 사랑, 참 믿음, 그리고 참 소망…… 그리할 때 비로소 마음이 평안합니다. 내가 가는 길이 평안합니다. 최후의 승리를 약속받게 됩니다.

마태복음 4장에서 예수님께서는 금식을 하시면서 사탄과 마귀와 더불어 싸워 이기셨습니다. 겟세마네 동산에서 기도하시면서 세상과 더불어 싸워 이기셨습니다. 십자가 위에서 "다 이루었다!" 하셨습니다. 승리하셨습니다. 빌립보서 4장 13절은 말씀합니다. "내게 능력 주시는 자 안에서 내가 모든 것을 할 수 있느니라." 능치 못할 일이 없다, 이것입니다. 로마서 8장 37절은 말씀합니다. "이 모든 일에 우리를 사랑하시는 이로 말미암아 우리가 넉넉히 이기느니라." 예수님께서는 승리가 무엇인지를 말씀해주셨고, 승리의 길을 가셨고, 또한 승리를 보장해주셨습니다. "환난을 당하나 담대하라. 내가 세상을 이겼노라. 그런고로 너희도 이길 것이다." 아주 귀한 약속을 해주셨습니다. 승리에서 승리로, 오늘도 앞에 있는 승리를 바라보며 축제를 보냅니다. 이것이 종려주일의 의미가 될 것입니다. △

주께서 아시나이다

그들이 조반 먹은 후에 예수께서 시몬 베드로에게 이르시되 요한의 아들 시몬아 네가 이 사람들보다 나를 더 사랑하느냐 하시니 이르되 주님 그러하나이다 내가 주님을 사랑하는 줄 주님께서 아시나이다 이르시되 내 어린 양을 먹이라 하시고 또 두 번째 이르시되 요한의 아들 시몬아 네가 나를 사랑하느냐 하시니 이르되 주님 그러하나이다 내가 주님을 사랑하는 줄 주님께서 아시나이다 이르시되 내 양을 치라 하시고 세 번째 이르시되 요한의 아들 시몬아 네가 나를 사랑하느냐 하시니 주께서 세 번째 네가 나를 사랑하느냐 하시므로 베드로가 근심하여 이르되 주님 모든 것을 아시오며 내가 주님을 사랑하는 줄을 주님께서 아시나이다 예수께서 이르시되 내 양을 먹이라

(요한복음 21 : 15 - 17)

주께서 아시나이다

요즈음 상담전문가들이 훈련하는 내용 가운데 '좋은 질문하기'라고 하는 것이 큰 화두가 되고 있습니다. 우리는 말을 할 때 흔히 물음으로 시작합니다. "안녕하십니까?", "잘 지내셨습니까?", "건강하십니까?"…… 이렇게 문안하는 말로 시작하는 것입니다. 이와 관련된 내용의 책도 많이 나와 있습니다. 그 가운데에서 인상적인 것이 있어서 말씀드립니다. 모든 말은 질문으로 시작하는데, 좋은 질문을 해야 된다는 것입니다. 좋은 질문은 좋은 생각을 하게 합니다. 좋은 질문을 하면 좋은 대답을 듣게 됩니다. 좋은 질문을 하면 좋은 발상을 하게 되고, 좋은 행동을 유도하게 된다, 이 말씀입니다. 장난꾸러기 어린아이가 학교에서 집으로 돌아옵니다. 그럼 어머니가 뭐라고 묻습니까? "오늘도 싸웠니?" 그럼 애는 생각합니다. '가만 있자. 내가 싸웠나, 안 싸웠나?' 이렇게 생각을 싸우는 쪽으로 기울인다, 이것입니다. 하지만 "애야, 너 오늘 되게 좋은 일이 있었나보다? 기분이 대단히 좋아 보이는데, 무슨 좋은 일이 있었니?" 하고 물으면 '그렇지, 선생님이 나를 칭찬해주셨지. 좋은 일이 있었지!' 하고 생각하게 되고, 그런 말을 하게 된다는 것입니다. 남편이 저녁에 피곤해진 몸으로 집에 돌아옵니다. 그때 아내가 거기다 대고 "자기, 어디 아파?" 하고 물어보면 안 아프던 사람도 아파집니다. "무슨 걱정거리 있어?" 하고 물으면 "글쎄, 뭐 사업도 잘 안 되고……" 하는 식으로 대답하게 된다는 것입니다. 생각이 그런 쪽으로 유도되는 것입니다. 그러면 뭐라고 해야 되겠습니까? "여보, 당신 기분 되게 좋아

보이네? 오늘 얼굴빛도 좋고, 무슨 좋은 일 있었나봐?" 그럼 생각도 좋은 방향으로 흘러갑니다.

목사인 저라고 다르겠습니까. 성도 여러분도 예배 마치고 나가시면서 저하고 악수하실 때 조심해서 말씀하셔야 됩니다. 왜요? 목사가 설교할 때 어쩌다가 기침 한번 할 수도 있잖아요? 그러면 딱 만나서 악수하자마자 "목사님, 감기 걸리셨어요?" 합니다. 그깟 기침 한번 했다고 감기라니요? 또 정말로 감기에 걸렸으면 어쩌라는 얘기입니까? 목사가 힘들여 설교하고 나왔는데, 어디 아프냐는 둥 하는 거, 사랑 아닙니다. 한번만 더 생각하고 말씀하십시오. 여기서 Response와 Reaction, 반사와 반응이 나뉩니다. Reaction은 강아지 꼬랑지를 밟으면 "깨갱!" 하는 것과 같은 것입니다. 반사입니다. 그래서는 안 되지요. 한번 더 생각하고 말해야 합니다. 바로 Response, 반응입니다. 사람은 Response, 반응을 하면서 살아야지 Reaction, 반사를 하면서 살아서는 안 된다, 이것입니다. 어쨌든 이 묻는다는 것, 질문이 참 중요합니다. 물어보는 것, 그것이 우리 두 사람의 관계를 말합니다. 내가 선한 사람이 될 수도 있고, 악한 사람이 될 수도 있습니다. 남의 운명을 바꾸어 놓을 수도 있다는 것입니다. 이 얼마나 중요합니까. 한번을 물어도 좋은 질문을 하도록 우리는 훈련을 많이 해야 합니다.

오늘본문에서 예수님께서는 사랑하시는 제자 베드로를 만나십니다. 지금 이 만남의 관계가 아주 특별합니다. 여러분 잘 아시는 대로, 베드로는 예수님을 따라간다고 했지마는, 예수님께서 십자가를 지실 때 곁에 있지 않았습니다. 예수님께서 재판을 받고 계실 때에도 멀찍이 떨어진 곳에서 예수님을 세 번이나 모른다고 부인했습니다. 세상에 이렇게 부끄러운 일이 어디 또 있습니까. 수제자라고 하는 사람의 꼴이 이게 무엇입니까. 급기야 베드로는 도망치기까지 합니다. 그러고 나서 예수님께서 부활하신 다음에야 비로소 예수님을 만나게 됩니다. 그러니 얼마나 부끄럽겠습니까. 베드로는 예수님께서 부활하신 것을 알았습니다. 그리고 만났습니다. 베드로에게 할 말이 있겠습니까? 없습니다. '아아, 나는 예수님의 제자가 될 수 없다. 수제자는 더더욱 될 수 없다.' 이렇게 고민고민하지 않았겠습니까. 요한복음에 기가 막힌 이야기가 나옵니다. 실의에 빠진 베드로가 "나는 물고기 잡으러 가노라!" 하면서 옛 직업으로 돌아갑니다. 일곱 명의 동료들이 베드로를 따라갑니다. 밤새껏 수고합니다. 하지만 워낙 오랜만에 그물을 쳐서 그런지 한 마리도 못 잡습니다. 그러다가 몹시 피곤한 몸으로 아침을 맞게 되는데, 바로 그때 예수님께서 거기에 나타나십니다. 피곤한 베드로를 딱 불러다놓으시고 지금 하시는 첫 말씀이 이것입니다. "네가 나를 사랑하느냐?" 질문입니다. 여러분, 생각해보십시오. 지금 예수님께서 베드로에게 얼마나 하실 말씀이 많으시겠습니까. "내가 네게 경고하지 않았느냐? 닭이 울기 전에 네가 세 번 나를 부인하리라고 경고하지 않았더냐? 깨어 기도하라고 말하지 않았더냐? 시험에 들지 않도록 깨어 기도하라고 했는데, 너 기도 안 하지 않았느냐? 잠만 잤지 않느냐? 함께 가자고 했는데, 너는 도망가지 않았느냐? 왜 가까이 따라오지 못하고 멀찍이 따라갔느냐?" 제가 생각해봐도 얼마나 하실 말씀이 많으셨겠습니까. 하지만 예수님께서는 다 접고 아무 말씀도 하지 않으십니다. 딱 한 마디 "아가파오 메(네가 나를 사랑하느냐)?" 하고 물으십니다. 이 질문, 참으로 귀중한 질문입니다. 딱 한 마디입니다. "네가 나를 사랑하느냐?" 예수님께서 사랑하시는 제자에게 딱 한마디를 물으신 것입니다. "네가 나를 사랑하느냐?" 그리고 그 다음 말씀은 설명이 없습니다. "네 양을 먹이라." 이뿐입니다. 여기에 깊은 의미가 있습니다. "네가 어쩌다가 나를 부인하게 되었는지 아느냐? 왜 이렇게 비참한 인간이 되었는지 아느냐? 사랑하지 않았기 때문이다. 문제는 사랑에 있다. 다른 게 아니다. 네가 결심하고, 결단하고, 장담하는 것, 다 소용없다. 사랑 없는 결단은 아무 소용이 없다. 사랑 없는 용기는 아무 소용이 없다." 허풍이라는 말씀입니다. "이제 네가 나를 사랑하느냐?" 이렇게 주님께서 물으십니다.

여러분, 떠올려보십시오. 성만찬 예식을 행하실 때에 예수님께서 베드로에게 경고하십니다. "네가 나를 부인하리라." 하지만 베드로는 예수님의 경고를 부정합니다. "아닙니다. 그게 무슨 말씀이십니까? 제가 예수님을 부인하다니요? 제가 죽을지언정, 제 앞에 죽음이 닥쳐온다고 하더라도 저는 예수님을 부인하지 않겠습니다!" 또하나 있습니다. "모두가 다 예수님을 버릴지라도 저는 아닙니다. 예수님께서 저를 잘못 보셨습니다. 다른 사람들은 다 예수님을 버릴지라도 저는 아닙니다!" 이렇게 베드로는 장담했습니다. 하지만 결국 비참하게 베드로는 예수님을 부인하게 됩니다. 오히려 다른 사람들은 설사 도망은 갔을지언정 예수님을 부인하지는 않았습니다. 하지만 베드로는 예수님을 부인하는 것으로도 모자라 모른다고 맹세까지 하고, 심지어는 저주를 하기까지 합니다. 3중으로 예수를 부인합니다. 아주 배신자가 되고 말았지요. 그 베드로를 찾아가시어 예수님께서 말씀하십니다. 이 얼마나 귀중한 시간입니까. 그렇게 처음 만나는 시간입니다. "네가 나를 사랑하느냐?" 원점으로 돌아가서 깊은 문제를 놓고 질문하십니다. "네가 나를 사랑하느냐?" 베드로가 대답합니다. "제가 주를 사랑하는 줄 주께서 아시나이다." 이 말에는 중요한 의미가 있습니다. 예수님께서는 "아가파오 메?"라고 말씀하십니다. "아가페의 사랑을 하느냐?" 하실 때 베드로는 대답합니다. "오이더 호티 필레오 세(나는 필로의 사랑을 합니다)." 다시 말하면 "아가페의 사랑을 하느냐?" 하고 물으셨는데 "필리아의 사랑을 합니다"라고 대답을 한 것입니다. '아가페'와 '필리아'는 서로 차원이 다릅니다. 아가페는 높은 사랑이요, 거룩한 사랑이요, 하나님의 사랑이요, 희생적인 사랑입니다. "네가 나를 사랑하느냐?" 이렇게 아가페를 물어보시는데, 베드로는 대답합니다. "필리아." 이 말은 영어로 Friendship, 친구라는 말의 어원입니다. "필리아의 사랑을 제가 하는 것을 주께서 아시나이다." 한 단 낮춘 것입니다. 예수님께서 세 번째로 물으십니다. "필리오스 메?(너는 친구의 사랑을 정말 하느냐?)" 그럼 친구를 위하여 목숨을 버리는, 그 친구의 사랑은 했느냐고 물어보십니다. 다그쳐 물으십니다. 이때 베드로는 너무나 다급했습니다. "주께서는 모르시는 것이 없으신데, 제가 주를 사랑하는 줄 주께서 아시지 않습니까?" 고백입니다. 진실의 순간이요, 겸손의 순간입니다. 그리고 믿음의 순간입니다. 그렇게도 장담하던 사람이 낮아졌습니다. 겸손해졌습니다. 어디까지요? 자기도 자기 마음을 믿을 수가 없다고 하는 데에까지 낮아졌습니다. "제 결심을 저도 믿을 수가 없습니다. 주께서 아시나이다. 제가 주를 사랑하는 줄을요. 비록 제가 예수님을 부인했지만, 그래도 마음 밑바닥에서는 조금이라도 주님을 사랑하고 있음을 주께서 아시지 않습니까?" 고백입니다. 이것이 진정한 겸손이요, 진정한 정직이요, 진정한 믿음입니다.

여러분, 내가 나를 믿을 수 있습니까? 내 마음을 내가 믿을 수 있습니까?

    우습지만, 제 손녀가 오래 전 3살 때 할아버지 할머니 집에 엄마 아빠를 따라 놀러왔을 때의 이야기를 해드리겠습니다. 아이가 놀다가 이제 밤이 되어 자기네 집으로 돌아가야 할 때 이러는 것입니다. "나, 할머니하고 잘래." 그래 그러라고 했습니다. 아이를 두고 엄마 아빠는 그대로 집으로 갔습니다. 밤 12시가 되었습니다. 멀쩡히 자던 아이가 갑자기 깨가지고 엄마를 찾으면서 울기 시작합니다. 얼마나 서럽게 우는지 어찌 할 도리가 없어서 그 밤중에 엄마 아빠한테 아이를 데려다줬습니다. 며칠 뒤에 아이가 또 놀러왔습니다. 이번에도 밤에 돌아갈 시간이 되자 똑같은 말을 하는 것입니다. "나, 할머니하고 잘래." 그래서 이번에는 안 된다고 했습니다. 아이는 그래도 "잘 거야!" 합니다. "아니, 내가 널 믿을 수가 없다." 그랬더니, 얘가 하는 말이 너무나 재미있습니다. "나도 나를 못 믿어요." 여러분, 당신의 마음을 당신이 믿을 수 있습니까? 남의 이야기가 아닙니다. 내가 내 마음을 믿을 수 있습니까? 내가 내 결단을 믿을 수 있습니까? 내 결심, 내 결단, 내 의지, 내 도덕성을 믿을 수 있다는 사람은 위선자입니다. 거기서부터 잘못되는 것입니다. 자기가 뭘 할 수 있는 줄로 생각합니다. 천만에요. 여러분, 결심합니까? 결심대로 됩니까? 그렇지 않습니다. 뭐 하나라도 꾸준하게 해낼 수 있습니까? 어림도 없습니다. 그저 저녁에 결심하고 아침에 내버리고, 아침에 결심하고 저녁에 내버리지 않습니까. 그 많은 날 그렇게 살아오지 않았습니까. 내가 내 마음을 믿을 수가 있느냐고요. 이걸 잊지 말아야 합니다. 그렇게 내가 나 스스로를 믿을 수 없으니까 내 마음을 주님께 맡겨야지요. '주님은 아시나이다. 주님이 인도하소서. 주님께 맡기겠나이다.' 이것이 진실입니다. 여기서부터 시작하는 것입니다. 재산이고, 지혜고, 지능이고, 능력이고…… 그만하십시오. 가장 깊은 곳에서 내 마음을 내가 믿을 수가 없는 것입니다.

베드로는 이것을 알았습니다. "저를 믿을 수 없습니다. 제가 저를 믿을 수 없습니다. 주여, 그래도 제 마음 밑바닥에는 주를 사랑하는 마음이 있음을 주께서 아시지 않습니까. 주를 모른다고 하기는 했어도 제가 주를 사랑하는 줄 주께서는 아시지 않습니까." 여기까지 내려갔을 때 주님 말씀하십니다. "이제는 네 양을 먹이라. 내가 사랑하는 자를 네가 사랑해라. 내가 위하여 죽은 이 내 양을 네가 먹이라." 엄청난 사명입니다. 아니, 엄청난 믿음입니다. 이제 예수님께서는 베드로를 믿으십니다. 이제부터 믿으시는 것입니다. 왜요? "제가 주를 사랑하는 줄을 주께서 아시나이다." 그런 진실, 그런 아주 깨끗한 겸손이 있은 다음에야 비로소 양을 먹이는 지도자가 될 수 있는 것입니다. 이제는 능력의 사람이 될 수 있는 것입니다. 이제는 주의 능력을 행사하는 주의 사도가 될 수 있다고 주께서 판단하십니다. 이걸 꼭 잊지 마십시오. 대개 할 수 있다고 하는 사람들, 별 것 아닙니다. 자기 능력, 자기 지혜, 자기 지식…… 아무것도 아닙니다. 깨끗하게 부인해야 됩니다. 예수님께서 친히 말씀하십니다. "나를 따라오려거든 자기를 부인하고 자기 십자가를 지고 나를 좇을 것이니라." 세 가지입니다. "자기를 부인하고, 자기 십자가를 지고, 나를 좇으라." 이것이 가능하냐고요? 내가 나를 부인할 수 있습니까? 하나님께서 하십니다. 물질에 대한 욕망? 아니지요. 교만? 안 되는 것입니다. 그러나 안 될 줄 알면서도 그걸 붙들고 있습니다. 주께서,

미안합니다마는, 손을 좀 보셔야 됩니다. 주께서 딱 역사하실 때 비로소 주님 원하시는 작품이 됩니다. 겸손해집니다. 온유한 사람이 됩니다. 너그러운 사람, 은혜의 사람이 될 수 있습니다. 여러분, 심판 앞에는 변명이 많습니다. 율법 앞에는 원망이 따릅니다. 그러나 은혜 앞에 오직 아가페, 그 큰 사랑 앞에서 진실한 자기 부정이 가능해집니다. 사랑 앞에서 내가 작아지는 것을 느낍니다. 하나님의 위대한 사랑을 느끼고 보면 나는 아무것도 아닙니다. 초라한 모습이 드러납니다. 그때가 가장 강한 때입니다. 사도 바울은 그래서 말합니다. "내가 가장 약할 때 가장 강하다. 가장 작아졌을 때 내가 가장 큰 사람이 될 수 있다." 여러분, 이제 묻습니다. 여러분은 스스로 어떤 사람이라고 생각하십니까? 내가 할 수 있다고 생각하십니까? 베드로처럼 장담할 수 있을까요? 내 앞날을 내가 어떻게 평가해야 합니까? 이제 우리는 주님 앞에 고백해야 합니다. "주께서 다 아시나이다." Total acceptance. Total Discipline. Total Commitment. 주님께 다 맡겨야 됩니다.

한창 뜨겁게 사랑하는 연인들도 이걸 경험합니다. 둘이 어디 가다가 배가 출출합니다. "저녁 먹을까?" "먹자." "이거 먹을까, 저거 먹을까?" 그때 지혜로운 사람은 이렇게 대답합니다. "내 주여, 뜻대로." 여러분, 까다롭게 이거 좋다, 저거 나쁘다 할 것 있습니까. "당신 좋은 게 나도 좋습니다." 어떻습니까? 한평생을 살면서 입맛이 바뀌었습니까? 아직도 입맛이 안 바뀌었으면 문제가 있는 것입니다. 상대를 사랑하면 상대가 좋아하는 걸 나도 좋아하게 되고, 상대가 원하는 걸 내가 더 기뻐하게 되고, 내가 좋아하는 것은 버리고, 상대가 좋아하는 걸 따르게 됩니다. 그러다보면 어느 사이에 체질이 바뀌고, 성분까지 바뀝니다. "주께서 아시나이다." 기가 막힌 고백입니다. "저는 저를 믿지 못합니다. 이제는 제가 저를 더 신뢰하지 않을 것입니다. 주께서 아시나이다. 주님 원하시는 대로, 주님 인도하시는 대로 그것을 감사히 받고, 그걸 기뻐하며, 그것을 위해 살겠습니다." 이렇게 되었을 때, 이렇게 가장 밑에까지 내려갔을 때, 이렇게 자기 부정을 완성했을 때 예수님께서 말씀하십니다. "네 양을 먹이라. 내가 위하여 십자가를 진 소중한 양이다. 이제는 네가 내 양을 먹이라." 얼마나 귀중한 말씀입니까.

　　여러분, 우리의 지식, 우리의 경험, 우리의 능력, 우리의 고집 다 버리고 고백해야 합니다. "주께서 아십니다. 제가 주를 사랑합니다. 비록 부족하지만, 사랑하는 바를 분명히 압니다!" 이런 진실한 겸손이 있을 때 주께서 우리에게 새로운 용기를 주시고, 새로운 사명을 주십니다. "이제 너는 내 양을 먹이라. 내가 사랑하는 자를 네가 사랑하라!" 말씀하십니다.　△

대답할 필요가 없나이다

느부갓네살 왕이 노하고 분하여 사드락과 메삭과 아벳느고를 끌어오라 말하매 드디어 그 사람들을 왕의 앞으로 끌어온지라 느부갓네살이 그들에게 물어 이르되 사드락, 메삭, 아벳느고야 너희가 내 신을 섬기지 아니하며 내가 세운 금 신상에게 절하지 아니한다 하니 사실이냐 이제라도 너희가 준비하였다가 나팔과 피리와 수금과 삼현금과 양금과 생황과 및 모든 악기 소리를 들을 때에 내가 만든 신상 앞에 엎드려 절하면 좋거니와 너희가 만일 절하지 아니하면 즉시 너희를 맹렬히 타는 풀무불 가운데에 던져 넣을 것이니 능히 너희를 내 손에서 건져낼 신이 누구이겠느냐 하니 사드락과 메삭과 아벳느고가 왕에게 대답하여 이르되 느부갓네살이여 우리가 이 일에 대하여 왕에게 대답할 필요가 없나이다 왕이여 우리가 섬기는 하나님이 계시다면 우리를 맹렬히 타는 풀무불 가운데에서 능히 건져내시겠고 왕의 손에서도 건져내시리이다 그렇게 하지 아니하실지라도 왕이여 우리가 왕의 신들을 섬기지도 아니하고 왕이 세우신 금 신상에게 절하지도 아니할 줄을 아옵소서

(다니엘 3 : 13 - 18)

대답할 필요가 없나이다

심리상담가 스캇 펙(Morgan Scott Peck)의 저서에 「The Road Less Traveled and Beyond」라는 유명한 베스트셀러가 있습니다. 이 책에서 그는 말합니다. '우리는 일상생활의 두 가지 상황 속에서 계속 선택하며 살아가야 한다.' 아주 중요한 의미가 담긴 말입니다. 두 가지 상황—'이럴까, 저럴까 하는 두 가지 상황 속에서 선택하며 산다.' 그 첫째는 책임과 복종 사이에서 선택하는 것입니다. 어떤 일에 대해서 내가 책임을 지면 나는 자유인입니다. 그러나 억지로 복종하면 나는 노예인 것입니다. '자유인이냐, 노예냐?' 건강을 위한 좋은 비결이 하나 있습니다. 먹고 싶은 것만 먹고, 하고 싶은 일만 하는 것입니다. 하고 싶지 않은 일은 하지 말아야 합니다. 그리고 일을 즐겨야 합니다. 이거 사실 아닙니까. 여기서 질문이 있습니다. 하고 싶지 않은 일을 해야 할 때 어떻게 하느냐, 하는 것입니다. 답은 간단합니다. 하고 싶다고 생각하는 것입니다. 억지로 한다고 생각하는 순간 나는 그냥 늙습니다. 죽어가는 것입니다. 정신적으로 죽는 것입니다. '하고 싶다. 내가 선택하고 내가 책임진다. 내가 선택한 건 내가 책임진다.' 이 얼마나 중요합니까. 결혼생활, 누가 선택했습니까? 스스로 선택해놓고 주례한 목사님만 두고두고 원망합니다. 이렇게 원망하는 동안 나는 완전히 노예가 되는 것입니다. 내가 선택했으니 내가 책임지는 것입니다. 나는 오늘도 스스로 선택하면서 살아가야 됩니다. 이것이 자유인의 모습입니다. 선택, 내 마음입니다. 당신의 마음가짐에 달린 것입니다.

둘째는 감사와 허무 사이에서 선택하는 것입니다. '감사할 거냐? 허무주의에 빠질 거냐? 의미 있는 생을 살 거냐? 인생무상, 하고 살 거냐?' 이것도 내가 선택하는 것입니다. 그러기 위해서는 바른 선택을 해야 합니다. 감사하며 살기 위해서는 조건이 있습니다. 불행을 축복의 또 다른 모습이라고 생각하는 마음이 있어야 된다는 것입니다. 불행을 불행으로만 생각하면 안 됩니다. 불행은 축복으로 가는 과정이라고 생각할 때 그 사람은 감사할 수 있습니다. 또 하나는 행운을 당연한 것으로 여기지 않는 겸손함이 있어야 된다는 것입니다. 일이 잘 될 때 자기가 잘해서 잘 되는 것처럼 거만해지면 안 됩니다. 그저 다 하나님의 축복이요, 많은 사람의 도움에서 왔다고 하는 겸손한 자세가 있어야 감사할 수 있고, 또 하나는 역경을 기회라고 생각하는 긍정적 세계관이 필요합니다. 어려운 일은 어려운 일로 끝나는 것이 아닙니다. 이 역경을 통해서 그 다음, 그 다음에 아주 큰 축복의 시간이 있다는 것을 믿는 그런 긍정의 심리가 있어야 비로소 바른 선택을 할 수 있다는 것입니다.

우리는 한평생 선택을 하면서 살아갑니다. 「논어」에 이런 말이 있습니다. 제자인 자로가 스승인 공자에게 묻습니다. "군자는 용기를 숭상합니까?" 스승이 대답합니다. "군자는 정의를 숭상한다. 군자가 용기는 있으되 정의가 없으면 난동이 되고, 또 소인이 용기는 있으나 정의가 없으면 도적이 되느니라." 아주 의미심장한 말입니다. 그런고로 항상 바른 선택을 해야 됩니다. 이제 중요한 문제가 있습니다. 하나를 선택하기 위해서는 나머지를 버려야 한다는 것입니다. 그러니까 선택하는 일과 버리는 일을 동시에 해야 한다는 것입니다. 버리지는 않고 선택만 할 수는 없습니다.

「순자」의 '권학(勸學)' 편에 이런 재미있는 이야기가 나옵니다. '동시에 두 길을 가는 자는 목적지에 이르지 못한다. 눈은 한꺼번에 두 가지를 똑똑히 보지 못한다. 귀는 한꺼번에 두 가지를 분명하게 들을 수 없다.' 그러니까 하나를 택하고, 하나는 버려야 된다, 이것입니다. 잊지 말아야 됩니다. 여러분, 집에서 TV를 보다가 가끔 부부싸움 하시는 경우가 있으시지요? 저도 종종 싸우는데, 대개 방해를 받을 때 그렇습니다. TV에서 중요한 대화가 나와서 그걸 좀 자세히 듣고 싶은데, 하필이면 그 순간 옆에서 잔소리를 하는 것입니다. 그래 "입 좀 다물어!" 하고 소리치면 상대는 그대로 삐칩니다. "내가 지금 저거 듣고 있잖아. 옆에서 왜 딴 소리를 해?동시에 두 가지를 들을 수는 없잖아!" 엄청난 방해자가 되는 것입니다. 그러니까 같은 시간에 한 가지를 들으려면 나머지 한 가지는 버려야 합니다. 이런 부부싸움은 종종 해야 됩니다. 두 가지를 다 듣겠다고 하다가는 멍청한 사람이 되고 맙니다. 그런고로 바른 길을 선택하기 위해서는 버릴 것이 많습니다. 다 버리고 나면 삶이 단순해집니다. 아인슈타인이 이런 말을 했습니다. '진리는 항상 가장 단순하고, 또 소박하며, 명백하게 정의내릴 수 있는 것이다. 그런데 이리 단순한 것을 단순하게 따르지 못하므로 아무것도 모르게 되고, 아무것도 얻지 못한다.' 단순함에 용기가 있는 것입니다.

오늘본문에 나오는 사드락, 메삭, 아벳느고에 대한 이야기는 너무나 유명합니다. 원래 바벨론 포로가 된 유대사람들은 5만 명이 넘습니다. 그 시대에는 한 나라를 점령하면 금은보화를 비롯하여 온갖 재물을 다 빼앗아옵니다. 심지어 사람까지 잡아옵니다. 특히나 쓸 만한 인재들, 젊은이들과 똑똑한 사람들을 잡아옵니다. 그리고 그 가운데에서 아주 똑똑한 자들을 골라 자기 사람으로 키웁니다. 잘 먹이고, 공부를 시키고, 훈련도 시켜서 앞으로 그 주인을 위해서, 그 나라를 위해서 충성을 다 바칠 사람들로 키운다, 이것입니다. 그래서 사드락, 메삭, 아벳느고는 어디까지나 예루살렘에서 포로입니다. 일생토록 노예로 살다가 죽어야 될 사람들입니다. 하지만 너무나 똑똑하고 총명해서 느부갓네살 왕이 그들을 발탁합니다. 좋은 환경을 제공하여 잘 먹이고, 교육을 시켰다는 것입니다. 그들로서는 노예가 귀족처럼 살았으니 대단한 특혜를 누린 것입니다. 그야말로 장래가 촉망되는 것입니다. 이 얼마나 굉장한 특권입니까.

하지만 그렇게 잘 나가는 사람은 주변에서 질투를 하게 마련입니다. 한갓 노예 신세로 그렇게 잘 대접받고 출세를 하니 바벨론 사람들 가운데 못된 자들이 이 세 사람을 질투하기 시작합니다. '사드락, 메삭, 아벳느고, 이놈들을 어떻게든 해치워버려야겠는데, 무슨 좋은 방법이 없을까?' 궁리 끝에 그들은 그 셋이 모두 하나님을 믿으니까 우상을 섬기지 않을 것이라는 데 착안합니다. 그래서 느부갓네살 왕 앞에 나아가 이렇게 아룁니다. "왕이시여, 왕은 위대하십니다. 왕 외의 다른 사람에게 절한다는 것은 있을 수 없고, 다른 사람에게 기도한다는 것도 있을 수 없는 일입니다. 왕께서는 커다란 우상을 하나 만들어놓으시고 모두에게 거기다 절을 하라고 시키십시오. 그때 절하지 않는 사람은 무조건 잡아죽이십시오." 왕 입장에서는 참 충성된 말입니다. 그래 왕이 그만 이 농간에 넘어가 우상제작을 허락했습니다. 금으로 커다란 신상을 만들게 하고 이렇게 선포합니다. "내가 만든 이 우상에게 절하라!" 하지만 예루살렘에서 온 사드락, 메삭, 아벳느고가 우상에게 절을 할 까닭이 있습니까. 당연히 절하지 않을 것을 그들은 모두 다 잘 알고 있습니다. 그걸 노린 것입니다. 그래서 절하지 않은 그들을 왕 앞에 고발합니다. "왕이시여, 온 백성이 다 절을 하는데, 왕의 명령을 거역하여 절을 하지 않는 자들이 있습니다." 왕이 노발대발합니다. "그래? 놈들을 당장 잡아들여라. 그리고 풀무불에 집어넣어 죽여라." 그래 세 사람이 왕 앞에 끌려옵니다. 왕이 묻습니다. "너희가 실수를 했구나. 이제 나팔을 불텐데, 너희가 이번에 절을 하면 무사하겠거니와, 만일에 절하지 않으면 왕명을 어긴 죄로 어쩔 수 없이 풀무불에 집어넣어 죽일 수밖에 없다." 그때 사드락, 메삭, 아벳느고가 이렇게 대답합니다. "왕이시여, 저희는 왕께서 하시는 말씀에 대답할 필요가 없습니다." "어째서 그러냐?" "이미 결심을 했으니까요. 각오하고 있는 일이니까요. 확실한 것이니까요. 타협할 일이 없습니다." 참으로 단호한 선택이요, 단호한 용기입니다. 대단하지 않습니까.

「탈무드」에 보면 사탄이 우리를 살살 꼬드기며 유혹할 때 세 가지 방법으로 한답니다. 하나는 이렇게 말하는 것입니다. "한 번만 내 말을 들으라. 한 번만 거짓말을 해라. 한 번만 불의와 타협해라. 여러 번 말고 딱 한 번만." 예수님을 만난 사탄도 그랬습니다. "한 번만 내게 절하라. 천하만국을 네게 주리라." 여기에 넘어가면 안 됩니다. 또 하나는 이것입니다. "모두가 다 그렇게 한다. 너만 유달리 그럴 필요가 뭐 있냐? 모든 사람이 다 거짓말하면서 산다. 모든 사람이 다 부정을 저지르며 산다. 그러니 너라고 무슨 재주가 있겠느냐?" 마지막이 중요합니다. "잘 생각해봐라. 벌써 죄를 짓지 않았느냐? 여태까지 그렇게 죄 지으면서 살아오지 않았느냐? 이제와서 뭘 새삼스럽게 그러느냐?" 여기에는 다 넘어간다는 것입니다. 그러나 오늘 사드락, 메삭, 아벳느고는 대답할 필요가 없습니다. 단호하게 탁 잘라버립니다. 왜요? 그들은 죽음의 문제를 해결했기 때문입니다. 살려고 하다가는 비겁해집니다. 돈 벌려고 하다가는 추해집니다. 출세하려고 하다가는 병신 됩니다. 이걸 버려야 됩니다. 소유를 포기하고, 명예를 포기하고, 생명을 포기하면 용기가 생깁니다. 깨끗해집니다. 머리가 깨끗합니다. 마음도 깨끗합니다. 타협할 것이 하나도 없습니다. 죽을 각오까지 했으니까요. 깨끗하게 죽을 결심을 했습니다. 그러니까 정말 빙그레 웃으면서 할 수 있는 이야기 아니겠습니까. 적어도 생사의 문제를 해결하고 사는 것이 예수 믿는 사람 아닙니까. 비굴하게 살려고 할 것도 없고, 죽음을 마다할 것도 없는 것이거든요. 죽을 각오를 했으니까요. 생명보다 더 중요한 길이 있으니까요. 살고 죽는 것보다 더 중요한 것이 있지 않습니까. 그것이 바로 신앙입니다. 신앙의 종조요, 이스라엘의 영광입니다. 살고 죽는 것은 중요하지 않습니다. 우상에게 절하지 않고, 깨끗하게 살고, 깨끗하게 끝내겠다는 결심이 되어 있는 것입니다. 그러니까 용기가 생기는 것입니다.

거짓말 탐지기라고 다들 아시지요? 제가 그게 참 궁금했습니다. '도대체 거짓말을 어떻게 탐지해내나?' 그래 제가 한번은 그 거짓말 탐지기로 거짓말을 탐지해내는 광경을 자세히 구경한 적이 있습니다. 별것 아닙니다. 말을 할 때 눈동자가 왔다 갔다 하면 그 사람, 거짓말하고 있는 것입니다. 고양이 눈처럼 왔다 갔다 하면 그게 거짓말하는 증거입니다. 그걸 알아채는 것입니다. 또 하나, 혈압이 올라가면 그 사람, 거짓말하고 있는 것입니다. 사람은 거짓말할 때 혈압이 올라갑니다. 손에 땀도 납니다. 그런 신체반응을 탐지해서 거짓말을 알아채는 것입니다. 그리고 사람이 거짓말할 때에는 호흡도 올라갑니다. 그래서 숨이 찹니다. 그럼 '이 사람, 거짓말하고 있구나!' 하고 알아차리는 것입니다. 내가 나를 속일 수 없다, 이것입니다.

오늘본문에 나오는 이 세 사람은 소유를 포기했습니다. 명예를 포기했습니다. 생명을 포기했습니다. 그리고 하나님을 선택했습니다. 진리의 길을 선택했습니다. 영광의 길을 선택했습니다. 그러고 나니까 깨끗한 것입니다. 대답할 필요가 없습니다. 그런 시시한 일로 대답할 필요가 없습니다. 얼마나 좋습니까. 이 대답을 못해가지고 불의와 타협하여 추해진 인간들이 얼마나 많습니까. 안 될 일입니다. 타협? 없습니다. 이미 결단했습니다. 모든 것을 포기했습니다. 그리고 아무도 원망하지 않습니다. 자기를 모함하는 동료들, 자기들이 처한 상황…… 아무도, 아무것도 원망하지 않습니다.

원망을 하다보면 모르는 사이에 신앙을 잃어버리게 됩니다. 상황? 생각하지 마십시오. 이 사람이든 저 사람이든, 세상이 어떻게 되었든 그대로 내버려두십시오. 누구의 잘못도 탓하지 마십시오. 원망하다보면 내가 하나님을 잃어버리게 됩니다. 내 페이스를 잃어버린다는 말입니다. 원망하지 말고, 확실하고 정결한 양심과 믿음을 따라서 결단해야 합니다. 그들은 유대사람의 영광만 생각합니다. 그리고 하나님께 감사하기로 마음먹습니다. 오늘본문, 얼마나 귀한 말씀입니까. 왕이 "너희를 풀무불에다가 집어넣겠다!" 하니까 "그렇습니까? 왕이 저희를 그 풀무불에 집어넣으시면 저희는 하나님께서 저희를 보호해주실 줄로 믿습니다!" 합니다. 18절은 이렇습니다. "그렇게 하지 아니하실지라도 왕이여 우리가 왕의 신들을 섬기지도 아니하고 왕이 세우신 금 신상에게 절하지도 아니할 줄을 아옵소서.” ‘그렇게 하지 아니할지라도, 하나님께서 우리를 버려두시더라도, 죽도록 내버려두시더라도, 하나님의 능력이 이 자리에서 나타나지 않더라도 우리가 왕의 신들을 섬기지 아니하고, 왕이 세우신 금 우상에게 절하지 아니할 줄을 아옵소서.’ 얼마나 당당합니까. 이것이 신앙입니다.

요한복음 14장 30절에서 예수님께서는 이런 말씀을 하십니다. “이 후에는 내가 너희와 말을 많이 하지 아니하리니 이 세상의 임금이 오겠음이라 그러나 그는 내게 관계할 것이 없으니.” ‘세상 임금이 가까이 오고 있다. 세상 권세가 와서 나를 체포하고 이제 십자가에 죽이려고 한다. 그러나 저들은 나와 상관이 없다.’ 다 아셨습니다. 이 얼마나 중요한 얘기입니까. ‘그건 나와 상관이 없다. 나는 내 갈 길을 갈 뿐이다.’ 여러분, 세상 돌아가는 일에 상관하지 말고 살 것입니다. 너무 신경 쓰지 마십시오. 하나님께서는 하나님의 뜻을 이루십니다. 나는 내 갈 길을 묵묵히 가는 것입니다. 확실할 때 용기가 생기는 것입니다. 사람마음이 너무 복잡하면 안 됩니다. 마음이 정결한 자가 하나님을 볼 것입니다. 하나님의 음성을 들을 것입니다. 이런 생각, 저런 생각 너무 복잡하게 하다보면 결국은 시험에 빠지게 된다, 이것입니다.

히브리서 11장 38절에서는 그런 믿음의 사람들을 죽 열거하면서 이렇게 결론을 짓습니다. “이런 사람은 세상이 감당하지 못하느니라.” 세상이 감당하지 못한다— 역시 이 세상에 살 사람이 아니겠지요. 그러나 한 가지 알아야 합니다. 내심으로, 내적으로 확증하고 나면 외적 상황과는 상관이 없는 생을 살게 됩니다. 내적으로, 영적으로 확실한 결단을 내리고 나면 세상 돌아가는 일에는 신경 쓸 필요가 없습니다. 내적으로 불신하기 때문에 상황에 흔들리는 것입니다. 또 하나, 미래가 확실하면 현재는 문제가 되지 않습니다. 앞에 있는 약속이 확실할 때 오늘을 사는 문제는 그리 중요하지 않습니다.

여기 가까이에 신당동이라고 있지요? 제가 그 동네에서 1958년에 전도사 일을 한 적이 있습니다. 그때는 전도사가 하루 종일 이 집 저 집 다니면서 심방을 했습니다. 하루는 어떤 집에 심방을 갔는데, 세상에 그렇게 엉망으로 어질러놓은 집을 저는 한번도 본 적이 없습니다. 유리창은 죄다 깨졌고, 벽에다가는 아이들이 크레용으로 어지러이 그림을 그려놓았습니다. 방바닥도 다 깨져가지고 흙이 드러나 있고, 한마디로 집이 난장판입니다. 사람이 어떻게 이러고 살 수가 있나, 싶을 정도였습니다. 알고보니 보통 집이 아니더라고요. 의사 집입니다. 의사는 지금 미국으로 유학을 가 있고, 집에는 부인이 혼자 아이 셋을 데리고 고생하며 살고 있는 것입니다. 그래 제가 물었지요. "아니, 도대체 왜 이러고 사십니까?" 그랬더니 그 부인이 빙그레 웃으면서 말합니다. "애들 아버지가 지금 미국 가서 3년 동안 공부하고 있거든요? 그런데 이제 오늘 돌아온답니다. 그래서 제가 그 동안 얼마나 고생했는지를 좀 보여주려고 이렇게 청소도 안 하고 있는 것입니다." 얼마나 재미있는 시간입니까. 그 난장판 속에서도 이 부인은 자꾸 웃고만 있습니다. 그 험한 꼴을 남편한테 좀 보여줘야 된다, 이것입니다. '당신 없는 시간에 내가 이 고생을 했다.'

여러분, 좀 이렇게 멋지게 살 수 없을까요? 저 멀리 앞에 있는 약속을 바라보면서 '이까짓 것 뭐, 아무려면 어때? 이러면 어떻고, 저러면 어때? 까짓 것!' 하고 오늘을 초연하게 살아갈 수는 없겠습니까? 이것이 바로 오늘본문말씀입니다. 대답할 필요가 없습니다. '저희는 생각이 다 결정되었으니까 죽이시든 살리시든 마음대로 하십시오.' 아, 기가 막히지 않습니까. 이렇게 좀 살았으면 좋겠는데 말입니다. 이런 사람들 좀 만나보면 좋겠습니다. 당당하고, 용기 있고, 멀리 바라볼 줄 아는 지도자. 다니엘서 6장 10절에서 다니엘도 마찬가지입니다. 사자 굴에 들어갈 때 그는 오히려 하나님께 감사기도를 드립니다. 이것이 다니엘의 믿음입니다. 오늘본문말씀을 두고 두고 생각합시다. 대답할 필요가 없습니다.   △

합동하여 선을 이루는 자

　이와 같이 성령도 우리의 연약함을 도우시나니 우리는 마땅히 기도할 바를 알지 못하나 오직 성령이 말할 수 없는 탄식으로 우리를 위하여 친히 간구하시느니라 마음을 살피시는 이가 성령의 생각을 아시나니 이는 성령이 하나님의 뜻대로 성도를 위하여 간구하심이니라 우리가 알거니와 하나님을 사랑하는 자 곧 그의 뜻대로 부르심을 입은 자들에게는 모든 것이 합력하여 선을 이루느니라 하나님이 미리 아신 자들을 또한 그 아들의 형상을 본받게 하기 위하여 미리 정하셨으니 이는 그로 많은 형제 중에서 맏아들이 되게 하려 하심이니라 또 미리 정하신 그들을 또한 부르시고 부르신 그들을 또한 의롭다 하시고 의롭다 하신 그들을 또한 영화롭게 하셨느니라

　　　　　　　　　　(로마서 8 : 26 - 30)

합동하여 선을 이루는 자

하버드대학의 탈 벤 샤하르(Tal Ben Shahar) 교수가 세계적으로 유명해진 것은 '긍정심리학'이라는 특별한 이론을 발표하고, 같은 제목의 책이 세계적으로 베스트셀러가 되면서부터였습니다. 처음에 그는 대학에서 고작 수강생 여덟 명만을 놓고 '긍정심리학' 강의를 시작했습니다. 그러다가 강의가 좋다는 소문이 퍼지면서 학생들이 점점 더 많이 모여들어서 2년 뒤에는 학생들이 무려 855명이나 그의 강의에 등록을 했습니다. 그에 따라 강의실도 커다란 강당으로 옮겨야 했고요. 그의 긍정심리학은 우리가 꼭 알아두어야 할 상식이요, 현대생활의 좋은 지침입니다. 그가 긍정심리학 강의를 할 때마다 하는 이야기가 있습니다. '내일의 성취를 위해서 오늘의 행복을 포기하라. 오늘의 행복만을 추구하다가는 내일을 잃어버린다. 더 먼 행복을 위해서 오늘 어려운 것은 좀 참아라.' 간단합니다마는, 이보다 더 중요한 지침이 어디 있겠습니까. 더구나 젊은이들한테는 정말 중요한 지침이 아닐 수 없습니다. 이렇게 내일의 행복을 위해서 오늘의 고난을 감수하는 것이 긍정심리학의 전제입니다. 여기에 그가 말하는 행복의 여섯 가지 계명이 들어 있습니다.

첫째, 행복하려면 사람다워야 한다는 것입니다. 여러분, 요새 TV나 신문을 보면 기분이 별로 좋지가 않으시지요? 그렇다고 안 볼 수도 없고요. 왜 그렇습니까? 사람답지 않은 사람들이 너무나 많기 때문입니다. 도저히 사람이라고 할 수가 없습니다. 그런 사람들이 들끓는 세상입니다. '사람다워라. 사람 이상도 사람 이하도 아니요,

그저 사람답기만 하라.' 무엇입니까? 사람답게 살아야 한다, 이것입니다. 사람다운 겸손함, 사람다운 진실이 있어야 한다, 이것입니다. '교만은 행복의 한계다. 사람다운 한계를 넘어서는 순간 당신의 행복은 끝난 것이다. 사람다울 때에만 행복할 수 있고, 행복할 자격이 있다.' 돈도 마찬가지입니다. 돈은 돈이고, 사람은 사람입니다. 한데도 어느 순간 돈이 사람 위에 올라섭니다. 그러면 망조가 든 것입니다. 사람다워라! 이 얼마나 중요합니까.

둘째, 행복은 즐거움과 의미가 교차되는 곳에 있다는 것입니다. 뭘 가졌다고만 행복한 것이 아닙니다. 의미가 있어야 됩니다. 의미를 창출해야 됩니다. 그 속에 무슨 뜻이 있느냐? 그 깊은 뜻을 알면서 살 때 행복한 것이다, 이것입니다.

셋째, 행복은 저금통장의 잔고에 있지 않고 마음상태에 있다는 것입니다. 무엇입니까? 마음이 문제다, 이것입니다. 스스로 행복할 줄 알아야 된다, 이것입니다. 사도 바울이 말한 것처럼 그저 가진 바에 족한 줄 알아야 됩니다. '먹을 것과 입을 것이 있으면 족한 줄로 알지니라.' 이 선을 넘어가기 시작하면서부터 고민이 많아집니다. 그저 한 끼의 식사를 하고 하룻밤 편히 자고 건강하게 살았으면 '감사하다! 나는 행복하다!' 해야 되는데, 왜 그렇게 욕심이 많습니까? 선을 넘으면 그때부터 불행입니다.

넷째, 단순해져야 한다는 것입니다. 자꾸 과거를 떠올리며 괴로워하지 말아야 합니다. 자꾸 허황한 꿈에 얽매이지 말아야 합니다. Simple mind, 단순한 마음이 필요합니다. 단순한 한 순간, 한 순간을 기쁘게 생각해야 합니다. 여러분, 오늘 아침에도 이만큼 건강해서 교회에 나왔잖아요? 얼마나 감사합니까. 오늘 이 주일 아침, 한 주일 동안 수고한 하나님의 자녀들을 성령의 감동으로 불러주신 것, 얼마나 감사합니까. 이 감동에 응답하여 여러분이 이렇게 교회에 나와 앉아 있지 않습니까. 이 얼마나 행복한 일입니까. 이런 단순한 마음이 필요합니다. '내가 이 시간 최고의 행복을 누리고 있다.' 이걸 잊지 말아야 됩니다.

다섯째, 마음과 몸이 서로 연결되어 있다는 것입니다. 그런고로 마음도 건강하지마는, 몸도 건강하도록 힘써야 된다, 이것입니다. 그래서 절제하고, 그래서 육체의 건강도 함께 지켜야 마음의 건강도 지킬 수 있다, 이것입니다.

마지막 여섯째가 가장 중요합니다. 감사하는 마음을 표현해야 한다는 것입니다. 감사한 마음을 품을 뿐만 아니라, 감사한 마음을 표현할 줄 알아야 된다, 이것입니다. 작은 일에나 큰일에나 언제나 "감사합니다!" 해야 됩니다. 이걸 우리가 잘 못합니다. 조그마한 일에도 그저 "고맙습니다!" 해야 합니다. 부모님께만 고맙다고 할 것이 아닙니다. 자녀에게도 고맙다고 해야 됩니다. 이웃에게도, 모르는 사람에게도 감사하다고 할 줄 알아야 합니다. 그때 비로소 행복이 옵니다.

탈 벤 샤하르 교수는 말합니다. '세상사람들의 말에는 세 가지 차원의 감사가 있다.' 이 세 가지는 'If, Because of, In spite of' 입니다. 'If'는 조건부입니다. 이러이러하면 감사하다는 것입니다. 'Because of'는 이유입니다. 무엇 때문에 감사하다는 것입니다. 돈 벌었기 때문에, 건강하기 때문에…… 가장 중요한 것은 'In spite of'입니다. 그럼에도 불구하고 감사하다, 이것입니다. 절대적 감사입니다. 우리는 흔히 '고진감래(苦盡甘來)'라는 말을 합니다. 어려운 일을 참고 잘 견디면 좋은 일이 올 것이다, 이것입니다. 여러분, 이 말에 속아서 한 평생을 살아오셨지요? 고진감래, 언젠가는 좋은 날이 오겠지…… 정말 그렇습니까? 아닙니다. 그런 날 오지 않습니다. 끝내 오지 않은 채로 죽는 것이 우리네 인생입니다. 문제 아닙니까? 그러나 여러분, 꼭 잊지 말아야 될 것이 있습니다. 고진감래는 자동장치가 아니라는 사실입니다. 숙명이 아니다, 이것입니다. 뿌리지 않은 씨가 어떻게 납니까. 선을 뿌려야 선을 거둘 수 있는 것입니다. 그냥 앉아서 무작정 기다린다고 고진감래가 되는 것이 아니라는 것입니다. 여기에 속아서는 안 됩니다.

　　오늘본문말씀은 우리에게 대단히 중요한 메시지를 전해줍니다. "합동하여 선을 이룬다!" 저는 이 요절을 너무나 중요하게 여깁니다. "모든 것이 합력하여 선을 이루느니라(28절)." 여기에 괄호를 치고 그 안에 '하나님'이라는 단어를 하나 더 넣어놓은 사본도 있습니다. 하나님께서 합동하여 선을 이루도록 역사하신다는 말씀입니다. '하나님께서 모든 것을 선한 방향으로 인도하신다. 선한 방향으로 합동하여 선을 이루도록 하나님께서 역사하신다.' 이것이 오늘본문말씀의 뜻입니다. 그냥 이루어진다는 것이 아닙니다. 전제조건이 있습니다. 하나는 하나님을 사랑하는 자이고, 또 하나는 그 뜻대로 부르심을 입은 자입니다. 이걸 잊지 말아야 합니다. 이런 사람들에게만 합동하여 선이 이루어진다, 이것입니다. 하나님을 사랑하는 사람은 사랑으로 모든 것을 소화합니다. 사랑하면 믿음이 생깁니다. 그래서 전체를 위탁합니다. 완전한 사랑은 능력입니다. 사랑은 기쁨입니다. 전적으로 사랑을 느끼고, 사랑을 깨닫고, 사랑을 검증하고 사는 사람에게는 모든 것이 합동하여 선을 이루는 것입니다. 왜요? 지내보면 압니다. 이것도 사랑이고, 저것도 사랑입니다. 때로는 미처 몰랐던 일도 며칠 뒤에 다시 생각해보면 그것 또한 사랑입니다. 그런 사랑을 하는 것입니다.

어제 아침, 제가 어디로 차를 몰고 가던 중에 타이어가 펑크났습니다. 특별한 사건입니다. 주행 중에 타이어가 펑크나는 일이 어디 쉽게 일어나는 일입니까. 제가 일생에 딱 두 번 겪은 일입니다. 내려서 살펴보니 타이어에 뭐가 박혀서 손가락이 들어갈 만큼 큰 구멍이 뚫려 있었습니다. 그래 타이어를 바꿔 끼웠습니다. 그러고 나서 생각했습니다. '이런 게 왜 도로에 놓여 있었지? 누가 이런 걸 길에다 뿌려놨지?' 고속도로에 그런 게 놓여 있었더라면 큰 사고가 났을지도 모릅니다. 그 순간 제가 감사기도를 드렸습니다. '타이어가 펑크났지만, 서울 시내에서 난 걸 감사합니다. 그것도 앞바퀴가 났으면 큰일인데, 뒷바퀴가 터져서 감사합니다.' 여러분, 이걸 어떻게 생각하십니까? 모르고 사니 그렇지, 알고 생각하면 하나하나 다 그 속에 사랑이, 하나님의 사랑이 있습니다. 그 사랑을 깨닫는 순간 기쁨이 오는 것입니다. 이것도 사랑이고, 저것도 사랑입니다. 그런고로 합동하여 선을 이루는 것이지요. 사랑을 아는 자에게는 전부가 선입니다. 여러분, 가정에서도 사랑하니까 이렇게 말하고, 사랑하니까 이런 음식을 주고, 사랑하니까 이렇게 하고…… 그 사랑을 바로 깨달아보십시오. 바로 수용하고 나면, 여러분, 사랑 아닌 것이 어디 있습니까. 그런고로 합동하여 선을 이루는 것입니다.

더 중요한 것은 이 말씀입니다. "그의 뜻대로 부르심을 입은 자들……(28절)" 부르심, calling입니다. 나는 자격이 없습니다. 그런데도 부르심을 받았습니다. 예수님의 부르심입니다. 마태복음 10장에는 예수님께서 열 두 제자를 부르시는 장면이 나옵니다. 제가 그 열두 사람을 가만히 연구해보았습니다. 어쩌면 이렇게 하나같이 못난 사람들입니까? 그래서 이런 생각이 들 정도입니다. '예수님께서는 아예 마구잡이로 부르셨구먼?' 왜요? 물고기 잡는 어부를 현장에서 부르셨습니다. 그런가하면 세관에 앉아서 세금을 받고 있는 마태 같은 사람을 현장에서 부르셨습니다. 도대체 이게 있을 수 있는 일입니까? 사람을 이렇게 선택해도 되는 것입니까? 그러나 은혜로 부르신 것입니다. "너의 자격을 묻지 않는다. 너의 자격이 진짜 자격이 될 수가 없다. 단, 오직 하나 내가 너를 부른다." 여러분, 얼마나 중요합니까. 부름 받았다는 것을 잊지 마십시오. 갈릴리 어부도 부르시고, 세리도 부르셨습니다. 그리고 천하의 나같은 죄인도 불러주셨습니다. 무자격한 가운데 total corruption, 전적으로 타락해서 어느 구석을 봐도 쓸 만한 데가 없는데도 부르심을 받았습니다. 오직 그 은혜로 부름 받았다— 부름 받은 사람에게는 합동하여 선을 이루는 것입니다. 여기에 사명이 있으니까요. 사명자가 부르신 것이니까요. 쓸 만하셔서 부르신 것이니까요. 쓰시기 위해서 부르셨으니까요. 주의 손에 부르심을 받았다— 그 하나만 생각하면 엄청난 것입니다. 그런고로 합동하여 선을 이루는 것입니다.

또한, 그의 뜻대로 부르심 받았다— 내 뜻이 아니요, 그의 뜻입니다. 그런고로 나의 생에서 이루어지는 모든 일에는 그의 뜻이 작용하고 있습니다. 이걸 잊지 말아야 합니다. 누구한테나 그렇겠지마는, 저는 더더욱 북한에서 나왔기 때문에 우리 아버지가 제 목전에서 총살당하시는 것도 보았고, 저부터가 광산에 끌려가서 8개월 동안 죽을 고생도 했습니다. 하지만 그 다음 또 군대에 갔을 때 첩

보대에 들어가서 내 앞에서 사람들이 죽는 것을 얼마나 많이 보았는지 모릅니다. 그러면서 지내왔는데, 다 지내고 나니까 하나님께서 저를 목사 만드시려고, 오늘 여기서 설교하게 하시려고 일찍이 저를 부르신 것을 알겠습니다. 그 속에 부르심이 있었던 것입니다. 이걸 잊지 말아야 합니다. 하나님의 계획대로, 그의 뜻대로 부르심을 입은 자에게는 실패가 없습니다. 잘못된 일도 없습니다. 이걸 잊지 말아야 합니다. 그의 계획 속에 내가 있다는 것이지요. 그런고로 근본적으로 하나님의 사랑 안에 내가 있고, 그의 속에 능력이 있고, 지혜가 있는 것입니다. 또 깊이 생각하면 내가 현실을 모르고 있지마는, 하나님의 계획은 여기에서도 이루어지고 있습니다. God's dispensation, Gracious dispensation. 내가 모르는 섭리 가운데 하나님의 은혜로운 경륜이 여기에 계속 작용하고 있다, 이것입니다. 예외가 없습니다. 조그마한 사건 하나도 다 중요한 의미가 있습니다. 합동하여 선을 이룹니다. 그 결과 마지막 최종목표, 그 시간을 주님께서 만들어가고 계시는 것입니다. 우리는 그 하나님의 큰 역사에 끌려가고 있습니다. 붙들려가고 있습니다. 그런고로 합동하여 선을 이룰 것입니다.

로마서를 기록한 사도 바울의 입장을 보십시오. 바울 자신도 다메섹도상에서 부르심을 받았습니다. 그리고 많은 어려움 가운데 전도여행을 합니다. 그럼 전도여행은 형통해야겠지만, 그렇지도 않았습니다. 몸도 병들고, 눈도 좋지 않은 것 같고, 간질병이라는 치명적인 병까지 있었습니다. 그러나 그는 계속 전도합니다. 환난도 있고, 핍박도 있고, 애매하게 감옥에 갇힐 때도 있고, 매도 많이 맞습니다. 게다가 사도 바울이 타고 가는 배는 또 왜 파손이 되는 것입니까?

그러나 그 파손된 사건 속에도 귀한 하나님의 섭리가 있습니다. 이 파손되는 일을 통해서 거기에 탔던 170여 명의 사람들이 사도 바울이 위대한 주의 종이라는 사실을 알게 됩니다. 이 사람들이 로마에 들어가서 바울을 위해 전부 전도인이 되는 것입니다. 입소문으로 전도하는 것입니다. "들어봐. 이번에 우리가 배를 타고 오는 가운데 사도 바울이라는 죄수가 있었는데……" 이렇게 합동하여 선을 이루는 것입니다. 이걸 잊지 말아야 합니다. 사도 바울은 이걸 잘 알고 있었습니다.

방명왕 토마스 에디슨은 나이가 많아서 귀머거리가 되었습니다. 아무것도 안 하고 앉아서 계속 연구만 하는 것입니다. 그래서 마지막에 유명한 말을 하지 않습니까. '귀가 먹었기 때문에 나는 집중적으로 발명할 수 있었다.' 이 얼마나 중요한 이야기입니까. 이 쪽으로는 베토벤의 이야기가 가장 극적입니다. 이 악성 베토벤의 교향곡 제9번, 그 환희의 찬가, 얼마나 아름답습니까. 그 귀한 찬가를 작곡할 때 그는 귀머거리였습니다. 베토벤 자신은 그 곡을 악보로만 보았지, 오케스트라가 그걸 연주하는 소리는 못 들었습니다. 그리고 마지막에 중요한 이야기를 합니다. '내가 이제 죽어서 하늘나라에 가면 내가 작곡한 이 찬가소리를 내 귀로 듣게 될 것이다.' 이 얼마나 아름다운 이야기입니까. 합동하여 선을 이룬다는 것이 바로 이런 것입니다. 우리가 당하는 고난, 우리가 당하는 실패, 우리가 당하는 이 모순된 현실에 좌절하지 마십시오. 합동하여 선을 이룰 것입니다. 오늘 좀 복잡한 일들이 많이 있으나 잘 될 것입니다. 걱정하지 마십시오. 이것을 통해서 하나님께서는 더 위대한 역사를 이루실 것입니다.

잠언 16장 4절에 유명한 말씀이 있습니다. "여호와께서 온갖 것을 그 쓰임에 적당하게 지으셨나니 악인도 악한 날에 적당하게 하셨느니라." 여러분, 악한 사람을 비방하지 마십시오. 악한 사람 때문에 실망하지도 마십시오. 다 적당하게 지으신 것입니다. 저들이 악을 행하지마는, 이 악을 통해서도 하나님께서는 합동하여 선을 이루십니다. 큰 역사를 이루신다는 말씀입니다. 사도 바울은 믿고 있습니다. 그의 과거에 놀라운 하나님의 전권적인 역사를 믿고 있습니다. 현재 이루어지는 모순된 일 속에서도 합동하여 선을 이루실 것을 사도 바울은 믿고 있었기에 용감할 수 있었습니다. 평안할 수 있었습니다.

여러분, 아무리 힘들어도 여기가 끝이 아니라는 것을 잊지 마십시오. 아무리 어려워도 하나님께서는 나를 사랑하고 계시고, 이 모순된 현실을 통하여 하나님께서는 위대한 역사를 이루어가고 계시다는 것을 의심하지 마십시오. 하나님은 지혜가 있으시고, 하나님은 능력이 있으십니다. 하나님은 선을 이루십니다. 합동하여 선을 이루십니다. 하나님을 사랑하는 사람, 하나님의 뜻대로 부르심을 입은 사람, 그 경륜을 믿고 사는 사람에게는 실패가 없습니다. 다만 시련이라는 과정이 있을 뿐입니다. 그런고로 우리의 믿음은 저 앞에 가 있어야 됩니다.

빌립보서 1장 12절은 제가 사랑하는 요절입니다. "형제들아 내가 당한 일이 도리어 복음의 전파에 진전이 된 줄을 너희가 알기를 원하노라." 사도 바울은 지금 감옥에 있습니다. 모순과 부조리 속에 있습니다. 언제 순교할지 모릅니다마는, 그는 믿고 있습니다. '내가 당한 이 현실이 분명히 저 앞에서 복음의 진보가 될 것을 나는 믿고 있다.' 이것이 중요한 신앙입니다. 순간마다 확인해야 합니다. 내가 하나님을 사랑하고 있는가? 순간순간 우리 다시 확인하십시다. 그의 부르심을 알고 있는가? 그 부르심에 내가 응답하고 있는가? 그 뜻대로 부르심을 입은 자에게는 모든 것이 합동하여 하나님의 선을 이룰 것입니다.   △

주의 이름으로 영접하라

그 때에 제자들이 예수께 나아와 이르되 천국에서는 누가 크니이까 예수께서 한 어린 아이를 불러 그들 가운데 세우시고 이르시되 진실로 너희에게 이르노니 너희가 돌이켜 어린 아이들과 같이 되지 아니하면 결단코 천국에 들어가지 못하리라 그러므로 누구든지 이 어린 아이와 같이 자기를 낮추는 사람이 천국에서 큰 자니라 또 누구든지 내 이름으로 이런 어린 아이 하나를 영접하면 곧 나를 영접함이니 누구든지 나를 믿는 이 작은 자 중 하나를 실족하게 하면 차라리 연자 맷돌이 그 목에 달려서 깊은 바다에 빠뜨려지는 것이 나으니라 실족하게 하는 일들이 있음으로 말미암아 세상에 화가 있도다 실족하게 하는 일이 없을 수는 없으나 실족하게 하는 그 사람에게는 화가 있도다 만일 네 손이나 네 발이 너를 범죄하게 하거든 찍어 내버리라 장애인이나 다리 저는 자로 영생에 들어가는 것이 두 손과 두 발을 가지고 영원한 불에 던져지는 것보다 나으니라 만일 네 눈이 너를 범죄하게 하거든 빼어 내버리라 한 눈으로 영생에 들어가는 것이 두 눈을 가지고 지옥 불에 던져지는 것보다 나으니라 삼가 이 작은 자 중의 하나도 업신여기지 말라 너희에게 말하노니 그들의 천사들이 하늘에서 하늘에 계신 내 아버지의 얼굴을 항상 뵈옵느니라

(마태복음 18 : 1 - 10)

주의 이름으로 영접하라

   예전에 제가 소망교회에서 시무할 때에 있었던 일입니다. 저의 50년 목회 경험 가운데서 가장 잊을 수 없는 중요한 경험입니다. 어느 날 아침 9시쯤, 웬 청년이 사무실로 저를 찾아왔습니다. 그가 본인을 소개하기를, 안양교도소에서 그날 아침 출소하여 지금 소망교회로 왔다는 것입니다. 그래 왜 여기를 왔느냐고 제가 물었더니 그가 이렇게 답했습니다. "저는 전과 7범입니다. 감옥을 일곱 번이나 갔다 왔습니다. 마침 이번에 제가 감옥에 가 있는 2년 동안 목사님께서 그 안양교도소에 오시어 종종 설교를 하셨는데, 제가 그 설교를 듣고 예수를 믿게 되었고, 나중에 목사님께서 제게 세례를 주셨습니다. 그 뒤로 저는 아침마다 감방 구석의 스피커에서 나오는 새벽기도 설교를 들었습니다. 이만하면 제가 소망교회 교인이 아니겠습니까?" "맞아요. 소망교회 다닌 일은 없지마는, 그만하면 당신은 소망교회 교인이 맞소." 그리고 그와 마주앉아 제가 물었습니다. "한데, 왜 왔소?" 그러자 이 청년, 갑자기 엉뚱한 부탁을 해옵니다. "목사님, 제게 직업 좀 소개해주십시오." 직업? 느닷없이 이게 무슨 소리입니까? 제가 난생 처음 보는, 이름도 모르는 이 청년을 어떻게 누구에게 소개하겠습니까. 전과 7범이라는 것 말고는 아무것도 모릅니다. 그래 제가 하도 난감해서 여기는 교회지 직업소개소가 아니라고 했지요. 그랬더니 이 청년, 그제야 정색을 하며 한마디 합니다. "내 그럴 줄 알았습니다. 예수 믿는 사람들 입만 뻥끗하면 사랑, 사랑 하는데, 사랑이 어디에 있습니까? 나는 사랑 안 믿습니다. 우리 어머

니가 나를 낳아서 고아원 문 앞에 내다버렸습니다. 고아원 원장이
나를 거두어주어서 제가 고아원에서 자랐습니다. 그리고 14살이 되
었을 때 담장을 넘어 도망쳤습니다. 그 뒤로 거리의 청년으로 오늘
까지 10년을 살았고, 감옥에 일곱 번 갔다 왔습니다." 그러면서 덧붙
입니다. "사랑은 없습니다. 자기 자식을 낳아서 내버리는 세상에 사
랑이 어디 있습니까?" 그 말 듣고 저도 할 말이 없었습니다. 그래 제
가 돌아서서 잠깐 하나님 앞에 기도했습니다. '하나님, 이 청년을 구
원해주세요.' 그 순간 하나님께서 제게 지혜를 주셨습니다. 제가 그
청년한테 차근차근 일렀습니다. "자네, 고아원 문 앞에 버림받았다
며? 자네, 고아원 문 열고 들어갔나? 자네가 스스로 우유 타먹었나?
자네가 손수 기저귀 갈아 챘나? 자네가 스스로 목욕을 했나? 자네는
모르겠지만, 자네를 위해서 피 한 방울 섞이지 않은, 아무 상관도 없
는 그 누군가가 자네를 정성껏 돌보아주어서 자네가 오늘까지 살아
있는 것 아니겠나? 이래도 사랑이 없다고 하겠나?" 그랬더니 이 청
년이 갑자기 엉엉 목놓아 울기 시작합니다. 한동안 가만히 내버려두
었습니다. 그래 청년이 한참 울고 난 다음, 제가 그랬습니다. "그래,
어떤가?" "죄송합니다. 그동안 제가 참 많이 사랑받았습니다. 교회
집사님들이 와서 많이 돌보아주셨고, 고아원 원장인 장로님이 저를
아들처럼 사랑해주셨습니다. 그렇게 사랑받은 생각이 많이 납니다."
그래 제가 "그래, 이제 기도하세!" 하고 둘이 붙잡고 기도했습니다.
그러고 나서 이 청년이 일어서서 나가려 하기에 제가 물었습니다.
"직업은 어떻게 하나?" 그랬더니 이 청년, 빙그레 웃으면서 한마디
합니다. 이 말을 제가 지금껏 잊지 못합니다. "목사님, 걱정하지 마
십시오. 제가 사랑받은 존재라는 걸 알았기 때문에 다시는 감옥에

가지 않을 겁니다. 염려하지 마십시오." 그리고 빙그레 웃으면서 나
갔습니다. 여러분, 사람은 밥만 먹고 사는 것이 아닙니다. 사랑을 먹
고 삽니다. 사랑을 받아야 삽니다. 사랑을 못 받으면 죽습니다. 그때
부터 정신이 벌써 죽은 것입니다. 더구나 어린아이들, 사랑받으면서
살아야 됩니다. 사랑 없이는 존재하지 못합니다. 아니, 태어나지도
않았을 것입니다. 문제는 내가 사랑을 모른다는 것입니다. 특별히
우리가 잘 아는 대로 사람은 네 살 전의 일을 기억하지 못합니다. 한
데, 그 네 살 전에 받은 사랑이 진짜 사랑입니다. 그 사랑은 까맣게
잊어버리고 있습니다. 내가 모르는 사랑이 있었습니다. 내가 모르는
중에 엄청난 사랑을 받았습니다. 내가 존재한다는 것을 잊지 말아야
합니다. 문제는 그 사랑을 거부하는 것입니다. 그 사랑을 못 받은 것
입니다. 그 사랑이 타락한 것입니다. 그 사랑이 변질된 것입니다. 그
래서 인생은 고달프고, 절망하게 되는 것입니다.

　　여러분 모두가 자녀교육을 하시지요? 자식 잘 되라고 이렇게 저
렇게들 애를 씁니다마는, 여기에는 두 가지 길이 있습니다. 교육학
자들이 하는 말입니다. 하나는 율법이고, 하나는 은혜입니다. Law
and Grace. 율법적인 것과 은혜적인 것. '이렇게 하라. 저렇게 하라.
이것이 옳다. 저런 것이 인간이다. 사람은 이래야 한다. 저래야 한
다.' 말들을 많이 합니다마는, 전부 율법입니다. 그러면 오직 은혜뿐
입니다. '내가 너를 사랑한다. 이래도 사랑한다.' 교육은 머리로 되
는 것이 아닙니다. 가슴으로 되는 것입니다. 가슴은 사랑입니다. 느
껴야 합니다. 그리고 깊은 결단을 내려야 합니다. 사랑의 본질은 존
재감에서 옵니다. 여러분, 내가 누구입니까? 별것 아닙니다. '얼마
나 아느냐, 모르느냐? 능력이 있느냐, 없느냐?' 이것이 아닙니다.

'얼마나 사랑받느냐? 얼마나 사랑받고 있느냐?' 이것이 내 존재의 본질입니다. '나는 사랑받을 만한 가치가 있느냐?' 그렇지 않아서 무너질 때 살아야 할 이유가 없는 것입니다. 이것이 바로 인간입니다.

성경은 우리에게 말씀합니다. 이 모든 진리를 자세하게 그 긴 역사 속에서 설명해주고 있습니다. 창세기 33장에서 야곱은 형 에서를 만나러 갈 때 자기 자녀들을 죽 거느리고 갔습니다. 에서가 물어봅니다. "저게 다 누구냐?" 야곱이 그때 딱 한 마디 합니다. "하나님께서 은혜로 제게 주신 자녀들입니다." 자기 결혼생활을 통해서 낳았고 키웠지마는, 그는 딱 한 마디 고백합니다. "하나님께서 제게 피난길에 은혜로 주신 자녀들입니다." 이 간증 한 마디가 얼마나 큰 의미를 가지는지 모릅니다. 창세기 48장에서 요셉이 자기 아버지 야곱 앞에서 그 아들을 보입니다. 야곱이 묻습니다. "이게 누구냐?" "여기서 하나님께서 제게 주신 자녀입니다. 제가 이 피난길을 와서 여기서 나그네 생활을 하지마는, 하나님께서 제게 주신 자녀입니다." 신앙적인 고백입니다. 우리가 너무나 잘 아는 말씀이 있습니다. 시편 127편입니다. 자식은 하나님께서 주신 기업입니다. 이어지는 것입니다. 축복의 연속은 자녀로부터 오는 것입니다. 자녀에게서 이어지는 것입니다. 그 열매는 상급으로 주신 것입니다.

야곱의 아내 사라는 남편의 사랑을 많이 받았지마는, 아이가 없었습니다. 90세에 가서야 이삭을 낳았습니다. 그러니 그때까지 일생을 얼마나 자식 때문에 마음을 상하고, 괴로워하고, 눈물을 흘렸겠습니까. 90세에 아이를 낳고 얼마나 좋았으면 이름을 이삭이라고 지었겠습니까. 이삭, 웃음이라는 뜻입니다. 90세에 자식을 얻었으니, 웃을 만도 하지요? 하나님께서는 왜 자식을 그토록 귀한 존재로 경험하게 하셨을까요? 그렇게 예뻤다는 라헬도 남편의 사랑은 많이 받았지마는, 아이를 못 낳아서 얼마나 고생을 했습니까. 또 성경에는 한나라는 여인도 나옵니다. 하나님 앞에 자식 문제로 얼마나 간절히 기도합니까. 신약에 나오는 요한의 어머니 엘리사벳도 자식이 없어서 하나님 앞에 울부짖습니다. 잊지 말아야 합니다. 자식은 하나님께서 주시는 것입니다. 내 노력도 있었고, 내 수고도 있었지만, 결국은 하나님께서 주시는 것입니다. 신학적으로 연구해봐도 그렇습니다. 하나님께서 영을 분배하십니다. 생명을 하나님께서 주시는 것입니다. 하나님께서 선물로 주신 자녀, 얼마나 중요합니까. 이것이 확증될 때, 이것이 실증될 때 자녀교육은 이루어지는 것입니다. 아이들한테 아무리 공부하라고 말해보십시오. 요새 아이들이 어디 눈이나 깜짝합니까. 오히려 이런답니다. "누구 좋으라고 공부해? 나 공부 잘 하면 엄마가 여기저기 돌아다니면서 자랑하려고 그러는 모양인데, 나 우리 엄마 그러는 꼴 못 봐." 그래서 공부 안 한답니다. 도대체 누구를 위한 것입니까? 자녀들이 '나는 사랑받는 존재다!' 하고 확증할 수 있어야 합니다. 예수님 말씀을 들어보십시오. "내 이름으로 영접하라." 네 이름이 아니고, 내 이름으로— "네 자녀가 아니다. 그건 내 자녀다. 네가 맡아 키우는 것뿐이다." 이것이 성경입니다. "내 이름으로 영접하라!" 예수님 친히 말씀하십니다. "천국에서는 큰 자다." 아주 신비로운 말씀입니다. 땅에서는 어른이 큰 자입니다. 하지만 천국에서는 어린아이가 큰 자입니다. 왜요? 때 묻지 않았으니까요. 우리 어른들은 크면서 점점 때가 묻어서 결국은 작은 자가 될 수밖에 없습니다. 천국에서는 어른이 작은 자입니다. 영적으로 보면 어린아이가 가장 큰 자입니다. 천국 백성입니다. 그래서 우리는 그들을 통해서 배워야 됩니다. 어린아이들의 모습을 보면서, 어린아이들과 대화하면서 우리는 배워야 됩니다. 배우는 자세로 어린아이들을 대해야 합니다. 가르치는 자세여서는 안 됩니다. 배우는 자세로 임할 때 비로소 하나님의 뜻이 이루어집니다.

'소중히 여겨라. 소중히 여겨라. 하나님께로부터 선물받은 것이니 소중히 여겨라. 만일에 부득이 손이 범죄케 하거든 찍어버리라. 눈이 범케 하거든 빼버리라.' 얼마나 강한 표현입니까. 얼마나 강한 말씀입니까. '어린아이들을 범죄케 하지 마라. 그 깨끗한 마음에 돌을 던지지 마라. 먹칠하지 마라.' 얼마나 중요하고 신비로운 말씀입니까. '그들의 천사가 하늘에서 하나님을 뵙는다. 땅 위에 생명이 있고, 천사는 하늘에 있다. 항상 하나님과 소통하는 중에 있다. 그런 고로 소중히 여겨라.' 여러분, 어린아이들 키우면서 다 보셨지요? 어린아이들에게는 네 가지 특징이 있습니다. 첫째, 맑은 눈동자입니다. 어린아이들이 자다가 눈을 뜰 때 보면 참 들여다보기가 부끄러울 정도로 눈이 깨끗합니다. 왜요? 마음이 깨끗하니까요. 티 하나 없는 깨끗한 눈동자입니다. 그래서 철학자들이 말하지 않습니까. '어린아이들의 눈동자를 들여다보면서 부끄럽지 않게 살아라.' 어린아이들의 눈동자, 정말 예쁩니다. 깨끗합니다. 하지만 그렇게 깨끗한 어린아이들을 우리 어른들이 점점 타락시키고 있지 않습니까. 이 얼마나 큰 죄입니까.

또 아이들은 사랑에 대한 지식이 있습니다. 어려서 아무것도 모르는 것 같지요? 아닙니다. 물론 아직은 말도 못하고, 자기 이름도 모릅니다. 하지만 아이들은 누가 자기를 사랑하는지 감각으로 다 알고 있습니다. 사랑에 대해서는 애들이 아주 도사입니다. 확실히 할머니, 할아버지 얼굴이 예쁜 것은 아닙니다. 그러나 아이들은 압니다. '할아버지, 할머니는 나를 사랑하신다.' 그러니까 어린아이가 볼 때에는 할아버지, 할머니가 최고입니다. 우리 할머니가 세상에서 제일 예쁜 사람입니다. 왜요? 사랑하니까요. 사랑을 아니까요. 아, 사랑에 대한 아이들의 감각, 얼마나 예민한지 모릅니다. 지나가는 남의 어린아이가 여러분을 보고 방긋 웃지 않고 낯을 찡그리고 운다면 여러분한테 문제가 있는 것입니다. 여러분 얼굴에 뭔가 있는 것입니다. 안 그렇습니까? 어린아이들의 사랑에 대한 감각, 그 지능은 대단한 것입니다. 아이들은 다 압니다. 그래서 아이들은 사랑을 느낄 때 평안합니다. '저분이 나를 사랑해주신다.' 평안합니다. '할아버지, 할머니가 나를 사랑해주신다.'

저한테는 할아버지, 할머니, 아버지, 어머니가 계셨습니다. 아버지가 그당시로는 많이 늦은 나이인 41세에 저를 낳으셨기 때문에 저는 온 가족의 귀여움을 많이 받으며 자랐습니다. 한데 아버지는 저를 많이 때리셨습니다. 맞을 만하니까 맞았지만, 아버지가 저를 때리실 때마다 뭐라고 하셨는지 아십니까? "너, 이렇게 맞았다는 걸 할아버지께는 말하지 마라." 그도 그럴 것이, 제가 매를 맞았다고 할아버지께 이르면 당장 할아버지께서 우리 아버지를 불러다놓으시고 이렇게 꾸중하시니까요. "이놈아, 너는 뭘 잘했다고 감히 누구 손자를 때려?" 그러니까 저는 매를 맞으면서도 하나도 안 아픕니다. '내가 입만 열면 아버지는 죽어.' 그렇지 않습니까. 자신만만한 것입니다. 왜요? 할아버지께서 내 편이시니까요. 우리 집에서는 할아버지가 최고니까요. '할아버지가 나를 사랑하신다!' 그러니까 든든한 것입니다. 말 못하는 아이도 이런 것은 다 압니다. '나는 사랑받고 있

다!' 사랑에 대한 이 감각, 이것으로 사는 것입니다. 이것으로 웃고,
이것으로 건강한 것입니다. 사랑을 느끼고 확인할 때마다 그 사랑
하나만으로 행복한 것입니다. 다른 것은 아무것도 바라지 않습니다.
그저 할아버지 할머니가 사랑하시고, 아버지 어머니가 사랑하시고,
언니 동생이 사랑하는 그 사랑을 느끼기만 하면 그저 건강하게 자랍
니다. 아이들 한번 나무라보십시오. 사흘 뒤면 감기에 걸립니다. 병
원에 가야 됩니다. 사랑의 결핍이 그 존재를 침체시키는 것입니다.
사랑받는 마음에 의심으로 금이 가면 못 사는 것입니다. 이것이 병
의 원인입니다. 이걸 알아야 됩니다. 사랑을 느끼고 확인하면서, 아
니, 사랑 하나 만으로도 만족합니다. 더 바랄 것이 아무것도 없습니
다. 그렇게 행복합니다. 여러분은 지금 하나님의 사랑으로 행복하십
니까?

　또 하나, 절대신뢰입니다. 아이들은 부모님을 믿습니다. 사랑
을 믿습니다. 그 능력도 믿습니다. 심지어 마르틴 루터의 말대로 아
이들은 부모님이 전지전능한 줄로 압니다. 아버지는 모르는 게 없는
분입니다. 아버지는 못 하는 일이 없습니다. 어머니는 만능입니다.
아이들은 이렇게 믿고 있답니다. 그래서 평안한 것입니다. 고통은
이 믿음이 의심으로 깨지면서 옵니다. 여러분, 어린아이로부터 우리
는 배워야 합니다. 어린아이를 가르치려고 들지 말고, 배우는 자세
로 임해야 합니다. 우리는 어린아이가 내 마음대로 안 된다고 불평
할 것이 아니라, 하나님께서 내게 이 귀한 생명을 맡겨주신 것을 생
각하며 그저 감사한 마음으로, 감지덕지한 마음으로 아이를 대해야
합니다. 이 마음이 중요합니다.

　제가 아주 특별한 경험을 했습니다. 고등학교 2학년 남학생이

있습니다. 이놈이 말썽을 부려가지고 아버지 공장에서 일하는 예쁜 여직공을 건드려가지고 아이를 만들었습니다. 이거 어떻게 하면 좋습니까? 그놈 아버지가 장로입니다. 이 장로님, 그 소식을 듣고 선뜻 말합니다. "그놈 재주도 좋네. 당연히 결혼해야지!" 그래서 제가 그 고등학생 신랑신부의 결혼주례를 했습니다. 손자가 나왔습니다. 이 장로님, 얼마나 기쁘고 평안한지 모릅니다. 얼마나 그 손자를 예뻐하는지 모릅니다. 하지만 그 부인인 권사님은 아닙니다. 창피스럽고 부끄러워서 낯을 들지 못합니다. 세상에 도대체 이게 뭐하는 짓이냐, 이것입니다. 그래 제가 그 두 분을 앉혀놓고 어떻게 된 거냐고 물었습니다. 장로님은 저렇게 좋아하는데, 권사님은 이렇게 마음이 안 좋으니 말입니다. 사모님이 대답합니다. "저는 시골에서 나고 자랐는데, 어릴 때부터 예수를 믿고, 나중에 크면 무조건 예수 믿는 청년하고 결혼하겠다고 결심했지요." 그래서 남자가 예수 믿는다는 소리를 듣고 얼굴도 안 보고 결혼했답니다. 그런데 결혼을 하고 보니 남자한테 심각한 문제가 있었답니다. 아이를 만들 능력이 없는 것입니다. 알고 보니 남자가 예수 믿기 전에 아주 타락한 삶을 살았더라, 이것입니다. 그래 몸을 함부로 놀리다가 덜컥 국제성병에 걸렸던 것입니다. 그래 그걸 치료하느라고 고생고생 했는데, 그만 남자구실을 못하게 된 것입니다. 아이가 생기지를 않습니다. 이거 어쩝니까? 충분한 이혼사유가 되지요. 하지만 이 권사님, 참 착합니다. 이것도 하나님의 뜻이라고 받아들입니다. 예전에는 어쨌거나 지금은 예수 믿는 착한 사람이니 상관없다며 그냥 살았습니다. 그러다 어느 날 새벽기도에 두 사람이 함께 나왔는데, 기도하는 중에 갑자기 장로님이 안절부절못하며 이럽니다. "아이고, 뜨거워! 아이고, 뜨거워!" 곁에 앉아 있던 권사님이 아무리 조용히 하라고 해도 소용이 없습니다. 장로님은 자꾸만 이럽니다. "몸이 뜨거워서 그래, 몸이 뜨거워서!" 생식기능이 회복된 것입니다. 그래서 낳은 아이가 바로 문제의 그 아이입니다. 나무랄 수 있습니까? 그저 감지덕지지요. 하나님께서 내 죄를 용서하시고 주신 선물인데, 감히 뭘 어떻게 나무라겠습니까. 그저 감사할 뿐이지요. 나중에 그 문제의 아들이 장로가 되었습니다. 사위는 목사입니다.

제가 왜 이런 이야기를 하는지 아십니까? 이유를 묻지 마시고 그저 소중하게 여기십시오. 감사하십시오. 그리고 예수님 말씀대로 내 이름이 아니라 주의 이름으로 영접하십시오. 내 자식이 아닙니다. 주님의 자녀입니다. '주의 이름으로 영접하라. 주님을 대하듯이 대하라. 신앙적으로 대하라.' 하나님께서 주신 선물이고, 우리 집에 보내주신 귀한 손님입니다. 그저 잘 되어라, 하고 시간마다 감사하십시오. 이것이 자녀교육입니다. 부탁합니다. 제발 잔소리는 그만하십시오. 이제는 그저 고맙다고만 하십시오. 건강하니 고맙고, 공부해주니 고맙고, 술 안 먹어주니 고맙고, 그저 이렇게 잘 자라주니 고맙다고 하십시오. 그리고 하나님께 감사하십시오. 이럴 때 아이는 분명 하나님의 자녀로 자라게 될 것입니다. 예수님께서 간곡히 말씀하십니다. "네 이름으로 아니고, 내 이름으로, 주의 이름으로 저를 영접하라!" △

그 아버지의 소원

아들들아 아비의 훈계를 들으며 명철을 얻기에 주의하라 내가 선한 도리를 너희에게 전하노니 내 법을 떠나지 말라 나도 내 아버지에게 아들이었으며 내 어머니 보기에 유약한 외아들이었노라 아버지가 내게 가르쳐 이르기를 내 말을 네 마음에 두라 내 명령을 지키라 그리하면 살리라 지혜를 얻으며 명철을 얻으라 내 입의 말을 잊지 말며 어기지 말라 지혜를 버리지 말라 그가 너를 보호하리라 그를 사랑하라 그가 너를 지키리라 지혜가 제일이니 지혜를 얻으라 네가 얻은 모든 것을 가지고 명철을 얻을지니라 그를 높이라 그리하면 그가 너를 높이 들리라 만일 그를 품으면 그가 너를 영화롭게 하리라 그가 아름다운 관을 네 머리에 두겠고 영화로운 면류관을 네게 주리라 하셨느니라

(잠언 4 : 1 - 9)

그 아버지의 소원

제가 목회를 한 지가 이래저래 벌써 한 50년쯤 됩니다. 그동안 여러 가지 경험들이 있었고, 또 잊을 수 없는 추억도 많이 있었습니다마는, 가끔 이런 일도 있었습니다. 제가 인천에서 목회할 때니까 1960년대입니다. 아주 오래 전인데, 그때 특별한 사건이 있었습니다. 아버지가 위독하다며 그 아들이 황급히 저한테 달려와 이렇게 말합니다. "아버지께서 돌아가시기 전에 목사님을 뵙고, 회개하고 천국에 가실 수 있도록 도와주시기 바랍니다." 그래서 그 아들과 함께 서둘러 택시를 잡아타고 그 집으로 갔습니다. 그때만 해도 병원이 아니라 집에서 임종을 맞는 경우가 많았는데, 가서 보니 정말 그 아버지가 병상에 누워 있었습니다. 제가 알기로 그분 참 착한 아버지입니다. 어려운 살림에도 가족들을 위해서 수고를 많이 한 분입니다. 다만 한 가지 큰 병이 있었습니다. 술을 너무나 좋아합니다. 언젠가 한번은 심방을 갔더니 방 안의 벽에 걸린 달력이 온통 시뻘겠습니다. 날짜마다 다 빨간 색으로 동그라미를 쳐놓은 것입니다. 그래 제가 물었지요. "저게 뭡니까?" 그랬더니 답이 이랬습니다. "아버지가 술 드시고 들어오신 날입니다." 하여튼 그렇게 온 집안 식구들이 제발 술 좀 그만 드시라고 아무리 말려도 결국 끊지 못한 것입니다. 그리고 지금 세상을 떠나게 되었습니다. 제 기억에 그 사람 가끔 교회에도 나왔습니다. 그러면서도 술은 끊지 못했습니다. 그분이 이제 임종의 자리에서 제 손을 딱 잡으시고 병상 주위에 둘러앉은 아이들 삼형제를 향해 마지막으로 유언을 합니다. 딱 한마디입니다.

"술 먹지 마라." 끝. 그렇게 세상을 떠났습니다. 장례식에서 그분의 자녀들이 저한테 맹세했습니다. "저희 삼형제는 절대로 술을 안 먹을 겁니다. 맹세합니다." 그래서 제가 "그래, 그러자!" 하고 기도해 주었습니다. 그 셋 가운데 한 아들은 낮에는 고등학교를 다니고 저녁에는 성경학교를 다녔습니다. 얼마나 신앙이 좋은지, 교회에서 봉사도 많이 하는 착한 아이였습니다. 그 뒤로 어느 비가 많이 오던 날의 일입니다. 바로 그 신앙 좋은 아들이 술에 만취가 되어가지고 우리 집 앞에 와서 문을 두드리는 것입니다. 달려나가 보았더니 그 아들이 우산도 없이 비를 다 맞고 서 있다가 저를 보고는 큰 소리로 말합니다. "목사님, 죄송합니다. 피는 못 속입니다. 아버지가 딱 유언 한마디 술 먹지 말라고 하셨는데, 그 유언을 지키지 못하고 술을 먹고, 이게 너무 괴로워서 찾아왔습니다." 그래서 들어오라고 해가지고 같이 앉아서 얘기도 하고 기도도 했습니다. "어쩌다 그랬느냐?" 하니까 "이걸 벗어나기가 어렵습니다!" 합니다. 그 뒷이야기까지 해드리겠습니다. 그 아들, 나중에 목사가 되었습니다. 지금 강원도에서 목회하고 있습니다.

그 아버지가 마지막으로 그렇듯 소중하게 아들 삼형제한테 전해준 "술 먹지 마라!"라는 그 한마디의 유언을 그 자식이 지킬 수가 없더라고요. 지키기가 힘들더라고요. 그러나 그 유언, 얼마나 소중합니까. 일생을 통틀어 그거 하나 깨달은 것이거든요. 그 한 가지 깨달음을 자식에게 유언으로, 유산으로 물려주려고 한 것 아닙니까. 지식과 지혜는 다릅니다. 지식이란 머리로 생각하고 논리적으로 깨닫는 것입니다. 그리고 납득을 하면 그것이 지식이 됩니다마는, 지혜라는 것은 경험을 통해야 합니다. 경험적 가치가 더해질 때 그것이 지혜입니다. 머리로 아는 것이 아닙니다. 몸으로 깨닫고 아는 것입니다. 그것이 지혜입니다. 아버지의 교훈은 그 깊은 곳에 있습니다. 엄청난 경험을 하고, 그 경험에서 얻은 바, 정리된 진리를 말합니다. 딱 한마디. 그것이 바로 아버지의 교훈입니다. 부모의 교훈에는 때로 잔소리가 많습니다. 요샛말로 하면 네거티브가 많습니다. '하지 마라. 하지 마라. 하지 마라. 이것도 하지 마라. 저것도 하지 마라.' 그렇지요? 이게 자녀들은 귀찮습니다. 그만 듣고 싶습니다. 그래서 "제발 좀 그만!" 합니다. 그러나 부모님은 또 말하고 싶습니다. 왜 그러겠습니까? 심리학자들이 이걸 분석해보니까 다른 것이 아닙니다. 자기 경험의 간증입니다. 자기가 다 해보았거든요. 자기가 잘못했거든요. "나는 잘못했으니까 너는 잘해라." 그래서 하지 말라는 것입니다. 하지 마라, 하지 마라, 하지 마라…… 아주 듣기 싫은 고역이지만, 한 번만 더 깊이 생각해보십시오. '얼마나 마음이 아프셨으면……' 그 말 한 마디가 유언과 같은 것입니다. 꼭 들어야 됩니다. "하지 마라!" 속에는 '제발 이건 안 된다!' 하는 부모님의 지혜가 담겨 있습니다.

목회를 하는 동안 임종을 많이 보게 됩니다. 기억나는 여러 가지 사례들이 있습니다. 아까 말씀드린 대로 유언하면서 "술 먹지 마라!" 하는 사람도 있고, 어느 할머니는 세상을 떠나는데 참 놀라웠습니다. 자녀들을 다 앞에 모아놓고 이렇게 말합니다. "너희들, 잘 들어라. 세상에는 나쁜 사람이 많다. 그러나 좋은 사람이 더 많다." 그게 마지막이었습니다. 훌륭한 할머니 아닙니까. 세상에 나쁜 사람이 많다? 아닙니다. 좋은 사람이 더 많습니다. 그것이 일생동안의 경험이요, 간증입니다. 어떤 분은 "화내지 마라!" 합니다. 자기가 30

세 때 한번 크게 화를 내어서 큰 사건이 된 일이 있었답니다. 그 뒤로 절대 화를 내지 않겠다고 맹세했답니다. 그분이 빙그레 웃으면서 한마디 합니다. "화를 내지 않으면 나만큼 사느니라." 그때가 그분 나이 90세입니다. "미워하지 마라. 미워하면 남을 괴롭히는 게 아니라 나 자신을 괴롭히고 망하느니라." "욕심 부리지 마라. 내 일생은 욕심 때문에 망했느니라." 어떤 아버지는 딱 한 마디 하더라고요. "교회 열심히 다녀라. 한 번도 결석하지 마라. 어떤 일이 있어도 주일은 꼭 교회 나가라." 그 한마디 유언을 하고 세상을 떠나는데, 얼마나 목사로서 고마운지요? 그런 유언하는 사람도 있더라, 이것입니다.

여기서 한 가지 생각해야 될 것이 있습니다. "하라!"라는 말도 있고, "하지 마라!"라는 말도 있는데, "하라!"라고 말할 때 이것은 주관적입니다. 자기가 직접 경험해보고 나서 얻은 깨달음이기 때문에 독선적입니다. 내가 해봤으니 너도 이렇게 해라, 저렇게 해라…… 자녀 입장에서는 사실 듣기 어렵습니다. 그러나 "하지 마라!"는 자기가 실패한 경험에서 나오는 말입니다. 뼈아픈 간증이지요. 내가 그렇게 했다가 이리 되었으니, 너는 제발 나처럼 살지 마라…… 그러니 여러분, 이제 어떻게 생각하면 좋겠습니까? 우리는 어차피 인생을 깨닫고 경험하고, 깨닫고 경험하고…… 이렇게 반복적으로 삽니다마는, 모든 것을 다 경험할 수는 없지 않습니까. 어찌 다 경험하고, 후회하고, 뉘우치고 하겠습니까. 되돌아갈 수도 없습니다. 부모님 일생의 교훈, 그 뼈아픈 유훈을 내가 잘 받아들이면 내 일생은 거기서부터 출발하는 것입니다. 그러니까 성공적인 것이지요. 그래서 부모의 교훈은 선한 것입니다. 오늘본문도 말씀하니다. '부모님의 교훈은 선한 것이다.' 내가 악할지라도 부모님은 선하십니다. 왜요? 자식에게만은 선을 원하니까요. 그래서 선한 그 속에 있는 교훈, 감사히 받아야겠지요? 자녀를 사랑해서 하는 말입니다. "나처럼 살지 마라." 거기에 묵시가 있습니다. 엄청난 간증이 그 속에 있습니다. "제발 나처럼 살지 말아다오." 그런가하면 그것은 지혜의 교훈입니다. "이 나이가 되고서 이제야 내가 알았다. 전에는 잘못 살았으나, 이제는 내가 알 것 같다. 그러니 이 말을 꼭 들어라." 이 얼마나 중요한 교훈입니까. 그리고 종말론적이기도 합니다. 귀중한 유훈과 같은 것입니다.

오늘본문에 나오는 아버지, 다윗 왕입니다. 그 아들은 솔로몬입니다. 아버지가 이렇게 말합니다. "내 말을 마음에 두라. 내 말을 마음에 두라. 머리에 두는 게 아니고, 가슴에 두라. 이 교훈을 사랑하라. 이 교훈을 존중하라." 이 얼마나 귀중한 교훈입니까. 마음에 두라— 그리고 이 말씀을 통찰하면 딱 한마디입니다. '지혜를 얻으라. 지혜를 얻으라.' 열왕기상 3장 9절에서 솔로몬이 하나님 앞에 지혜를 구합니다. 하나님께서 솔로몬에게 말씀하십니다. "너는 내게 구하라. 내가 네게 무엇을 줄까?" 그때 솔로몬 나이 21살입니다. 그 나이에 왕이 되었으니 뭘 알겠습니까. 그저 답답하고 두렵지 않겠습니까. 그는 하나님 앞에 나아가 1천 번제를 드리고 기도합니다. 그때 하나님께서 물으십니다. "너는 내게 구하라. 내가 네게 무엇을 줄까?" 21살입니다. 그때에 솔로몬이 구합니다. "하나님이여, 지혜를 주시옵소서." 이 '지혜'라는 말은 히브리어로 '레브세미트'인데, 더 의미가 있습니다. '레브'는 '마음'이라는 뜻이고, '세미트'는 '듣는다'는 뜻입니다. 옛날 번역으로는 'hearing heart(듣는 마음)'라고 했습니다. 지혜입니다. 직역하면 이렇습니다. "하나님이시여, 듣는 마음을 주시옵소서!" 누구의 말씀을요? 아버지 말씀을요. "부모님의 말씀을 듣는, 하나님의 말씀을 듣는 마음을 주십시오." 이 딱 한 가지를 구한 것입니다. 하나님께서 크게 칭찬하시고 전무후무한 지혜를 주셨습니다. 솔로몬은 지혜의 왕입니다. 오늘도 솔로몬 하면 지혜고, 지혜 하면 솔로몬으로 통합니다. 지혜의 대명사입니다. 솔로몬의 그 지혜가 어디에서 왔습니까? 오늘본문을 자세히 살펴보면 아버지로부터 들은 것입니다. 21살 그 어린 나이에 무슨 지혜가 있겠습니까. 아버지의 교훈을 들은 것입니다. 잘 듣고 나니까 지혜가 된 것입니다. 듣는 마음이 지혜요, 듣는 자세가 지혜였다는 말씀입니다. 아버지로부터 듣습니다. 아버지는 말합니다. "지혜를 들으라. 지혜가 제일이다. 지혜가 제일이니 아무것도 바꾸지 마라." Sophia, 지혜는 말입니다. 먼저는 지혜를 얻으라고 했고, 지혜를 버리지 말라고 했습니다. '지혜를 사랑하고, 지혜를 품으라. 지혜를 성품화하라. 지혜를 사랑하라. 지혜를 최고의 것으로 사랑하라.' 아버지로부터 들은 말입니다. 솔로몬이 솔로몬 될 수 있었던 것은 그 아버지의 지혜를 들었기 때문입니다. 아버지는 파란만장하게 살았습니다. 전쟁을 많이 치렀습니다. 실패도 많았고, 허물도 많았습니다. 그 아버지가 준 교훈을 21살의 솔로몬은 잘 들었습니다. 잘 소화했습니다. 그리고 또 말합니다. 아버지가 내게 가르쳐주셨다. '지혜가 제일이니 지혜를 얻으라. 지혜를 버리지 마라. 지혜를 사랑하라. 그러면 너를 사랑하리라. 지혜를 높이라. 너는 높아질 것이다.' 여러분, 지혜를 얻어야 합니다.

영국의 유명한 정치가에 우리가 다 아는 처칠이라고 있지 않습

니까. 그가 많은 사람들에게 존경을 받으면서 한창 잘 나갈 때에 어
떤 작가가 이렇게 궁금해했습니다. '처칠경이 이렇게 훌륭한 인격자
요, 훌륭한 지도자가 되었는데, 저 사람을 일생동안 가르친 사람이
누구일까? 그 선생들이 누구일까?' 그래서 유치원 선생부터 시작해
서 대학 교수까지 처칠에게 영향을 끼쳤다고 생각되는 분들을 전부
모아서 책을 한 권 썼습니다. '이런 사람들에 의해서 처칠이라는 사
람이 나왔다.' 그런데 처칠이 그 저자를 불러가지고 말했습니다. "자
네, 이거 나를 위해서 너무 칭찬도 많이 해주고, 좋은 글을 써주어서
고맙네마는, 중요한 것을 하나 빠트렸네. 내가 나 되는 데에 가장 중
요한 스승은 내 어머니야. 당신은 그걸 잊어버렸어." 여러분, 어머니
의 교훈, 그 아버지의 훈계가 얼마나 중요합니까. 긍정적이건 부정
적이건, 깊이 생각하면 전부 지혜입니다. 그 속에 지혜의 샘이 있습
니다.

　신학자 메리 파이퍼(Mary Pipher)는 「The Shelter of Each
Other(서로의 은신처)」라는 유명한 책에서 이렇게 말합니다. 참 중요
합니다. '노인에 대한 사랑은 곧 자기 미래에 대한 사랑이다.' 효자
는 효자를 낳습니다. 이걸 잊지 말아야 합니다. 그런고로 내가 부모
님께 효도하는 순간, 이제 다음에는 또 내가 내 자식으로부터 효도
를 받게 됩니다. 이런 큰 연관 속에서 우리는 살아갑니다. 효가 있는
가문에서는 효가 이어집니다. 불효가 있으면 당장 불효자를 낳습니
다. 그리고 배반당하는 것을 보지 않습니까. 너무나 엄격합니다. 여
러분, 깊이 생각하십시다. 부모의 소원이 있습니다. 이것은 자기가
행하고 나서 "나를 닮아라!" 하는 얘기가 아닙니다. 이것은 내가 못
한 것에 대한 소원입니다. "내가 못했으니 너희들은 해라. 나는 부족

했으니 너희는 온전해라." 간절한 부탁입니다. 이 소원, 부모님 마음 속에 있는 이 선한 소원, 사랑의 소원, 진실한 소원, 거룩한 소원, 이 소원에 부응하고, 이 소원을 들어드려야 됩니다. 이 소원에 응답하는 자녀가 되어야 합니다. 부모님의 소원을 잘 듣고, 이에 따라 살면 지혜를 얻습니다. 영원한 지혜를 얻을 것입니다.

저는 고향을 일찍 떠났기 때문에 이제는 부모님을 뵐 수도 없습니다마는, 제가 자나 깨나 길을 갈 때나 올 때나 아버지께서 제게 가르쳐주신 한마디, 한마디가 다 기억이 납니다. 마음속에 깊이 새겨져 있습니다. 언젠가부터 제가 그걸 기록하기 시작했습니다. 그래 제 수첩의 첫 페이지에다 써놨습니다. '나의 아버지의 교훈'이라고요. 가만히 보면 별 일 아닌 것 같아도 아버지는 지혜로우셨습니다. "약속한 것은 반드시 지켜라. 누구 다른 사람을 위해서가 아니라, 너 자신을 위해서다. 약속을 어기는 순간, 나 자신이 무너지는 것이다. 그런고로 약속은 해로울지라도 지켜라." 이런 이야기가 있습니다. '놀 도깨비는 복은 못 주어도 화는 준다.' 그러니까 도깨비를 잘 다스려라, 그 말이지요. '문제를 문제시 하지 않으면 문제가 안 된다.' 문제에 성격이 있는 것이 아닙니다. 내가 문제시하니까 문제가 되는 것입니다. 이런 재미있는 이야기가 있습니다. '무식한 도깨비 부적도 모른다.' 부적 써 붙이면 뭘 합니까? 글을 볼 줄 모르는데요? 그러니까 무식한 사람은 도리가 없다는 말입니다. 좋은 말들이 많이 있습니다. '공짜 좋아하면 오래 못 산다.' '어떤 집에서도 물건 값을 깎지 마라. 그거 깎아가지고 부자 된 사람 없다.' 그렇습니다. 그냥 많이 주고 사십시오. 그게 좋은 겁니다. '어떤 일에도 변명하지 마라.' '효자는 아버지 떠난 뒤 3년 내에 외양간을 수리하지 않는다.'

아주 귀한 말씀입니다. 유명한 이야기가 있습니다. 소망교회에 있을 때 제가 많이 써서 유명해진 말입니다. '개는 짖어도 기차는 간다.' 그렇습니다. 하나님의 뜻이 무너질 수 없지요. 개 몇 마리 짖는다고 기차가 멈춥니까? 이 얼마나 중요한 교훈입니까.

특별히 제가 오래오래 두고 새기는 말이 하나 있습니다. '장기나 바둑을 두지 마라. 도박을 하지 마라. 딱 마주 앉아가지고 누구 돈을 따 먹겠다는 거냐? 누구를 속이겠다는 거냐? 이 도박장을 딱 쥐고 앉아 있는 그 마음씨가 아주 고약한 것이다. 그런고로 절대로 도박을 하지 마라.' 그래서 저는 지금도 바둑, 장기를 못 둡니다. 너무 너무 잘했다고 생각합니다. 그거 남 속이려고 앉아서 머리 쓰고, 머리 굴리고 있는 그 꼴이 그게 뭡니까? 그건 절대 안 된다는 것입니다. 여러분, 어른들이 얼마나 많은 경험을 하고, 얼마나 뼈아픈 경험속에 이걸 깨달았겠습니까. 그리고 알게 모르게 자식에게 가르칩니다. 여러분, 다 잊어도 좋습니다. 부모님을 기쁘게 해드리는 것은 부모님의 교훈을 새기는 것입니다. 교훈을 따라 살 때 부모님을 기쁘게 해드릴 수 있는 것입니다. 효도란 부모님의 깊은 소원을 들어드리는 것입니다. 깊은 소원을 흡족하게 들어드릴 때에 부모님은 만족합니다.

저는 유명한 맥아더 장군의 그 '자식을 위한 기도문'을 좋아합니다. 그 마지막 말이 이렇습니다. '그리하여 나로 하여금 세상을 헛되이 살지 아니하였다 하게 하옵소서.' 내 자식이 이렇게 이렇게 하므로 그리하여 내가 세상을 헛되이 살지 아니하였다 하게 하옵소서! 맥아더 장군의 기도문의 마지막 문장입니다. 여러분, 부모님의 소원을 잘 들어드리십시오. 부모님 스스로 생각하실 때에 '내가 세상을 헛되이 잘못 살지 않았다!' 하는 만족감을 가지고 세상을 가실 수 있도록, 그렇게 하나님께 감사하실 수 있도록 살아야 합니다.   △

하나님이 찾으시는 그 열사람

그 사람들이 거기서 떠나 소돔으로 향하여 가고 아브라함은 여호와 앞에 그대로 섰더니 아브라함이 가까이 나아가 이르되 주께서 의인을 악인과 함께 멸하려 하시나이까 그 성 중에 의인 오십 명이 있을지라도 주께서 그 곳을 멸하시고 그 오십 의인을 위하여 용서하지 아니하시리이까 주께서 이같이 하사 의인을 악인과 함께 죽이심은 부당하오며 의인과 악인을 같이 하심도 부당하니이다 세상을 심판하시는 이가 정의를 행하실 것이 아니니이까 여호와께서 이르시되 내가 만일 소돔 성읍 가운데에서 의인 오십 명을 찾으면 그들을 위하여 온 지역을 용서하리라 아브라함이 대답하여 이르되 나는 티끌이나 재와 같사오나 감히 주께 아뢰나이다 오십 의인 중에 오 명이 부족하다면 그 오 명이 부족함으로 말미암아 온 성읍을 멸하시리이까 이르시되 내가 거기서 사십오 명을 찾으면 멸하지 아니하리라 아브라함이 또 아뢰어 이르되 거기서 사십 명을 찾으시면 어찌 하려 하시나이까 이르시되 사십 명으로 말미암아 멸하지 아니하리라 아브라함이 이르되 내 주여 노하지 마시옵고 말씀하게 하옵소서 거기서 삼십 명을 찾으시면 어찌 하려 하시나이까 이르시되 내가 거기서 삼십 명을 찾으면 그리하지 아니하리라 아브라함이 또 이르되 내가 감히 내 주께 아뢰나이다 거기서 이십 명을 찾으시면 어찌 하려 하시나이까 이르시되 내가 이십 명으로 말미암아 그리하지 아니하리라 아브라함이 또 이르되 주는 노하지 마옵소서 내가 이번만 더 아뢰리이다 거기서 십 명을 찾으시면 어찌 하려 하시나이까 이르시되 내가 십 명으로 말미암아 멸하지 아니하리라 여호와께서 아브라함과 말씀을 마치시고 가시니 아브라함도 자기 곳으로 돌아갔더라

(창세기 18 : 22 - 33)

하나님이 찾으시는 그 열사람

세계적인 역사가인 아놀드 토인비의 「역사의 연구(A Study of History)」는 아주 유명한 책입니다. 분량도 열두 권으로 방대합니다. '도전과 응전'을 주제로 역사에 대한 아주 깊은 통찰을 보여줍니다. 그의 이론 가운데에서 가장 중요한 것은 '소수의 지도력'입니다. 우리는 흔히 전체가 다 잘되기를 바라지만, 실상은 그렇지가 않습니다. 언제나 적은 수, 소수가 문제입니다. 이와 관련하여 그는 유명한 말을 합니다. 'Dominant Minority. Creative Minority.' Majority가 아니고, Minority입니다. 소수입니다. Dominant Minority는 소수의 정치적인 지배층, 경제적인 지배층을 말합니다. 우리나라도 그렇지 않습니까. 이 살아남기 어려운 세계시장에서 몇몇 굴지의 회사들이 우리경제를 이끌고 있지 않습니까. 이 지배적인 소수에 나라의 운명이 걸려 있는 것입니다. 또 Creative Minority는 창의적인 소수의 사람들을 말합니다. 그래서 예술가라든가, 철학자라든가, 교육자라든가, 또는 음악가라든가 하는 창의적인 소수의 문화인들, 그 몇몇 사람들, 그 소수의 지도력과 영향력이 엄청난 것입니다. 토인비는 말합니다. '그들 소수가 우리의 운명을 결정한다. 역사는 그렇게 말한다.' 참 중요합니다.

우리는 물질적인 풍요를 바랍니다. 온 백성이 다 잘되기를 바랍니다. 모두가 선하기를 바랍니다. 하지만 물질적으로 풍요로워서 잘된 민족 없습니다. 잘된 나라도 없고, 잘된 개인도 없습니다. 이걸 알아야 합니다. 우리는 앞뒤 재지도 않고 그저 풍요롭기만을 원하고, 잘살기만을 원합니다. 아니올시다. 먼저 올바르게 살아야 합니다. 백성들의 깊은 도덕성에 그 나라의 진짜 운명이 걸려 있는 것입니다. 문제는 지도층의 도덕성입니다. 아주 심각합니다. 정치적으로, 경제적으로, 교육적으로, 사회적으로 몇몇 지도층이 나라의 운명을 좌우합니다. 그들의 도덕성, 우리가 잘 알고 있지 않습니까. '우리가 진심으로 존경할 만한 사람이면 좋겠는데, 어쩌다가 저따위 인간들이 저런 자리에 있게 됐나?' 이런 생각이 들면 우리는 그만 낙심하고 맙니다. 특히나 젊은사람들은 실의에 빠져 술이나 퍼먹게 됩니다. 망조입니다.

　지도층한테서 조금이라도 좋은 이야기, 아름다운 이야기, 감동적인 이야기가 들려오면 얼마나 좋겠습니까. 하지만 신문이나 방송을 보면 그저 이 지도층들의 한심한 작태로 가득합니다. 도대체 이걸 어찌하면 좋겠습니까. 우리의 운명에 커다란 영향을 끼칠 수 있는 이 Minority, 이 소수의 지도층, 얼마나 중요합니까. 이 소수가 문제입니다. 역사는 알려줍니다. 세상이 몇 사람 때문에 망하고, 몇 사람 때문에 잘되고, 몇 사람으로 인해서 살고, 몇 사람 탓으로 곤두박질합니다. 여러분도 잘 아시지 않습니까. 역사를 보십시오. 그 몇 사람 때문에 온 세계가 이렇게 어려워지지 않았습니까. 지도층의 문제입니다. 지도층이 문제입니다. 소수의 문제, 마이너리티의 문제다, 이것입니다.

　오늘본문에 나오는 소돔과 고모라는 너무나 유명합니다. 성경적으로도, 사회적으로도, 역사적으로도 아주 유명한 이야기입니다. 창세기 13장 10절에서 롯이 눈을 들어 바라본 소돔 땅이 이랬습니다. "온 땅에 물이 넉넉하니 …… 여호와의 동산 같고 애굽 땅과 같았더라." 그래서 롯이 소돔을 택한 것입니다. 너무나 풍요로운 곳입니다. 물이 넉넉하고, 여호와의 동산 같은 곳입니다. 롯이 그 소돔으로 가서 살게 됩니다. 풍요합니다. 넉넉합니다. 하지만 타락했습니다. 아주 극도로 타락했습니다. 도덕적인 타락이 극심합니다. 결국 하나님께서 심판하십니다. 독일의 문호 헤르만 헤세는 인간에게는 인간을 유혹하는 세 가지 시험이 있다고 말합니다. 첫째는 거친 육체적 욕망입니다. 타락에는 반드시 육체적 욕망, 더러운 욕망, 끝없는 욕망이 원인으로 작용합니다. 둘째는 저 혼자 잘났다고 하는 교만입니다. 누구나 사람들 마음속에는 교만이 있습니다. 교만해서 싸우고, 교만해서 번민하고, 교만해서 망하는 것입니다. 셋째는 졸렬하고 불손한 이기심입니다. 끝까지 자기 밖에 생각할 줄 모르는 이기심, 이것이 망조입니다. 멸망의 원인입니다.

소돔과 고모라는 죄악으로 망하게 됩니다. 물질이 없는 것이 아닙니다. 굶어죽는 것이 아닙니다. 전쟁이 일어난 것도 아닙니다. 도덕적인 타락으로 말미암아 하나님께서 직접 내리치십니다. 그것이 소돔과 고모라입니다. 오늘날 우리가 직접 가서 볼 수 있는 사해바다가 바로 소돔과 고모라가 있던 땅입니다. 멀쩡했던 땅이 밑으로 꺼져 들어가서 사해가 된 것입니다. 잠언 14장 34절은 말씀합니다. "의는 나라로 영화롭게 하고 죄는 백성을 욕되게 하느니라." 나라가 망하든 개인이 망하든, 망할 때에는 죄 때문에 망하는 것이지, 없어서 망하는 것이 아닙니다. 다른 아무 이유가 없습니다. 죄 때문에 망하는 것입니다. 특별히 '소돔'이라는 말은 우리가 다시 한 번 생각해봐야 됩니다. 영어사전을 찾아보면 Sodomite라는 말이 나옵니다. '소돔사람'이라는 뜻인데, 그 이면의 의미를 해석하면 Homosex라는 뜻입니다. 소돔 땅은 성(性)으로 인해서, Sex로 인해서 망한 곳입니다. 성적인 타락입니다. 하도 더럽고 잡스러워서 하나님께서 더는 보실 수가 없어 쓸어버리신 것이 소돔과 고모라입니다. 오늘 본문의 핵심이 무엇입니까? "의인을 악인과 함께 멸하시려나이까(23절)." 소돔은 죄로 망할 것입니다. 그러나 하나님께서는 의인을 감찰하십니다. 어디든지 멸망이 있을 때 의인이 망하는 것을 내버려두지 않으십니다. 단 한 사람이라도요. 반드시 의인은 건져내십니다. 걱정하지 마십시오. 여러분이 의롭게만 살면 그 어느 곳에 있든지, 어떤 처지에서라도 하나님께서는 의인을 감찰하십니다. 이걸 알아야 합니다.

특별히 구약성경을 자세히 연구하다보면 큰 충격을 받습니다. 노아의 홍수라고 하는 엄청난 심판이 있는데, 바로 그 직전에 에녹이라는 한 사람, 하나님과 동행하는 그 의로운 사람을 하나님께서 부르시어 승천하게 하십니다. 에녹을 그 홍수 속에서 미리 구원하신 것입니다. 의인을 감찰하신 것입니다. 걱정하지 마십시오. 어디 가서 숨어 있더라도 하나님께서는 당신의 백성을 감찰하시고 구원하십니다. 그리고 소돔과 고모라가 망할 때, 그리 시원치는 않습니다마는, 여덟 식구를 구원하십니다. 노아의 홍수, 엄청난 사건이 일어납니다. 거기서 노아의 여덟 식구를 구원하십니다. 오늘 본문에 나타난 대로 소돔과 고모라가 망합니다. 그러나 롯과 그 식구를 하나님께서는 건져내십니다. 그리고 소돔과 고모라를 내려치십니다. 그렇게 롯의 식구를 하나님의 심판에서 벗어나도록 하신 것을 볼 수 있습니다. 걱정하지 마십시오. 하늘 아래 어디 가서 있든지 하나님께서는 당신의 의로운 사람들을, 그 사랑하시는 사람들을 건져내십니다. 이것이 하나님의 뜻입니다. 이보다 더 중요한 의미가 오늘본문에 있습니다. 의인이 있으면 그 의인으로 말미암아 나머지 전체까지도 사하시겠다는 것입니다. 사하신다기보다는 기다려주신다고 해야 옳겠지요? 지금 바로 멸망시키지 않으십니다. 왜요? 그 의인이 영향을 끼쳐서 온 백성이 올바로 살게 되기를 하나님께서는 기대하시기 때문입니다. 그런고로 의인이 필요합니다. 의인 몇 사람만 있으면 하나님께서는 그 몇 사람을 보시고 전체를 용서하십니다. 기다려주십니다. 이걸 잊지 말아야 합니다.

　오늘도 우리는 우리나라 백성, 경제, 정치, 문화가 다 마음에 안 듭니다. 하지만 너무 걱정하지 마십시오. 여러분들만 바른 믿음으로 바르게 살면 하나님께서는 여러분을 보시고, 여러분으로 말미암아 온 백성, 온 나라에 은총을 내리실 것입니다. 이것이 하나님의 뜻입니다. 예레미야 5장 1절에는 더 절절한 말씀이 있습니다. "너희는 예루살렘 거리로 빨리 다니며 그 넓은 거리에서 찾아보고 알라 너희가 만일 정의를 행하며 진리를 구하는 자를 한 사람이라도 찾으면 내가 이 성읍을 용서하리라." 의인 한 사람만 있어도 전체를 용서하리라, 이것입니다. 이 얼마나 애타는 하나님의 절규입니까. 의인이 한 사람도 없다는 것입니다. 한 사람만 있으면 이 성읍을 사하리라고 하나님께서는 말씀하십니다. 이것이 하나님의 뜻입니다.

　오늘본문에서 아브라함은 하나님 앞에 두려운 가운데 벌벌 떨면서 기도합니다. "하나님, 소돔과 고모라는 죄로 인해서 망하는 것이 마땅합니다. 죽어 마땅하고, 멸망해서 마땅합니다마는, 의인 50명이 있다면 어떻게 하시겠습니까? 그 50명과 죄인을 함께 멸하시겠습니까?" 하나님께서 답하십니다. "아니다. 그렇다면 50명은 절대 망하지 않을 것이다. 나아가 그 50명 때문에 소돔과 고모라 전체를 용서하겠다." 이제 아브라함이 두려운 가운데서 다시 여쭈어봅니다. "다섯 사람이 모자라면 어떻게 하시겠습니까?" 하나님께서 말씀하십니다. "45명도 좋다. 30명도 좋다." 마지막에는 두려운 가운데 아브라함이 말합니다. "의인 10명 있다면 어떻게 하시겠습니까?" "그 10명으로 말미암아 온 성을 사하리라." 하나님께서 약속하십니다. 아브라함은 더는 구할 수가 없었습니다. '5명만 있다면……' 그럴 수가 없었습니다. 아브라함은 마음속으로 지금 '의인이다, 의인이다……' 하고 있지만, 사실은 아브라함도 알고 있습니다. 거기에 의인은 없습니다. 이렇게 거듭 구하는 것은 조카 롯 때문입니다. 자기 조카가 거기에 있거든요. 그 식구가 있거든요. 아브라함은 하나님께 감히 자기 조카 롯을 살려달라는 말은 못한 것입니다. 죄인이면 그도 망해야지요. 그런고로 하나님께서는 말씀하십니다. "의인이 10명만 있다면, 그래도 그 의인 10명 때문에 온 소돔을 사할 것이다." 이렇게 하나님께 약속을 받고 아브라함은 돌아갑니다.

하나님께서 그 아브라함의 속을 모르시겠습니까. '저것이 자기 사랑하는 조카 롯 때문에 저렇게 벌벌 떨면서 간구하는구나!' 그래서 창세기 19장 29절에 귀한 말씀이 있습니다. "하나님이 아브라함을 생각하사 롯을 그 엎으시는 중에서 내보내셨더라." 사실 롯은 별로 의로운 사람이 못 됩니다. 그러나 아브라함의 기도 때문에 그 조카 롯과 그 식구를 하나님께서는 구원하십니다. 좀 더 깊은 말씀을 드리고 싶습니다. 바로 실존적 해석입니다. 하나님께서는 전체가 온전해지기를 바라지 않으십니다. 단 한 가지라도 옳다면 바로 그 한 가지를 보시고 나머지 전체를 다 용서하십니다. 이것이 바로

Justification, 의롭다고 하는 교리의 기본입니다. 의롭다는 것이 무엇입니까? 의가 아닙니다. 선도 아니고, 깨끗한 것도 아닙니다. 그러나 한 가지 의로운 것이 있을 때 그걸 보시고 전체를 용서하시는 것입니다. 여러분, 사랑은 허다한 허물을 덮습니다. 한 가지 소중한 것이 있으면 다 예쁘게 볼 수 있습니다. 다 착하게 볼 수 있는 것 아닙니까. 이것이 하나님의 속성이요, 하나님의 사랑의 의미입니다. 여러분, 세상을 탓하지 맙시다. 내가 하나님 앞에 나 하나만이라도 바로 되면 하나님께서는 나를 보시고 온 백성을 사랑하실 뿐만 아니라, 당신의 의로움을, 사람을, 당신의 자녀를 끝까지 지키실 것입니다. 성경을 보면 더욱더 귀한 증거를 볼 수 있습니다.

　여러분 아시는 대로 아브라함은 그렇게 의로운 사람이 아닙니다. 하나님께서 주신 약속의 땅을 바라보고, 거기 머물다가도 흉년이 되니까 또 애굽으로 피난도 가고, 마누라를 잃어버릴까봐 마누라를 누이동생이라고 거짓말도 합니다. 실수가 많은 사람입니다. 아들을 준다고 했으면 좀 끝까지 기다리든지, 그걸 못 기다려서 첩을 얻습니다. 보면 못된 것이 많습니다. 아브라함, 잘못한 일이 너무나 많습니다. 언젠가 제가 목회할 때 인물중심으로 강의를 한 적이 있습니다. 아브라함, 모세…… 이렇게 강의해나가다가 아브라함에 대한 이야기를 하는데, 내용이 좀 길어서 두 번에 나누어 한 번은 아브라함이 실수한 것만 하고, 나머지 한 번은 아브라함이 잘한 것만 했습니다. 아브라함의 실수만 전부 골라가지고 강의를 하고 집에 가니까 아내가 저를 부릅니다. "여보, 여보!" "왜요?" "믿음의 조상 아브라함을 그렇게 난도질해도 되는 거예요?" 그래서 제가 그랬습니다. "사실을 말했을 뿐이오." 아브라함 별 사람 아닙니다. 실수가 많습

니다. 보통사람입니다. 그러나 그에게는 믿음이 있었습니다. 하나님
의 말씀이 들릴 때마다 믿었습니다. 25년을 기다리고도 아이가 없었
습니다. 아내는 90세요, 자기는 100세입니다. 그런데도 내년 이때에
아들을 낳으리라 하시니까 그대로 믿었습니다. 하나님께서 그 아브
라함의 믿음을 귀하게 보시고 아브라함을 의롭다하십니다. 이것이
바로 기독교 교리의 핵심입니다. 믿음 하나만 보시고 전체를 용서하
시고, 기쁘게 받아주신 것입니다. 모세라는 사람, 실수가 얼마나 많
습니까. 혈기도 있고요. 그러나 모세에게는 충성이 있었습니다. 솔
로몬도 마찬가지입니다. 실수가 많은 사람입니다. 그러나 그는 지혜
로운 사람이었습니다. 작은 의를 크게 보시고 나머지 전체를 의롭다
하시는 것이 하나님의 사랑의 속성입니다.

　　유명한 알렉산더 대왕의 재미있는 일화가 있습니다. 그가 온 세
계를 정벌할 때 어떤 작은 나라를 쳐들어갔습니다. 그래 왕과 그 가
족들을 전부 포로로 잡았습니다. 벌벌 떨고 있는 그들의 목을 이제
칠 판입니다. 그때 알렉산더 대왕이 그들에게 이렇게 물었답니다.
"이 사람아, 만일에 당신의 자녀, 아들, 딸 들이 있는데, 아들들을
내가 석방해주면 자네는 내게 어떻게 하겠나?" "예, 전 재산의 절반
을 드리겠습니다." "그래, 고맙구먼. 그 다음에 당신을 놓아주면 어
떻게 하겠나?" "온 재산을 다 드리겠습니다." 거기에 예쁜 왕후가 있
습니다. "당신의 이 예쁜 마누라를 놔주면 어떻게 하겠나?" 그러니
까 왕이 서슴지 않고 말합니다. "제 생명을 드리겠습니다." 그래서
알렉산더 대왕이 빙그레 웃으면서 이랬다는 것입니다. "이렇게 자기
마누라를 사랑하는 사람은 죄를 짓지 않아." 그러면서 다 놔주라고
했답니다. 여러분, 참으로 사랑할 때 그 사랑으로 말미암아 모든 허

물을 덮게 됩니다. 사랑은 허다한 허물을 덮습니다.

제가 목회할 때 가정상담을 좀 해봤습니다. 부부가 찾아와서 둘 사이에 얼마나 사이가 나빠졌는지 말하면서 허구한날 못 살겠다고 싸우고 또 싸우다가 마침내 이혼하겠다고 합니다. 어린애가 셋인데, 너무나 안 됐잖아요? 제가 마지막으로 그 부인에게 한 마디 물었습니다. "그 어떻게 좀 살아갈 수 없을까? 이혼 안 하고 살 수 없을까?" 그러자 "있죠!" 합니다. 참 귀한 말을 들은 것입니다. "이 사람이 이래도 좋고, 저래도 좋고, 다 좋습니다. 거짓말만 안 하면 살겠습니다." 그러더라고요. 여러분, 그 뜻을 아시겠지요? 세상에 거짓말하는 것처럼 사람을 슬프게 하는 일이 없거든요. 다 없어도 한 가지는 있어야 됩니다. 하나님께서 기뻐하시는 그 하나, 그것이 믿음이요, 그것이 겸손이요, 그것이 순종이요, 그것이 지혜입니다.

한 가지만은 하나님 앞에 내놓을 수 있어야 됩니다. 하나님께서는 그것을 보시고 전체를 용서하십니다. 의인 10명을 보시고 소돔과 고모라를 사하겠다고 하시는 그 하나님의 긍휼과 뜻이 거기에 나타나 있는 것입니다. 하나님께서는 오늘도 하나님께서 원하시는 Minority를 찾으십니다. 전체가 구원받고, 전체가 깨끗하고…… 거기까지 생각 못합니다. 단 몇 사람, 지도층 몇 사람, 그 몇 사람, 하나님께서 찾으시는 의인 몇 사람, 10명만 있으면 내가 이 성을 사하리라— 이 깊은 하나님의 뜻을 헤아려야 할 것입니다. 세상을 탓하지 마십시오. '이 망할 놈의 세상……' 그럴 것 없습니다. 옛날부터 그랬습니다. 그러지 마시고 '나 하나가 하나님 앞에 어떻게 사는가? 내가 하나님 앞에 어떻게 정직하고, 그 얼마나 믿음으로, 깨끗한 하나님의 사람으로 설 수 있는가?'를 생각하십시오. 그리고 오늘 이 세대에

있어야 할 것입니다. 거기에 하나님의 구원의 약속이 있기 때문입니다. △

네가 거듭나야 하리라

그런데 바리새인 중에 니고데모라 하는 사람이 있
으니 유대인의 지도자라 그가 밤에 예수께 와서 이르
되 랍비여 우리가 당신은 하나님께로부터 오신 선생
인 줄 아나이다 하나님이 함께 하시지 아니하시면 당
신이 행하시는 이 표적을 아무도 할 수 없음이니이다
예수께 대답하여 이르시되 진실로 진실로 네게 이르
노니 사람이 거듭나지 아니하면 하나님의 나라를 볼
수 없느니라 니고데모가 이르되 사람이 늙으면 어떻
게 날 수 있사옵나이까 두 번째 모태에 들어갔다가
날 수 있사옵나이까 예수께서 대답하시되 진실로 진
실로 네게 이르노니 사람이 물과 성령으로 나지 아니
하면 하나님의 나라에 들어갈 수 없느니라 육으로 난
것은 육이요 영으로 난 것은 영이니 내가 네게 거듭
나야 하겠다 하는 말을 놀랍게 여기지 말라 바람이
임의로 불매 네가 그 소리는 들어도 어디서 와서 어
디로 가는지 알지 못하나니 성령으로 난 사람도 다
그러하니라 니고데모가 대답하여 이르되 어찌 그러
한 일이 있을 수 있나이까 예수께서 그에게 대답하여
이르시되 너는 이스라엘의 선생으로서 이러한 것들
을 알지 못하느냐 진실로 진실로 네게 이르노니 우리
는 아는 것을 말하고 본 것을 증언하노라 그러나 너
희가 우리의 증언을 받지 아니하는도다
(요한복음 3 : 1 - 11)

네가 거듭나야 하리라

제가 아는 의과대학 교수가 한 분 있습니다. 의사의 사명은 국민의 건강을 돌보는 것 아니겠습니까. '어떻게 하면 건강할 수 있을까? 어떻게 하면 병에서 벗어날 수 있을까?' 이런 질문에 대한 답을 얻으려고 일생토록 공부를 하고 수고하는 분들이 의사입니다. 이 교수분이 연구하면서 생각해보니까 아주 한심한 문제가 하나 있더랍니다. 우리가 걸리는 병의 85퍼센트는 우리 스스로 만드는 것이더라, 이것입니다. 우리는 병에 안 걸리려고 노력하고, 또 병에 걸리면 그걸 고치겠다고 노력합니다. 하지만 평소에 꼭 병들 만한 일들을 하고 살아가더라, 이것입니다. 병을 자기 스스로 만드는 것입니다. 결국 잘못된 생활양식이 문제인 것입니다. 한 가지만 예로 들면, 자기 전에 무얼 먹는 것입니다. 안 됩니다. 그러면 죽는 줄 아십시오. 한데도 그 욕구를 이기지 못합니다. 어떤 사람은 삼겹살을 잔뜩 구워먹고 잡니다. 그러지 않으면 잠이 안 온다나요? 자살행위입니다. 저녁에 꼭 라면을 끓여먹고 자는 사람도 있습니다. 제발 그만하십시오. 물론 사람은 언젠가는 죽습니다. 하지만 그렇게 살다가는 빨리 죽습니다. 그런 줄로만 아십시오.

이렇듯 인간의 잘못된 생활양식에 대해서 연구하다가 교수는 이런 생각에 이르렀습니다. 바로 술담배가 가장 나쁘다는 것입니다. 얼마나 나쁜가 하면 그야말로 깜짝 놀랄 만큼 나쁘더라, 이것입니다. 사람이 술담배만 안 해도 지금보다 열 배는 더 건강할 수 있다는 것입니다. 그래 술담배가 나쁘다는 것을 많은 사람들에게 일깨워줘야겠다는 생각으로 책을 한 권 쓰기로 작정했습니다. 술담배가 어떻게 나쁜지, 그래서 사람을 어떻게 못 쓰게 만드는지를 내용으로 1년 동안 책을 썼습니다. 그러면서 날마다 담배 세 갑씩을 피웠습니다. 그 교수, 이 책 다 쓰고 나서 폐암으로 죽었습니다. 제가 이름은 대지 않겠습니다. 그런 분이 있었습니다. 이런 사람이 소위 의사입니다. 아시다시피 의사들이 술을 많이 마십니다. 물론 하루 종일 환자들을 만나니까 그걸 기억에서 지워버리기가 어려울 것입니다. 담배도 많이 피웁니다. 나쁘다는 것을 누구보다 잘 알면서도 끊지를 못합니다. 안다는 것이 도대체 무엇입니까? 지식이라는 것이 무엇입니까? 사람의 의지라는 것은 무엇입니까? 아무것도 아닙니다. 술담배 하나를 끊지 못하는 인간의 의지, 정말 초라하기 짝이 없는 것입니다. 인격 허수아비입니다. 허상입니다. 참 비참합니다.

'병(病)'이라는 말을 영어로는 Disease나 Sickness라고 하는데, 또 하나 이와 비슷한 말이 있습니다. 바로 Disorder입니다. 하지만 이 말의 의미는 '장애'입니다. 장애하고 병은 다릅니다. 병은 진행 중에 있는 것입니다. 더 나빠질 수도 있고, 나아질 수도 있습니다. 내버려두면 자연치료가 될 수도 있습니다. 그러니까 병이라는 것은 지금 이대로 가다가 더 나빠져서 그 병을 앓고 있는 사람이 죽을 수도 있지만, 거꾸로 저절로 나을 수도 있습니다. 병은 진행 중에 있는 것이어서 어찌 될지 알 수 없습니다. 그러나 Disorder라는 것은 진행이 멈춘 것입니다. 이제 더는 기대할 수가 없습니다. 이것이 바로 장애입니다. 그래서 장애인이 불쌍한 것입니다. 장애는 고칠 수 있는 것이 아닙니다. 이대로 일생을 사는 것입니다. 문제는 육체적인 장애가 아니라, 정신적인 장애입니다. 이것은 불치병입니다. 못고

칩니다. 다시 말하면 Personal Disorder입니다. 이것이 문제입니다. Character Disorder, 정신적, 인격적 장애가 되었습니다. 기대하기 어렵습니다. 그 사람은 그렇게 살다 죽을 것입니다. 정신적인 장애, 이 것은 참 비참한 것입니다. 왜요? 당사자가 그게 병인 줄을 모릅니다. 뿐만 아니라, 고칠 수도 없습니다. 아예 고치기를 포기했습니다. 이렇게 하고 남은 생을 산다면 그것은 살아도 죽은 것입니다. 이런 정신적인 장애는 내면적인 병이어서 본인도 의식하지 못합니다.

학자들의 이야기를 하나 인용하겠습니다. 정신적인 장애를 쉽게 자가진단하는 방법이 있습니다. '내가 정신적 장애가 있구나!' Self-examination, 스스로 자신을 진단할 수 있다는 것입니다. 많은 이야기가 있습니다마는, 저는 요점 몇 가지만 말씀드려볼 테니까 여러분도 스스로 '내가 여기에 속하지 않았나?' 하고 한 번 스스로 진단을 해보십시오. 첫째는 편협한 인격, 곧 인격장애입니다. 남을 의심하는 것입니다. 시기, 질투하고 쉽게 성내는 것입니다. 큰 문제입니다. 의심에는 끝이 없습니다. 정신적인 장애입니다. 둘째는 정신분열성 장애입니다. 이는 허무함과 고독함을 느끼는 것입니다. 셋째는 연극성 장애입니다. 과장하고 부풀려서 말하고, 항상 허풍을 떨고 다니는 것입니다. 교만입니다. 병입니다. 넷째는 경계성 장애입니다. 이것은 피해망상입니다. 누가 자기를 해친다고 생각합니다. 그리고 항상 두려움에 떱니다. 폐쇄적입니다. 다섯째는 히스테리입니다. 이것은 과민반응입니다. 파괴적입니다. 그래서 이런 장애가 있게 되면 자살을 하든지 누구를 죽이게까지 됩니다. 아주 무서운 것입니다. 이런 다섯 가지 대표적인 정신장애를 한번 상상해보십시오. 이런 장애를 가진 사람이 이 세상을 살아갑니다. 자기 혼자만 사는 것이 아니고, 수많은 사람들과 함께 살아갑니다. 그래서 학자들이 예로 드는 이야기가 있습니다. '한 버스운전사가 운전하는 버스를 우리가 타고 가고 있다. 그런데 버스가 똑바로 가지를 않고 자꾸 왔다 갔다 한다. 가만히 보았더니 운전사가 술에 취한 채로 운전을 하고 있었다.' 여러분, 이 순간 그 승객들, 얼마나 불안하겠습니까. 술 취한 운전사가 버스를 운전한다니, 그 버스에 타고 있는 사람들의 운명이 장차 어떻게 되겠습니까? '이것이 세상이다. 이것이 오늘의 세상이다.' 오늘날 우리를 지도하는 사람, 우리들 앞에서 우리를 이끌고 가는 사람들 가운데 정신병자, 많습니다. 우리가 그 불안한 버스를 타고 가는 것입니다. 이것이 바로 우리의 현실이다, 이것입니다. 참 놀랍지 않습니까. 그런고로 우리는 생각해야 합니다.

데살로니가 전서 5장 23절에 보면 삼분설이 있습니다. 사람에게 영과 혼과 육이 있다, 이것입니다. 이분설도 있습니다마는, 삼분설이 지배적입니다. 육체는 동물적인 본능에 지배됩니다. 우리는 다 육체를 가졌습니다. 그래서 자야 하고, 먹어야 합니다. 동물들하고 똑같이 본능에 끌려 삽니다. 그러나 사람에게는 이성이라는 것이 있습니다. 이것은 정신적인 기능입니다. 이것이 본능을 억제합니다. 먹고 싶으면 먹는 것이 동물이지만, 사람은 먹고 싶어도 안 먹고 참을 수 있습니다. 동물은 가지고 싶으면 남의 것이라도 가집니다. 하지만 사람은 가지고 싶어도 남의 것은 가지지 않습니다. 사람에게는 배려의식이 있다, 이것입니다. 이것이 바로 인간입니다. 그러니까 정신적 능력으로, 이성의 힘으로 육체적 본능을 억제하며 살아가는 것입니다. 이것이 인격이고, 인간이라는 존재입니다. 그러나 이것만 가지고는 안 됩니다. 왜냐하면 그 정신적 기능, 이성 자체가 병이들 수 있기 때문입니다. 그래서 그 이성을 주관하는 영이 있는 것입니다. 그러니까 영이 혼을 지배하고, 혼이 육체를 지배한다, 이것입니다. 이 구도가 잘 진행될 때 그가 정상적인 인간입니다. 그런데 이성도 있고, 지성도 있는데, 영적 능력이 없는 사람이 있습니다. 그런 사람은 가만히 보면 인격이 흔들립니다. 운명이 곤두박질칩니다. 보면 알 수 있습니다. 그래서 영적 존재로 영의 주도를 받아야 하는 것입니다. 영의 지배를 받는 인간이 온전한 인간이라고 성경은 말씀합니다.

오늘본문에 니고데모라는 사람이 나옵니다. 당시 최고의 지성인이요 지도자입니다. 이는 그가 산헤드린 공회의 회원이라는 뜻이기도 합니다. 정치적으로는 국회의원에 해당합니다. 동시에 종교기관의 최고 높은 신분입니다. 그 니고데모가 예수님 앞에 나아옵니다. 그리고 조용히 예수님께 표적에 대하여 말씀을 드립니다. 칭찬입니다. "예수님께서 보여주시는 표적은 놀랍습니다. 하나님께서 함께하지 않으시면 그런 표적은 없을 것입니다." 이렇게 시작하는데, 저는 이것이 좀 마음에 안 듭니다. 자기가 뭔데 예수님 앞에 와서 예수님을 칭찬합니까? 복음의 소문을 들었기 때문입니다. 그리고 거창한 말로 칭찬합니다. 여러분, 인사가 너무 길면 그것은 언제나 가짜입니다. 이 사람, 지금 인사가 너무 깁니다.

또 한 가지, 그는 밤에 조용할 때 혼자 왔습니다. 특권의식입니다. 자기가 뭔데 감히 예수님을 단독으로 만나겠다는 것입니까? 문제입니다. 자기는 예수님하고 일대일로 만나야 된다, 이것입니다. 좋지 않은 태도입니다. 예배 마치고 나갈 때 가끔 저를 따로 좀 만나자는 분들이 있습니다. 그럴 때마다 제가 이렇게 말합니다. "다 만났잖아요?" 예배시간에 만나면 목사는 다 만난 것입니다. 거기서 하나님의 말씀을 들으면 되는 것이지, 개인적으로 만나가지고 뭘 어쩌자는 것입니까? 저는 그런 사람들 반갑지 않습니다. 특권의식입니다. 이렇게 예배로 만나면 충분합니다. 그래서 제가 니고데모를 좋아하지 않습니다. 개별적으로 조용하게 밤중에 와서 "예수님!" 하고 예수님을 칭찬합니다. 이것이 니고데모입니다. 예수님께서 왜 모르시겠습니까. 저도 아는데요? 그래 딱 보시다가 "니고데모야?" 하고 부르십니다. "예." "너, 중생해야겠다." 무슨 뜻입니까? "너 거듭나야겠다." 간단합니다. '그 체면의식 버려라. 그 특권의식 버려라. 네가 별난 존재냐? 그런 의식 깨끗이 벗어버려라.' 이런 말씀입니다. 중생의 기본입니다. 그래서 예수님께서 말씀하십니다. "네가 중생해야겠다. 네가 거듭나야겠다." 이거 니고데모가 들을 때는 조금 못마땅하거든요. '아니, 내가 여기까지 왔는데, 이 정도의 높은 수준의 인격인데, 거듭나야겠다니?' 마음에 안 드는 것입니다. "무슨 뜻입니까? 어머니 뱃속에 다시 들어갔다가 나오라는 것입니까? 말이 안 되지 않습니까. '늙으면'이라니요? 그럼 젊으면 들어갈 수 있습니까? 말도 안 되는 소리 아닙니까." 이렇게 무식한 소리를 하고 앉았습니다. 예수님께서 오죽 답답하시면 이러셨겠습니까. "너는 이스라엘의 지도자가 되어가지고 그것도 모르느냐?" 그리고 아주 그냥 내려치십니다. 저는 성경을 읽으면서 '니고데모가 이 말씀 들으면서 삐지면 어떻게 하나?' 싶었는데, 다행히도 그는 삐지지 않았습니다. 멀리서 끝까지 예수를 믿고 예수님의 장례식에 갑니다. 또 제자들이 재판받고 갈 때 숨어 있는 기독교인으로 앞에 나타나는 것을 볼 때 참 훌륭한 결과가 있었다고 생각합니다.

'중생(重生)'이라는 말은 '위로부터의 출생(born from above)'이라는 뜻입니다. 한마디로 신기원입니다. 우리의 육체적 생명은 땅에서 출생하고, 우리의 영적 생명은 하늘에서 출생합니다. 그 기원이 하늘에 있는 것입니다. 생명력이 하늘에 있다, 이것입니다. 신기원의 역사입니다. 무슨 말이냐면, 공부 많이 한다고 중생하지 못한다, 많이 깨닫고, 많이 경험한다고 사람 되지 못한다는 것입니다. 이걸 잊지 말아야 합니다. 중생의 역사는 하늘에서 오는 것입니다. 인간의 지식이 발전해가지고 중생이 이루어지는 것이 아닙니다. 공부 많이 했다고 새 사람 되는 법이 없습니다. 이것이 성경의 진리입니다. 아무리 수도하면서 청결하게 살아도 그것으로 사람이 될 수는 없습니다. 오히려 교만해집니다. 중생은 하늘로부터 주어지는 생명력입니다. 위에서 내려오는 재창조의 역사입니다. 영은 영이고, 육은 육입니다. 영으로부터 오는 새로운 출생의 역사, 그 생명력이 중생입니다. 영적 능력입니다. 이 영적 능력이 주어질 때 비로소 하나님을 알 수 있습니다. 하나님을 볼 수 있습니다. 하나님을 느낄 수 있습니다. 하나님을 알고 느끼면서 세상을 살아가야 됩니다. 이것이 하나님의 사람의 모습입니다.

니고데모가 예수님 앞에 나왔다가 큰 망신을 당합니다. "네가 거듭나야 하리라." 땅이 아니라, 하늘로부터 출생하는 체험을 해야 한다, 이것입니다. 이 얼마나 신비로운 말씀입니까. 니고데모가 이 말씀을 이해하지 못해서 허우적거릴 때 예수님께서 친절하게 말씀해주십니다. "바람이 임의로 불매 어디로 왔다 어디로 가는지 모른다." 신비로운 역사입니다. 성령의 역사는 신비롭습니다. 간혹 언제 중생하셨느냐고 물으면 몇 월 며칠 몇 시에 중생했다고 답하는 분들이 있는데, 아닙니다. 바람이 임의로 불매…… 바람이 임의로 주도하는 것입니다. 내가 주도하는 것이 아닙니다. 성령께서 주도하시어 신비로운 변화가 이루어지는 것입니다. 나도 모르게 어느 새 내가 예수를 믿게 되었습니다. 나도 모르게 어느 새 내가 성경을 알게 되었습니다. 나도 모르게 어느 새 내가 하늘나라를 바라보는 사람이 되었습니다. 나도 모르게 어느 새 내가 영생을 지향하는 사람으로 바뀐 것입니다. 이 얼마나 신비로운 중생의 역사입니까. 그러니까 내가 주도하는 역사가 아니라, 성령께서 주도하시는 역사입니다. 나로 볼 때는 의식 이전의 일입니다. 자연스럽게 이루어진 것입니다.

여러분은 네 살 전의 일을 기억합니까? 아무도 모를 것입니다. 그러나 네 살 전에 우리는 많은 사랑을 받았습니다. 그 네 살 전에 받은 사랑이 우리 일생을 지배합니다. 놀랍지 않습니까. 의식 이전의 일입니다. 그 시기에 사랑을 많이 받은 사람은 일생동안 그 은혜 가운데 살아가는 것입니다. 태어나서 그 네 살까지 많이 구박받고, 많이 얻어맞고, 많이 울고, 많이 배척받은 사람은 일생동안 비뚤어진 인생을 삽니다. 중요한 것은 의식 이전의 사건입니다. 그런고로 성령께서 우리와 함께하실 때에, 의식 이전에 조용하게 주님께서 신비로운 역사를 이루어주십니다. 그래서 하나님을 알고, 성령을 알고, 성경을 알고, 말씀을 알고, 하늘나라를 바라보게 되는 것입니다. 오늘본문은 말씀합니다. "사람이 거듭나지 아니하면 하나님 나라를 볼 수 없느니라(3절)." 중생하지 아니하면 하늘나라를 알 수가 없다, 중생하지 않으면 하늘나라에 들어갈 수도 없다…… 한데 이 '중생'이라는 단어가 공관복음서에는 없습니다. 오직 베드로서와 이 요한복음에만 있습니다. 이는 중생이 니고데모 같은 지성인을 향한 말이라는 뜻입니다. 예수님께서는 일반사람들, 그러니까 간음하다 붙들려 온 여자나 세리와 같은 사람에게는 중생이라는 말을 쓰지 않으셨습니다. 다만 '어린아이와 같이 되어야 한다'고 하셨습니다. 나도 모르게 어린 아이와 같은 깨끗한 마음으로 돌아가야 한다, 이것입니다. 그리할 때에 비로소 주님의 영적 생명을 체험할 수 있게 된다, 이것입니다.

성령께서는 진리의 영이십니다. 우리를 진리로 인도하십니다. 성령께서는 자유의 영이십니다. 우리를 모든 죄와 율법과 진노로부터 자유하게 만드십니다. 그래서 성령에 사로잡힌 자는 자유인입니다. 예수님께서 친히 성령을 말씀하신 사례가 요한복음에 나옵니다. '성령 보혜사가 임하면 내가 한 말을 기억나게 하리라. 내가 한 말을 알게 하리라. 내가 한 말을 감당하게 하리라.' 성령께서 임하실 때 우리가 성경을 통하여 주님을 만납니다. 설교 중에 주의 음성을 듣습니다. 복잡한 세상에 살지마는, 우리는 하늘나라를 바라봅니다. 하늘나라가 보입니다. 하늘이 열립니다. 이것이 성령의 역사입니다. 오로지 성령의 역사로 하늘이 열리는 것입니다. 이 체험을 하게 됩니다. 그래서 예수님께서는 친히 말씀하십니다. "니고데모야, 네가 중생해야겠다." 심각한 말씀입니다. 나 혼자의 노력이 아닙니다. 내 의지도, 내 결단도 아닙니다. 오로지 의로부터 오는 성령의 역사만이 내 영적인 생명을 바꾸어놓고, 나를 정상적인 영적 존재로 만들어놓습니다. 그리고 주님의 길로 우리를 인도하십니다. 성령을 받은 자는 성경을 압니다. 성령을 받고 중생한 사람은 항상 주의 음성을 듣습니다. 항상 기도할 때마다 하늘이 열리는 것을 체험합니다. 땅에 살지만, 그의 영적 생명은 항상 하늘에 있습니다. 천국지향적인

격이 됩니다. 이것이 정상적인 하나님의 사람의 모습입니다. 성령은 신비로운 역사입니다. 나도 몰래 거룩해집니다. 성화가 일어납니다. 주의 뜻에 가까이 다가가는 변화가 일어납니다. 신비입니다. 그래서 예수님께서 말씀하십니다. "니고데모야, 네가 거듭나야 하리라!" △

모든 탐심을 물리치라

무리 중에 한 사람이 이르되 선생님 내 형을 명하여 유산을 나와 나누게 하소서 하니 이르시되 이 사람아 누가 나를 너희의 재판장이나 물건 나누는 자로 세웠느냐 하시고 그들에게 이르시되 삼가 모든 탐심을 물리치라 사람의 생명이 그 소유의 넉넉한 데 있지 아니하니라 하시고 또 비유로 그들에게 말하여 이르시되 한 부자가 그 밭에 소출이 풍성하매 심중에 생각하여 이르되 내가 곡식 쌓아둘 곳이 없으니 어찌할까 하고 또 이르되 내가 이렇게 하리라 내 곳간을 헐고 더 크게 짓고 내 모든 곡식과 물건을 거기 쌓아 두리라 또 내가 내 영혼에게 이르되 영혼아 여러 해 쓸 물건을 많이 쌓아 두었으니 평안히 쉬고 먹고 마시고 즐거워하자 하리라 하되 하나님은 이르시되 어리석은 자여 오늘 밤에 네 영혼을 도로 찾으리니 그러면 네 준비한 것이 누구의 것이 되겠느냐 하셨으니 자기를 위하여 재물을 쌓아 두고 하나님께 대하여 부요하지 못한 자가 이와 같으니라
(누가복음 12 : 13 - 21)

모든 탐심을 물리치라

　바로 며칠 전에 모 일간신문에 소개된 아름다운 이야기입니다. 미국의 앨라배마(Alabama)주에 조시아 던컨(Josiah Duncan)이라고 하는 다섯 살 난 철부지 아이가 있었습니다. 앳된 얼굴의 이 꼬마, 어머니 손목을 잡고 외출하여 어느 조그마한 식당에서 어머니와 같이 식사를 하게 됩니다. 호기심 많은 이 아이는 어머니에게 폭풍질문을 합니다. "이건 뭐예요? 저건 뭐예요? 이건 왜 이래요?" 이 많은 질문들에 대답하느라고 어머니가 진땀을 흘리는 바로 그 시간, 거기에는 꾀죄죄한 한 남자가 문 앞에 서 있었습니다. 금방이라도 쓰러질 것 같은 피곤한 모습입니다. 이 어린아이는 서슴지 않고 또 묻습니다. "엄마, 저 사람은 누구예요?" 엄마는 조심스럽게 대답합니다. "노숙자란다." 아이가 노숙자라는 말을 알 리가 없지요? "엄마, 노숙자가 뭐야?" 어머니가 설명합니다. "노숙자란 집이 없는 사람이란다. 아빠 엄마도 없고, 가족도 없고, 먹을 것도 없어서 저렇게 길거리를 헤매다니는 사람을 노숙자라고 한단다." 이 말을 듣고 이 천진한 어린아이는 이렇게 말합니다. "엄마, 그럼 우리 식탁에 저 아저씨를 초대해서 같이 먹으면 안돼?" 이 어린아이의 착한 마음을 어머니가 어떻게 거절하겠습니까. "그래, 그러자." 이 엄마의 말을 듣고 아이가 얼른 일어나 밖으로 나가서 그 아저씨의 손을 잡고 식당 안으로 함께 들어왔습니다. 그때 식당에 있던 많은 사람들이 이 장면을 지켜보았습니다. 그러나 누구도 말릴 수가 없습니다. 이 아이가 그 노숙자를 식탁에 앉히고, 메뉴판을 건네주면서 말합니다. "맛있는 거 많이 잡수세요." 이 노숙자 아저씨는 메뉴판을 가만히 들여다보다가 치즈버거 하나 먹으면 좋겠다고 합니다. 하지만 이 어린아이는 "아저씨, 더 좋은 거, 더 맛있는 거 잡수세요!" 합니다. 그러니까 이 노숙자가 베이컨 하나만 더 주면 좋겠다고 해서 함께 식사를 하게 되었습니다. 주문한 음식이 나오자마자 노숙자는 워낙 배가 고프니까 허겁지겁 치즈버거를 먹기 시작합니다. 그 순간 이 아이가 급히 끼어들면서 하는 말입니다. "아저씨, 감사기도 하고 먹어야지요." 그러고는 자기가 먼저 "하나님, 감사합니다!" 하고는 노래하며 춤까지 춥니다. "하나님, 감사합니다. 이렇게 맛있는 음식을 주셔서 감사합니다." 그걸 보는 노숙자의 눈에서 눈물이 흘렀습니다. 이것이 바로 우리가 사는 모습입니다. 여러분, 원망은 한이 없습니다. 감사만이 원망을 물리칠 수 있습니다. 이 험악한 세상을 아름답게 할 수 있는 것은 이 깨끗한 어린아이의 마음입니다. 그런 마음만이 세상을 바꿀 수 있습니다.

오늘본문은 아주 심각한 말씀입니다. 한 사람이 예수님께 찾아왔습니다. 병을 고쳐달라는 것도 아니고, 죽은 자를 살려달라는 것도 아닙니다. 무슨 양식을 달라는 것도 아닙니다. 이 사람의 욕구는 예수님께 나온 모든 사람들의 욕구 가운데서도 아주 특별한 것입니다. 그가 예수님께 말합니다. "제 형이 말을 안 듣는데, 제 형한테 동생에게 유산을 나누어주라고 명하여주십시오." 이 말을 이해하려면 당시의 풍속을 조금 알아야 됩니다. 우리도 비슷합니다. 여기에 아들 둘이 있습니다. 그러면 아버지의 유산을 반반씩 나누어 가지는 게 당연하지 않습니까. 하지만 그 당시 그곳에서는 언제나 형에게 동생 몫의 두 배를 주게 되어 있었습니다. 그러니까 유산의 3분의 2는 형이 갖고, 나머지 3분의 1을 동생이 가지는 것입니다. 이유는 간단합니다. 형이 부모님을 모시기 때문입니다. 그래서 그런 형에게 두 몫을 주고, 동생에게는 한 몫을 주게 되어 있는 것입니다. 우리나라 사정하고 비슷하지요? 이때 중요한 기준이 그 형이 부모님을 몇 년 동안 모셨느냐 하는 것입니다. 만일 모시기도 전에 일찍 부모님이 돌아가셨다면 재산을 반반으로 나누게 되어 있습니다. 여기에 아리송한 문제가 있습니다. 아마도 그는 짐작컨대 부모님을 고작 몇 년간만 모신 것 같습니다. 그랬는데 돌아가신 것입니다. 그러자 형이 주장합니다. "이 재산의 3분의 2는 내 것이다." 하지만 동생의 생각은 다릅니다. "아니, 겨우 그렇게 밖에 모시지 않아놓고 어째서 형이 두 몫이나 가집니까? 똑같이 반반으로 나누는 것이 옳지 않습니까." 이렇게 다툰 모양입니다. 뻔한 이야기 아닙니까. "왜 형이 더 가져야 됩니까?" "나는 부모님을 모셨기 때문이다." 이런 문제에 대해서 어느 재판관이 누구나 고개를 끄덕일 올바른 판결을 내릴 수 있겠습니까. 그래 이 곤란한 다툼의 문제를 예수님께 가져온 것입니다. 동생이 말합니다. "예수님, 우리 형에게 명하시어 제게 유산을 주라고 해주십시오." 하지만 예수님께서는 형이 얼마를 가지고 동생이 얼마를 가지라는 식으로 말씀하지 않으십니다. 아주 차원 높은, 근본적이고 원론적인 원리를 말씀하십니다. "네 마음속에 있는 탐심을 물리쳐라. 이것이 해답이다." 몇 분의 몇이냐? 많으냐, 적으냐? 동생이냐, 형이냐? 이런 식으로는 해결할 수 없다, 이것입니다.

다들 아시다시피 오늘 세상에는 정치적으로, 경제적으로 두 가지 큰 문제가 있습니다. 생산이냐, 분배냐, 하는 것입니다. 생산을 앞세우면 자본주의고, 분배를 앞세우면 사회주의입니다. 국회에서 의원들이 밤낮 싸우는 까닭도 간단합니다. 생산이냐, 분배냐, 이것입니다. 지금 이 형제도 분배의 문제로 싸우는 것입니다. 말하자면 공산당의 문제입니다. 사회적인 문제입니다. 하지만 예수님께서는 원론적인 해답을 주십니다. "탐심을 물리치라!" 이것만이 해답이다, 이것입니다. 그리스도께서 주시는 답입니다. "탐심을 물리치라!" 그리고 말씀하십니다. "사람의 생명이 그 소유의 넉넉한 데 있지 아니하니라." 이것이 참이요 공평입니다. 하나님의 공평입니다.

　세상에는 부자가 있고, 빈자가 있습니다. 그런데 부한 사람은 다 건강하고, 가난한 사람은 다 병든다면 이거 어디 억울해서 살겠습니까. 그러나 이상한 것은 부한 사람이나 가난한 사람이나 건강은 다 마찬가지라는 사실입니다. 어쩌면 부한 사람이 병이 더 많습니다. 오만 가지 병을 다 가지고 삽니다. 흔히 좋은 음식을 먹어야 건강하다고들 말하지만, 생각해보십시오. 가난한 사람은 어쩌다가 조금만 음식을 먹어도 꿀맛이고 소화가 잘 되는데, 부자들은 아무리 좋은 음식을 눈앞에 두고도 소화력이 여의치 않아서 못 먹습니다. 그러니 어떻습니까? 없어서 못 먹는 사람과 두고도 못 먹는 사람 가운데 어느 쪽이 불쌍합니까? 당연히 부자가 불쌍합니다. 그 많은 음식을 놓고도 먹지 못하니까요. 냉장고에 좋은 음식이 가득 들어 있는데도 먹을 게 없습니다. 그러니 어떤 의미에서는 이것이 공평입니다. 못 먹는 가난한 집 아이는 건강하고, 잘 먹는 부잣집 아이는 비만으로 비실비실합니다. 어찌 생각하면 참 안 된 것 같아도 실은 이게 공평입니다. "사람의 생명이 소유의 넉넉한 데 있지 아니하니라!" 예수님 말씀입니다.

　한 가지 더 추가하면 이런 말을 할 수 있습니다. '사람의 행복도 넉넉한 데 있지 아니하다.' 여러분의 부부금실, 어떻습니까? 가난하고 어려운 사람들은, 비록 고생은 하지만, 서로 도와가면서 살아가려고 애씁니다. 하지만 좀 여유가 있는 집들은 가만히 보니까 사는 게 심심해서 이런저런 이유로 싸우다가 덜컥 이혼을 하더라고요. 한마디로 무사한 가정이 없습니다. 살림살이가 넉넉한데도 불구하고 어째서 그렇게 불화가 많고, 문제가 많고, 이혼이 많고, 병이 많은 것입니까? 그러니 아무리 부자면 뭘 합니까. 건강을 잃어버리면, 또 화평을 잃어버리면 그게 다 무슨 소용입니까. 예수님 말씀하십니다. "사람의 생명이 소유의 넉넉한 데 있지 아니하니라. 사람의 행복도 소유의 넉넉한 데 있지 아니하니라. 사람의 운명도 소유와 무관하다." 탐심은 노력 이상의 것을 요구하는 마음입니다. 내가 노력한 만큼, 그리고 하나님께서 내게 주신 것에만 만족해야 되는데, 그 이상의 것을 생각할 때 문제가 되는 것입니다.

옛날 헬라에 유명한 왕이 있었습니다. 전쟁 없이 40년 동안 태평성대를 누립니다. 나라가 번영하고 온 백성이 행복했습니다. 이제 왕이 나이가 많이 들어서 죽을 날이 가까웠습니다. 하지만 그동안 이루어놓은 것이 아깝거든요. 그렇다고 죽지 않을 방법은 없습니다. 그래서 왕은 신하들을 불러놓고 이릅니다. "내가 아무래도 이제 얼마 안 있다가 죽을 것 같다. 하지만 이 나라는 가장 행복한 나라로, 그리고 나는 가장 행복하고 지혜로운 왕으로 기억되고 싶다. 이제 너희는 지혜로운 사람들을 불러다가 모든 백성이 행복할 수 있는 비결이 무엇인지를 물어서 그 내용을 책으로 만들어 내게 바쳐라." 그래 신하들이 그걸 12권의 책으로 만들어서 왕에게 바쳤습니다. 그걸 보고 왕이 말합니다. "내가 눈도 좋지 않고 기력도 없는데 이걸 언제 다 읽겠느냐? 줄여서 한 권으로 만들어와라." 그래 신하들이 그걸 한 권으로 줄여서 다시 바쳤습니다. 왕이 또 말합니다. "아, 이것도 너무 많다. 더 줄여라." 그러다가 마지막에는 종이 한 장 분량으로 요약하라고 시켰습니다. 한데 그걸 보고 왕은 또 이렇게 말합니다. "이것도 너무 많다. 한 마디로는 안 되느냐? 온 백성이 평안하고 번영을 누릴 수 있는 비결 딱 한 마디!" 그랬더니 신하들 가운데 아주 나이 많은 지혜자가 대답합니다. "될 수 있습니다." "그래? 그럼 어디 말해보라." 신하가 말합니다. "공짜는 없다." 이 딱 한마디입니다. 이걸 받아들여야 됩니다. 그리고 실천해야 됩니다. 공짜가 있다는 것이 공산당의 철학이고, 공짜가 없다는 것이 자본주의의 철학입니다. "공짜는 없다. 자기 수고한 만큼, 자기가 땀 흘린 만큼만 얻는다." 그런고로 자족하는 마음이 있어야 됩니다. 내가 수고한 만큼, 내가 땀 흘린 만큼…… 그러면 유감이 없습니다. 불평이 없습니다. 남을 시기할 것도 없고, 질투할 것도 없습니다. '이것은 내가 수고한 데 대한 대가다.' 이렇게 스스로 만족하게 여기는 마음이 행복의 기본입니다. 자족하는 마음을 가진 사람은 남을 탓하지 않습니다. 누구를 원망할 것이 없습니다. 탐심, 필요 없습니다. 내가 수고한 만큼이면 충분합니다. 좀 더 깊이 철학적으로 말하면, 수고해서 얻은 것만큼만 내 것이다, 이것입니다. 만약 땀 흘리지 않고 얻은 것이 있다면 그것은 다 화근이요, 악의 뿌리입니다. 오직 내가 땀 흘리고 수고해서 얻은 것만이 내 것입니다. 그것만이 나를 행복하게 해줄 수 있습니다. 탐심을 물리쳐야 합니다.

　여기서 무서운 것은 이 탐심이 사람을 노예로 만든다는 사실입니다. 탐심에 한 번 매이면 자꾸 '조금 더, 조금 더……' 하게 됩니다.

끝이 없습니다. 지금 내가 가진 것으로 만족하지 못하는 사람은 끝없이 조금 더 가질 것을 생각합니다. 도둑놈 심보라는 것이 바로 이것입니다. 한마디로 불한당입니다. 땀 흘리지 않고 갖겠다는 마음, 바로 이것이 도둑놈 심보 아닙니까. 그러다보면 세상이 시끄러워지고, 모두가 불행해집니다. 탐심은 끝없이 상승작용을 합니다. 만족이 없습니다.

저는 1960년대 초, 군대에 있을 때 처음으로 운전을 했습니다. 나중에 제가 처음으로 소유한 차가 브리사였습니다. 지금 보면 참 볼품없는 조그마한 차입니다. 제가 처음 그걸 몰고 집에 왔더니 그때만 해도 어렸던 우리 아이들이 얼마나 좋아하던지요? 그래 다들 태우고 동네를 한 바퀴 빙 돌았습니다. 한데 집사람은 타지 않고 가만히 있기에 제가 권했습니다. "당신도 타지?" 그때 집사람이 한 말입니다. "당신, 운전 초보잖아요. 나는 무서워서 안 탈래요." 그래 제가 우스갯소리로 그랬습니다. "그럼 우리는 다 죽고, 당신 혼자만 살겠다는 거야?" 아무튼 처음으로 자기 차를 탈 때에는 그게 중고에 아무리 조그마해도 얼마나 행복합니까. 여러분도 겪어봐서 다 아시지요? 하지만 그 행복은 채 한 달도 못 갑니다. 그 다음에는 이렇게 생각하게 됩니다. '왜 내 차는 이 모양이지? 세상에는 좋은 차들이 왜 이렇게 많은 거지? 전부 다 좋은 차인데, 내 차만 이렇게 고물차야!' 불만이 더 많아집니다. 차라리 차 없을 때가 더 낫다고까지 생각하게 됩니다. 가지면 더 가지고 싶고, 가지면 더 가지고 싶고…… 인간의 욕망이란 이렇게 한이 없는 것입니다. 그래서 조절을 잘 해야 됩니다. '여기까지다. 이것만 내 것이다. 그 다음은 내 것이 아니다.' 공짜로 주어진 것은 내 것이 아닙니다. 공짜로 주어진 것으로는 절대 행복할 수 없습니다. 오히려 화근일 뿐입니다. 이걸 알아야 합니다. 요새 로또복권이니 뭐니 합니다마는, 복권에 당첨된 사람들 조사해보면 나중에 다 망했습니다. 다 이혼했습니다. 이거 되겠습니까.

여러분도 잘 아시는 유명한 어떤 교수님이 강남 사는 아주머니들을 모아놓고 세미나를 하다가 이런 질문을 던졌다고 합니다. "여러분이 100억짜리 로또복권에 당첨되었다면 그것으로 뭘 하시겠습니까?" 그랬더니 아주머니들의 60퍼센트가 이런 대답을 했다고 합니다. "당장 이혼하지요?" 지금은 돈이 넉넉히 없으니까 엎드리고 살지, 돈만 생기면 다 떨치고 나가겠다, 이것입니다. 알아서 하십시오. 돈이라는 것, 황금이라는 것, 혹사심입니다. 이것이 들어가면 어느 사회나 다 망합니다. 그러니까 조절을 잘해야 됩니다. '여기까지가 내 것이다. 내가 땀 흘린 것만이 내 것이다.' 여기에 행복이 있습니다. 욕망에 사로잡히면 부모자식도 형제도 안 보입니다. 돈, 무서운 것입니다.

오늘본문에서 돈 많은 부자의 눈에 거지 나사로가 안 보입니다. 많은 부자들이 호의호식하고 있으면서 저 문간에 있는 거지 나사로를 못 봅니다. 부자의 눈에는 가난한 사람의 고생이 보이지 않습니다. 안중에 없습니다. 이것이 바로 부자의 마음입니다. 부의 결정적인 약점입니다. 또한 행복도 없습니다. 사람은 작은 것에서 행복을 느낍니다. 작은 선물에서 고마움을 느끼고, 작은 노력에서 행복을 얻습니다. 지난날을 생각해보십시오. 가난하고 어려울 때 얼마나 행복했습니까. 밥 한 그릇을 놓고 젊은 내외가 다툽니다. 당신 직장에 나가니까 좀 더 먹고 가라고, 당신 집에서 일하느라고 수고하니까

한 술 더 뜨라고…… 이렇게 밥 한 그릇을 서로 양보할 때, 그때가 행복했지요. 하지만 이제는 그득한 음식상을 놓고도 그런 행복이 없습니다. 먹어도 소화가 안 되고, 입맛도 없고…… 문제가 많습니다. 또, 욕심에 사로잡힌 사람에게는 의도 없습니다. 의냐 불의냐, 상관이 없습니다. 화목을 모릅니다. 행복도 모릅니다. 가장 중요한 것은 베푸는 자의 행복을 모른다는 사실입니다. 물론 내가 돈을 벌 때 행복한 것이 있지요. 돈을 지킬 때 행복한 것이 있지요. 은행잔고를 들여다보면서 행복하지요. 그러나 가장 큰 행복은 베푸는 행복입니다. 이 얼마나 중요합니까.

제가 오늘 아침 교회에 나오기 직전에 잠깐 뉴스를 보려고 TV를 틀었더니 설악산의 짐꾼이 나왔습니다. 지게를 지고 설악산 흔들바위까지 올라가는데, 그 엄청난 짐을 지고 오르기를 24년 동안이나 했답니다. 그렇게 짐을 오르락내리락 져나르면서 고생을 하는데, 참 대단합니다. 저도 지게 많이 져봤습니다마는, 그게 보통 힘든 일이 아니거든요. 그렇게 무거운 지게를 지고 20년 동안 하루에도 몇 번씩 산을 오르락내리락 짐꾼으로 일을 해왔는데, 그렇게 해서 벌어들인 수입의 70퍼센트를 독거노인들에게 주고 있답니다. 그렇게 열심히 불쌍한 사람들을 돕는 모습을 보니까 이런 마음이 들더라고요. '저 사람은 행복이 뭔지를 아는 사람이다.' 여러분, 베푸는 마음이 행복의 극치인데, 그걸 우리는 모르고 있다는 것입니다. 이 얼마나 불행한 일입니까. 사람은 인생의 마지막, 그 임종을 맞이할 때에 세 가지를 후회한다고 합니다. 하나는 참지 못한 것입니다. '좀 더 참을 걸. 좀 더 참았으면 되었을 걸……' 그 한 번을 참지 못해서 일이 다 틀어졌습니다. 또 하나는 즐기지 못한 것입니다. '좀 더 즐길 걸. 충분히 즐길 수 있었고, 행복할 수 있었는데, 왜 내가 즐기지 못하고 불만에 사로잡혀 불행하게 살았을까?' 이렇게 후회한다는 것입니다. 마지막은 베풀지 못한 것입니다. '좀 더 베풀 걸, 뭐가 그리 아깝다고 베풀지 않고 살았을까?' 여러분, 오늘이 나의 마지막 날이라고 상상해보십시오. 참지 못할 게 뭐가 있겠습니까. 즐기지 못할 게 뭐가 있겠습니까. 베풀지 못할 게 뭐가 있겠습니까. 이 세 가지가 한으로 남는 것입니다.

베푸는 사람에게는 비밀스러운 행복이 있습니다. 하나님께서 보상하시는 행복입니다. 탐심을 물리치라— 그렇습니다. 탐심을 물리칠 수 있는 비결은 지족하는 마음입니다. 스스로 만족할 줄 알아야 합니다. 그리고 감사할 줄 알아야 합니다. 이것이 다 은혜요 축복입니다. 또, 베푸는 마음입니다. 어떻게 해서라도 다른 사람을 위하여 베푸는 마음을 가질 때 비로소 탐심을 이길 수 있습니다. 탐심을 물리치라— 그 비결은 베푸는 마음이요, 감사하는 마음입니다. 야고보서에 유명한 말씀이 있습니다. '욕심이 잉태하여 죄를 낳고, 죄가 장성해서 사망을 낳느니라.' 너무나 잘들 아시는 말씀 아닙니까. 욕심은 가만히 있지 않습니다. 일단 잉태된 다음에 욕심은 자라기 시작합니다. 성장하는 것입니다. 그래가지고 사망을 낳습니다. 욕심을 끊어버려야 사망을 면할 수 있습니다. 대단히 중요한 말씀입니다.

마르틴 루터는 말합니다. '머리 위로 지나가는 새를 막을 수는 없다.' 우리 마음을 욕심이 슬쩍슬쩍 지나갑니다. 하지만 머리 위에 둥지를 트는 새는 막아야 합니다. 좋은 물건이 있거든 그냥 '좋다!' 하고 지나가고, 오래 서 있지 마십시오. 탐심을 부리면 안 됩니다. 제가 아는 어떤 소망교회 집사님이 있습니다. 부잣집 며느리에 다이

아몬드 마니아입니다. 백화점에 가서 좋은 다이아몬드를 보면 발이
안 떨어진답니다. 두 시간 동안을 서 있는답니다. 그리고 집에 가서
남편의 주리를 틉니다. "그거 사내라. 사주기 전에는 가까이 오지 마
라." 그럼 남편이 하는 수 없이 그 다이아몬드를 사준답니다. 그렇게
자꾸자꾸 다이아몬드를 손에 넣어 수많은 다이아몬드를 가지게 되
었습니다. 그러다가 제가 기가 막힌 일을 당했습니다. 이 집사님이
그렇게 모은 다이아몬드를 몽땅 싸가지고 저한테 온 것입니다. 그리
고 말합니다. "이게 다 제 우상입니다. 이것 때문에 저는 평안할 수
가 없습니다. 밖에 나가도 이게 없어질까봐 걱정입니다. 항상 여기
에 마음이 가 있어서 밖에 나갔다 돌아오면 제일먼저 이거부터 살피
게 됩니다. 도저히 안 되겠다 싶어서 이 우상을 없애야겠다는 생각
에 몽땅 싸가지고 왔습니다. 목사님이 팔아서 좋은 일에 쓰십시오."
다 팔았습니다. 그걸 어디에 썼는 줄 아십니까? 저 성남에 가면 지
금도 '소망의 집'이라고 있습니다. 내외분이 다 시각장애인인 분들만
사는 마을입니다. 그분들을 위해서 제가 아파트를 22채 지어드렸습
니다. 지금도 있습니다. 바로 그때의 그 다이아몬드를 판 돈으로 지
은 것입니다. 이런 베푸는 기쁨을 모르고 산다면 참으로 불행한 일
입니다. 인생 잘 못 살고 있는 것입니다.

　　오늘본문에 나오는 예수님의 비유를 보십시오. 한 부자 스스로
에게 이릅니다. "영혼아, 내 영혼아! 먹을 건 많으니까 오래 오래 살
자!" 그 소리를 들으시고 하나님께서 하늘에서 우십니다. "야, 이놈
아! 오늘 밤 네 영혼을 취하면 그게 뉘 것이 되겠느냐?" 안 그렇습니
까. 내가 내 영혼에 명령할 수 있는 것이 무엇입니까? 이것은 아닙
니다. "탐심을 물리쳐라!" 온전한 자유인, 깨끗한 자유인은 베푸는

사람입니다. 아주 작은 것이라도 그리할 때에 나는 자유의 영이 되고, 물질적으로도 행복하고, 자녀들도 행복하고, 세상도 아름답게 될 것입니다. 그런 생을 살아가야 합니다. 예수님께서 말씀하십니다. "삼가 모든 탐심을 물리치라!" △

이 같은 기쁨의 신비

　그들이 듣고 크게 노하여 사도들을 없이 하고자 할
새 바리새인 가말리엘은 율법교사로 모든 백성에게
존경을 받는 자라 공회 중에 일어나 명하여 사도들을
잠깐 밖에 나가게 하고 말하되 이스라엘 사람들아 너
희가 이 사람들에게 대하여 어떻게 하려는지 조심하
라 이 전에 드다가 일어나 스스로 선전하매 사람이
약 사백 명이나 따르더니 그가 죽임을 당하매 따르던
모든 사람들이 흩어져 없어졌고 그 후 호적할 때에
갈릴리의 유다가 일어나 백성을 꾀어 따르게 하다가
그도 망한 즉 따르던 모든 사람들이 흩어졌느니라 이
제 내가 너희에게 말하노니 이 사람들을 상관하지 말
고 버려 두라 이 사상과 이 소행이 사람으로부터 났
으면 무너질 것이요 만일 하나님께로부터 났으면 너
희가 그들을 무너뜨릴 수 없겠고 도리어 하나님을 대
적하는 자가 될까 하노라 하니 그들이 옳게 여겨 사
도들을 불러들여 채찍질하며 예수의 이름으로 말하
는 것을 금하고 놓으니 사도들은 그 이름을 위하여
능욕 받는 일에 합당한 자로 여기심을 기뻐하면서 공
회 앞을 떠나니라 그들이 날마다 성전에 있든지 집에
있든지 예수는 그리스도라고 가르치기와 전도하기를
그치지 아니하니라
(사도행전 5 : 33 - 42)

이 같은 기쁨의 신비

　아주 오래 전, 철학자 플라톤은 '행복은 만족한 삶'이라고 말했습니다. '행복이라는 게 뭐냐? 행복은 곧 만족한 삶이다.' 이제 문제가 있습니다. 어느 선에서 만족하느냐, 하는 것입니다. 얼마나 가졌느냐는 중요하지 않습니다. 얼마나 만족하느냐가 중요합니다. 얼마나 잘났느냐가 아니라, 얼마나 스스로 만족하느냐, 하는 것입니다. '어느 선에서 만족할 수 있을까? 불행이란 결핍에서 오는 것이 아니라, 남과 비교해서 내가 모자라다는 느낌, 그 결핍감에서 오는 것이다.' 이것이 그 옛날 헬라의 철학자가 우리에게 말해준 행복론입니다. 구체적으로 예를 들어볼까요? '먹고, 입고, 사는 수준에서 물질적으로는 조금 모자란 듯할 때가 좋다. 그래야 입맛도 좋고, 무엇이 이루어질 때마다 행복이 온다.' 넘치게 가지고 나면 그 다음에 더 가지게 될 때 결코 행복하지 않습니다. 조금 부족한 듯해야 얻을 때마다 행복하고, 벌 때마다 행복하고, 받을 때마다 행복할 수 있는 것입니다. 그러니까 내 욕심을 한껏 채우기보다는 조금 부족하다 싶은 정도에서 멈추는 것이 행복이다, 이것입니다. 굉장히 철학적인 이야기 아닙니까.

　명예도 마찬가지입니다. 사람들은 대개 남들이 자신을 충분히 알아주지 않는다고 불만스러워합니다. 조금만 더 높게 인정해주고, 조금만 더 낮게 평가해주면 좋겠는데, 항상 기대에 못미치는 것입니다. '왜 사람들은 나를 이렇게 알아주지 않을까?' 아닙니다. 조금 부족한 것이 행복입니다. 왜요? 사람은 자신이 어느 정도로 칭찬받을 만한지 스스로 잘 알고 있습니다. 그래서 그보다 더 높게 칭찬을 받으면 불안해집니다. 겉으로는 아닌 척하지만, 속으로는 못내 걱정이 됩니다. 여러분은 이 불만과 불안 사이에서 어느 쪽에 서시겠습니까? 조금이라도 인격을 갖추고 있는 사람은 불안한 것이 더 힘듭니다. 차라리 조금 모자란 것이 좋습니다. 불안해하기보다는 불만스러운 편이 더 낫다, 이것입니다.

외모도 그렇습니다. 모든 사람이 칭찬하기에는 조금 모자란 외모가 좋습니다. 누구한테서나 잘 생겼다고 칭찬을 들으면 그 사람, 마지막에는 병신이 되고 맙니다. 그저 조금 부족한 정도로 인정받는 외모, 그것이 행복이라는 이야기입니다. 예전에 제가 소망교회에서 목회할 때 성도 가운데 미스코리아하고 사는 분이 있었습니다. 그런 미인하고 같이 사시니 얼마나 행복하시냐고 했더니, 제발 그러지 마시라고 손사례를 칩니다. 왜요? 그 미스코리아분, 날마다 화장대 앞에 몇 시간씩 앉아 있는답니다. 거기다 대고 뭐라고 한 마디 했다가는 벼락이 떨어진답니다. 그러니 그게 어디 행복입니까? 외모 또한 조금 부족한 정도가 좋습니다.

체력도 한 사람과 겨루면 이기고, 두 사람과 겨루면 질 정도의 체력이 좋습니다. 너무 강한 체력, 별로 좋지 않습니다. 연설도 그걸 듣고 청중의 절반쯤이 박수를 칠 수 있는 정도가 행복한 것입니다. 내가 연설을 하면 모든 청중이 다 열렬히 박수를 쳐주면 좋을 것 같지요? 아닙니다. 그래서는 불안해집니다. 왜요? 그 다음이 문제거든요. 그저 한 절반은 박수를 치고, 절반은 치지 않는 정도가 좋다, 이것입니다. 동의하십니까? 철학자의 지혜입니다.

오늘본문은 사도들이 기뻐하며 공회 앞을 나갔다고 말씀하니다. 행복이 무엇입니까? 행복은 사랑입니다. 사랑은 기쁨입니다. 사랑하고 사랑 받을 때 기쁨이 있습니다. 믿음이 있으면 평안합니다. 소망이 있으면 용기가 생깁니다. 통틀어 한 마디로 말하면 기쁨입니다. 기쁨이 행복입니다. 여러분은 얼마나 기뻐하며 사십니까? 얼마나 행복을 느끼며 사십니까? '오늘도 나는 행복하다!' 하고 생각하며 사십니까? 바로 그 사람이 참으로 행복한 사람이고, 복 받은 사람 아니겠습니까.

　오늘본문에는 참 신비로운 말씀이 있습니다. 이것은 특별한 기쁨입니다. 사도들이 공회에 끌려가 매를 맞습니다. 억울한 능욕입니다. 그들에게는 잘못이 없습니다. 그들 스스로 생각해봐도 자기 잘못은 없습니다. 한데도 그런 큰 고난을 당합니다. 잘못이 있어서 고난당하는 것과 잘못 없이 고난당하는 것, 여러분은 어느 쪽입니까? 유명한 이야기가 있습니다. 소크라테스가 억울하게 사형선고를 받고 죽게 되었습니다. 그가 형장에 나갈 때 제자들이 따라오면서 "아이고, 억울합니다, 선생님! 선생님은 아무 잘못도 없으신데, 이렇듯 억울하게 죽으셔야 하다니요?" 하고 목놓아 울었습니다. 그때 소크라테스가 빙그레 웃으면서 하는 말입니다. "이놈들아, 잘 생각해봐라. 그러면 내가 죄가 있어서 죽어야 되겠느냐?" 여러분은 어느 쪽입니까? 어찌 생각하면 '억울하다! 억울하다!' 하지만, 그 억울한 것, 괜찮은 것입니다. 내가 잘못해서, 내 잘못 때문에, 내 죄 때문에 당하는 고난이라면 할 말 없는 것입니다. 행복하지 않습니다. 그런 고로 오늘본문에 있는 기쁨은 신비로운 것입니다. 능욕을 받고, 매를 맞고, 억울함을 당하고, 기뻐하며 공회를 나오느니라─ 아주 신비스러운 행복입니다.

사도 베드로는 베드로전서 2장에서 고난을 세 가지 유형으로 나누어놓았습니다. 사람은 고난을 세 가지로 당한다, 이것입니다. 첫째, 애매한 고난입니다. 애매하다는 말은 이유를 알 수 없다는 뜻입니다. 시작도 끝도 모르겠고, 왜 내가 이런 고난을 당해야 되는지 그 이유를 알 수 없습니다. 이런 일 참 많지 않습니까. 왜 내가 이런 고생을 해야 하는지, 아무리 생각해도 그 이유를 모르겠는 것입니다. 그야말로 애매한 고난입니다. 베드로는 이렇게 말합니다. '하나님을 생각하고 참으면 은혜가 되느니라.' 둘째, 죄가 있어서 당하는 고난입니다. 내 죄 때문에 당하는 고난이니, 억울해할 것이 아닙니다. 오히려 회개할 일입니다. 회개 밖에는 다른 길이 없습니다. 셋째가 중요합니다. 의로운 고난입니다. 이것은 하나님의 의를 위하여, 하나님의 영광을 위하여 당하는 고난입니다. 내 잘못은 없이 자원하여 받는 고난입니다. 얼마든지 피할 수 있지만, 하나님의 영광을 위하여 참고 견디는 고난입니다. 이런 고난만이 의미가 있습니다.

같은 맥락에서 오늘본문의 성경을 보면, 사도들이 예수의 이름으로 고난을 당합니다. 이유는 딱 한가지입니다. 그들이 예수님께서 부활하셨다고 증거하고 다녔기 때문입니다. 왜요? 만났으니까요. 눈으로 보았으니까요. 체험했으니까요. 이 얼마나 확실합니까. 그러니 돌아다니면서 예수 부활과 예수의 메시아 되심을 증거했다는 말입니다. 그러니 이런 상황에서 제사장과 바리새교인을 비롯한 당시의 종교지도자들 생각이 어떻겠습니까. 그들 손으로 예수를 십자가에 못박지 않았습니까. 예수님께 아무런 죄가 없는 줄 잘 알면서도 여러 가지 정치적인 이유로 예수님을 십자가에 못박아 죽이지 않았습니까. 그러니 그 예수께서 부활하셨다면 자기들은 의인을 잘못 죽였다는 뜻이 되는 것입니다. 하나님 앞에 꼼짝없이 큰 죄인이 되는 셈입니다. 예수 부활을 인정하는 순간 그 모든 종교지도자들이 모두 용서받을 수 없는 죄인이 되어버리는 것입니다. 정죄당해야 마땅하지요. 그러니 어떻게 해서든지 그걸 면해보려고 사도들을 불러다 회유도 하고, 매도 때리고, 형벌도 내리고 하는 것입니다. "제발 입 좀 다물어라! 제발 예수 부활을 떠들고 다니지 말아라! 제발 예수 이름으로 전도하지 말아라!" 이렇게 강요하는 것입니다. 하면 사도들이 그런 말을 잠자코 듣겠습니까. 오히려 더 당당하게 나옵니다. "우리가 하나님 앞에서 너희 말을 들어야 옳으냐, 아니면 하나님의 말씀을 들어야 옳으냐? 너희가 판단하라!" 기가 막힌 이야기 아닙니까. "우리는 하나님 앞에 떳떳하다. 우리는 하나님의 영광을 위하여 말한다." 이렇게 여봐란 듯이 전도하며 돌아다니니, 당시의 종교지도자들 입장이 난처하지 않았겠습니까. 그래서 거듭 불러다놓고 회유하고, 때리고, 능욕하는 것입니다.

　　오늘본문은 말씀합니다. 제자들이 그렇게 많은 매를 맞고 나올 때 기뻐하며 나왔다고요. 매를 맞으면서도 기뻐하는 것입니다. 왜요? 그것은 의로운 일이니까요. 그리스도의 영광에 속하는 일이니까요. 하나님의 큰 구원의 경륜 속에 있는 일이니까요. '기뻐하며 나왔다. 매를 맞고 기뻐한다. 고난을 당하면서 기뻐한다. 능욕을 당하면서 기뻐한다.' 이 얼마나 신비로운 일입니까. 알고 보면 기쁨은 본디 신비로운 것입니다. 다른 사람은 슬프게 여깁니다마는, 나는 기쁩니다. 다른 사람은 모르고 나만이 아는 통쾌한 기쁨입니다. 이런 것이 진짜 기쁨입니다. 말로는 설명할 수 없습니다. 내 마음속 깊이 은근하게 자리 잡는 신비로운 기쁨. 그리스도인은 바로 이런 기쁨으로 살아갑니다. 그래서 하나님의 능력을 믿습니다. 하나님의 사랑을 믿습니다. 예수 그리스도의 구원을 믿습니다. 이 모든 신앙고백 속에 오늘의 내 고난이 있는 것입니다. 매를 맞아도 기쁩니다. 죽어도 감사합니다. 왜요? 이 거룩한 고난에 내가 동참했으니까요. 그리스도께서 당하신 그 엄청난 그 고난, 그 거룩한 역사에 나도 한 몫을 한 것입니다. 어찌 기뻐하고 감격하지 않을 수 있겠습니까.

더욱 중요한 것이 있습니다. 예수님께서 오시기 전까지는 하나님의 능력이라고 하면 바다를 고요하게 하시고, 모든 백성을 먹이시고, 병자를 고치시고, 문둥병을 깨끗하게 하시는 이적과 기사와 같은 고난 없는 능력이었습니다. 그 능력에서 인간은 하나님의 사랑을 느꼈습니다. 그러나 이제는 다릅니다. 예수 그리스도의 십자가를 믿고, 그 십자가 뒤에 오는 부활을 믿게 되었습니다. 그러니까 십자가에 달리지 않는 것이 아니고, 십자가에서 죽지 않는 것이 아니고, 예수 믿는다고 해서 만사형통하는 것이 아니다, 이것입니다. 실패를 모르는 성공만 있는 것이 아니라는 말씀입니다. 많은 고난이 있습니다. 생각해보십시오. 예수님께서 십자가에 돌아가실 때 그 앞에 섰던 사람들, 얼마나 심하게 예수님을 능욕했습니까. 도저히 참기 힘든 굴욕이었습니다. "십자가에서 훌쩍 뛰어내려와라! 그러면 우리가 믿겠노라!" 이렇게 소리소리 지르는데, 어쩌면 좋겠습니까? 예수님께서는 내려오지 않으셨습니다. 마치 내려오실 능력이 없으신 것처럼, 십자가에서 도저히 벗어나실 수 없는 것처럼 그냥 십자가에서 죽으셨습니다. 그리고 부활하셨습니다. 이 모든 고난에 새로운 의미가 있는 것입니다. 신비로운 하나님의 영광입니다. 이것이 하나님의 능력이요, 하나님의 지혜요, 하나님의 사랑입니다. 하나님의 사랑은 부활에 있습니다. 땅에서 형통한 것이 아닙니다. 제자들은 바로 이 종말론적이고, 성서적이고, 신비로운 고난의 의미를 깨달았습니다. 그러고 나서 오늘 매를 맞으니까 얼마나 통쾌하겠습니까. 매를 많이 맞을수록 좋은 것입니다.

제가 잘 알고 존경하는 마포 삼랑 목사님이라고 계십니다. 제가 그분께 장학금을 받고 공부를 했습니다. 그 목사님은 한국에서 40년 동안 선교사로 일하셨는데, 그 부친 되는 분이 바로 마포 삼열 목사님입니다. 평양신학교의 교장을 지내셨지요. 그런데 마포 삼열 목사님은 세상이 다 알만큼 언어에 재능이 없어서 선교사로 있으면서도 한국말을 잘 못하셨습니다. 전도를 해도 그저 "예수 믿으시고……" 정도밖에는 못한 것입니다. 한국에서 수십 년을 지내셨는데도 설교를 능수능란하게 하지는 못하셨습니다. 그러나 이 마포 삼열 목사님께는 최고의 장기가 하나 있었으니, 바로 모금을 하는 능력이었습니다. 어쩌다 미국을 한 번 방문하시면 목사님은 아주 쉽게 많은 돈을 모금해오셨습니다. 그 돈으로 평양신학교를 지으셨고, 평양의 교회들에 많은 도움을 주셨습니다. 비결이 뭘까요? 말씀을 잘하셨을 리는 없지 않습니까. 마포 삼열 목사님이 처음에 와서 선교하실 때 이런 일이 있었답니다. 어떤 술꾼이 술병을 깨서 그걸 목사님을 향해 던졌습니다. 그래 목사님 얼굴에 반달 모양의 깊은 상처가 났습니다. 옛날이라 적절한 치료를 받지 못해 그 상처가 눈에 띄는 흉터로 남았습니다. 그렇게 상처난 얼굴로 교회에 가서 사람들 앞에 딱 서기만 하면 절로 모금이 되는 것입니다. 예수 이름으로 얻은 그 거룩한 상처를 한 번 보겠다고 다들 몰려들어와서 기꺼이 돈을 내는 것입니다. 그래서 목사님이 모금의 귀재가 되었다, 이것입니다.

이런 상처, 어떻게 했으면 좋겠습니까? 상처가 클수록 좋지 않겠습니까. 고난은 당할수록 좋은 것입니다. 의로운 고난, 선한 고난, 영원한 생명의 의미가 있는 고난이라면 당할수록 좋은 것입니다. 그러니 사도들이 매를 맞을 때 어디 그게 아팠겠습니까. 오히려 감사한 것이지요. 그래서 사도들은 매를 맞으면서도 하나님을 찬양했습니다. 오늘본문은 말씀합니다. "기뻐하며 나오느니라." 아마도 찬송을 부르지 않았겠습니까. 여기서 깊이 생각해볼 진리가 있습니다. 기적은 부활신앙 안에서 해석해야 한다, 이것입니다. 이 땅에서 해석해서는 안 됩니다. 그정도 가지고는 안 됩니다. 병이 낫고, 사업이 잘 되고, 출세하고…… 이런 기복적인 생각으로 하는 하나님 찬양, 다 피상적인 것입니다. 별 것 아닙니다. 그리스도의 이름으로 능욕을 당하고, 예수의 이름으로 매를 맞고 고난을 당할 때의 신비로운 기쁨, 이것이 진정한 그리스도인의 기쁨입니다. 십자가 위에서 뛰어 내리는 기적이 아니라, 십자가에서 죽고 부활하는 기적, 이 부활신앙 속에서 진정한 기쁨의 의미를 찾게 된다는 말씀입니다.

오늘본문은 이를 좀 더 확실하게 지적해서 말씀해줍니다. '합당한 자로 여김을……' 아주 중요한 말씀입니다. '그리스도의 이름을……' '능욕 받는 일에 합당한 자로 여기심을 기뻐하면서 공회 앞을 나오느니라.' 아무나 할 수 있는 일이 아닙니다. 그리스도의 이름을 위해서 능욕을 받고, 욕을 먹는 것, 쉬운 일 아닙니다. 은사입니다. 순교는 최고의 축복임을 알아야 됩니다. '합당한 자로 여김을 받았다.' 얼마나 감사합니까. 특별히 베드로 같은 사람은 예수님을 세 번이나 모른다며 부인하고 도망갔던 사람 아닙니까. 무자격자입니다. 다시 예수님의 제자라고 나설 수 없는 처지입니다. 그러나 예수님께서는 그를 찾아가시어 도로 부르셨습니다. "네가 나를 사랑하느냐? 내 양을 먹이라." 베드로는 합당한 자로 여기심을 받고 다시 예수의 제자가 됩니다. 이것이 중요합니다. 그는 죄인입니다. 실수도 많이 저질렀고, 고난도 많이 겪었고, 여러 번 넘어지기도 했습니다. 그러나 하나님께서는 그의 죄를 다 용서하시고, 그를 긍휼히 여기시어 다시 부르셨습니다. 그는 거룩한 이름에 합당한 자로 인정을 받은 것입니다. 하나님께서 쓰십니다. 얼마나 감격스러운 일입니까. '하나님께서 나를 거룩한 역사에 고용하셨다. 하나님의 손에 쓰임 받고 있다.'

여러분이 사는 현실, 실패든 성공이든 질병이든 건강이든, 하나님의 사람의 모든 현실을 하나님께서는 그대로 고용하십니다. 이 맥락 속에서 하나님께서는 그를 고용하시어 하나님의 영광을 드러내시고, 하나님의 사역을 이루어가십니다. 그런고로 감사한 것입니다. 나의 실패 속에서, 나의 나약함 속에서, 나의 질병 속에서 하나님께서는 주의 큰 영광을 드러내십니다. 얼마나 놀랍고 신비로운 역사입니까. '합당한 자로 여기심을 기뻐하며……' Credit, 자격증을 주신 것입니다. 그러니 감사한 것입니다. 고난의 의미를 알고 나면 고난은 클수록 좋은 것입니다. 고난당하는 자세가 하나님의 영광에 직결됩니다. 내가 얼마나 행복하냐고요? 내가 얼마나 그리스도를 위해서 고난을 당했느냐가 기준입니다. 하나님께서 나를 통하여 하시는 그 역사를, 하나님의 손에 내가 붙들렸다는 그 사실을 아는 순간 나의 생 전부가 새로운 의미를 얻습니다. 이런 일을 당해도, 저런 병을 얻어도, 어떤 실패가 와도 이 모든 일을 통하여 하나님의 역사가 이루어질 것이기 때문입니다. 이 신비로운 고난, 그리스도인만이 아

는, 그리스도와 나만이 아는 행복, 이 엄청난 행복감으로 이제는 이
세상을 이길 수 있습니다. △

속사람의 건강비결

이러므로 내가 하늘과 땅에 있는 각 족속에게 이름을 주신 아버지 앞에 무릎을 꿇고 비노니 그의 영광의 풍성함을 따라 그의 성령으로 말미암아 너희 속사람을 능력으로 강건하게 하시오며 믿음으로 말미암아 그리스도께서 너희 마음에 계시게 하시옵고 너희가 사랑 가운데서 뿌리가 박히고 터가 굳어져서 능히 모든 성도와 함께 지식에 넘치는 그리스도의 사랑을 알고 그 너비와 길이와 높이와 깊이가 어떠함을 깨달아 하나님의 모든 충만하신 것으로 너희에게 충만하게 하시기를 구하노라

(에베소서 3 : 14 - 19)

속사람의 건강비결

근자에 나온 데비 샤피로(Debbie Shapiro) 교수의 아주 재미있는 책이 있습니다. 제목도 참 흥미롭습니다. 「마음으로 몸을 고친다」입니다. 이 책에서 그는 이렇게 말합니다. '모든 병은 우리의 나쁜 행동에 대한 벌이 아니라 몸의 균형을 깨뜨렸음을 드러내는 신호이며, 우리 몸의 균형을 찾아가는 자연스러운 과정이다.' 몸의 균형을 이루어야 됩니다. 정신과 몸, 영과 정신 사이에 균형이 딱 잡혀야 됩니다. 균형이 깨지면 병이 됩니다. 그렇다면 병에 걸렸을 때는 또 어떻습니까? 병에 걸린 인간을 다시 균형 잡힌 인간으로 복귀시키는 것, 이것이 병입니다. 우리가 다들 감기 때문에 고생을 합니다마는, 건강을 위해서는 적당히 감기에 걸려야 됩니다. 그래야 면역이 생기거든요. 건강은 면역입니다. 깨끗한 음식만 먹고, 깨끗한 물만 마시고…… 그렇게 난리치지 마십시오. 그러다가는 오래 못 삽니다. 대충 사십시오. 다들 아시는 대로 사람은 그저 이것저것 어려움을 겪으면서 살아야 됩니다. 그래야 몸도 건강합니다. 어떻게 해서든 균을 제하고, 그저 깨끗하게, 깨끗하게, 깨끗하게만 살려 하다가는 큰일 나는 수가 있습니다. 그런 사람 어쩌다 병에 한 번 딱 걸리면 다시는 못 일어나고 맙니다. 결국 무슨 말인고 하니, 적당히 병을 앓으면서 살아야 된다는 것입니다. 그래야 면역력이 생기거든요. 병을 이기는 힘이 생긴다는 말입니다. 불량한 음식을 먹으면 분명히 병에 걸립니다. 그래서 고생합니다. 배도 아프지요. 그러나 지혜로운 의사의 말은 우리 생각과는 다릅니다. 나쁜 음식을 먹었으면 빨리 밖으로 쏟아버리고 한 번 아프면 됩니다. 그러고 나서야 진짜로 건강해지는 것입니다. 한데 그걸 안 쏟아버리려고 억지로 참고 약을 먹습니다. 그러면 그 병은 되레 더 오래갑니다. 또 술을 마셔서 생긴 병이라면 어떻습니까? 술을 끊어야 될 것 아닙니까. 하지만 본인 힘으로는 끊지 못합니다. 그렇지 않습니까. 그러면 하나님께서 끊게 만드십니다. 제가 그런 사람 많이 봤습니다. 위암에 딱 걸리니까 비로소 술을 끊습니다. 그렇게 많은 날 경고를 받았는데도 못 끊고 있다가 마침내 중병에 걸리니까 그때 가서야 뒤늦게 뉘우치는 것을 제가 참 많이 보았습니다.

　우리가 어떤 병에 걸렸다는 것은 중요한 경고요, 우리 몸의 균형이 깨졌다는 암시입니다. 그러면 이제 정신을 차리고 다시 원점으로, 균형 잡힌 인격으로 돌아가야지요. 이걸 잊지 말아야 합니다. 병을 이기려고 기를 쓰다보면 면역이 생기는 것입니다. 그 면역력으로 우리는 건강을 지켜가는 것입니다. 아무리 깨끗하게, 깨끗하게 하고 난리를 치면서 도망 다녀야봐야 갈 데가 없습니다. 결국 우리는 병을 전면적으로 대하면서 그 병을 이길 수 있는 힘, 면역력을 키워가야 합니다. 내가 못 키우면 하나님께서 키우게 만드십니다. 이것이 우리가 걸리는 병입니다. 그래서 한 번씩 병을 앓고 나면 사람이 달라집니다. 이걸 우리가 인정해야 됩니다. 균형이라는 것이 무엇입니까? 딱 잡힌 균형, 그 영이 혼을 다스리고, 혼이 몸을 다스리는 것입니다. 이것이 '균형 잡힌 것'입니다. 그러니까 건강한 몸이 있기 위해서는 건강한 마음이 있어야 됩니다. 그 건강한 마음에 건강한 이성이 있어야 그 다음에 또 건강한 몸이 되는 것이거든요. 그리고 건강한 이성이 되려면 건강한 영혼이 되어야 합니다. 영적으로 건강해야 이성적으로도 건강해질 수 있다, 이것입니다. 이 균형 잡힌 인간을 만들기 위해서 이 세상에 병이 있는 것입니다. 아니, 있어야 합니다. 우리가 깊이 생각해야 될 문제입니다.

건강한 사람은 자기 몸에 유익한 것만 좋아합니다. 그저 무엇을 먹든지 맛있을 뿐만 아니라, 꼭 먹어야 할 것과 먹지 말아야 할 것을 자기 입맛이 구별합니다. 하지만 병든 사람은 어떻습니까? 입맛 자체가 병들어서 제 구실을 못합니다. 게다가 꼭 몸에 해로운 것만 좋아합니다. 이게 문제입니다. 어렸을 때 저는 곧잘 들에 나가 소한테 풀을 뜯겼습니다. 그럴 때 가만히 보면 여기에 부드럽고 좋은 풀이 있어서 이것만 계속 먹어도 충분하고 좋을 것 같은데, 소의 생각은 그렇지 않은가봅니다. 여기서 한 번 먹고 나면 꼭 저기 가서 또 한 번 먹습니다. 그 좋지도 않은 풀을요. 그래 제가 그 소의 고삐를 잡아당기면서 아무리 "여기서만 먹어라!" 해도 소는 고집불통, 막무가내입니다. 하도 이상해서 제가 이걸 어른들께 여쭤봤습니다. 아주 재미있는 답을 들었습니다. "너, 밥 먹을 때 어떻게 먹느냐? 밥 먹고, 국 먹고, 김치 먹고, 물 마시고 하지 않느냐? 소도 마찬가지다. 좋은 풀이 있다고 그것만 먹는 게 아니야. 여기에서는 좋은 것 먹고, 저기에서는 나쁜 것 먹고, 여기서는 단 것 먹고, 저기에서는 쓴 것 먹고…… 이렇게 해서 조화를 이루는 거란다." 여러분, 적당히 병도 앓으면서 살아야 됩니다. 제가 50년 동안 목회하면서 많은 사람들을 봤습니다. 자기는 건강하다고, 한 번도 병원에 간 일이 없다고, 자기네 집안사람들은 병원에 가본 일이 없다고 떵떵 큰 소리 치던 사람이 자기가 제일 먼저 가더라고요. 적당히 앓으면서 살아야 좋습니다. 적당히 약한 가운데 살아야 됩니다. 잊지 말아야 됩니다. 어떻게 생각하면 병이 저주인가도 싶겠지만, 아닙니다. 그것도 축복이라는 것을 알아야 됩니다. 병을 통해서야 우리는 더 건강하고 더 온전하게 됩니다. 병을 통해서 화해도 이루어집니다. 그렇게 서로 미워하던 사이도 병이 들면 화해하게 되고, 사랑하게 되고, 용서하게 되지 않습니까.

이 균형, 이 높은 의미의 균형이라는 것이 얼마나 중요합니까. 이것이 건강한 인격이요, 건강한 사회요, 건강한 가정생활입니다. 깊이 생각해야 됩니다. 그러니까 정상적인 인간이라는 것이 무엇이 겠습니까? 사랑을 느끼고, 사랑을 믿고, 사랑하고…… 여기에 도달해야 됩니다. 그러기 위해서 우리는 많은 시련을 계속 겪으면서 살아가야 됩니다. 문제는 그 신호를 이해해야 된다는 것입니다. 읽을 줄 알아야 됩니다. 왜 병들었느냐를 알아야 됩니다. 왜 사건이 있느냐를 알아야 됩니다. 이를 통해서 하나님께서 이루고자 하시는 큰 뜻을 우리가 잘 읽고, 잘 받아들이고, 잘 따라가야 할 것이라는 말씀입니다.

마시 시모프(Marci Shimoff) 교수의 「영혼을 위한 닭고기 스프」라는 저서가 있습니다. 세계적으로 유명한 베스트셀러입니다. 특유의 어투가 있습니다. 소화하기 어렵지만, 잘 소화하면 귀중한 말씀입니다. '이유 없는 사랑, 이유 없는 사랑, 이유 없는 사랑을 느끼고 이유 없이 사랑하라.' 그것이 사는 길이라고 그는 외칩니다. 사실이 그렇습니다. '지금 이 순간에 하나님의 사랑의 결정이라고 받아들이라. 건강하든 병들든 지금 내가 당하고 있는 이 처지, 내 이 상태가 하나님의 사랑의 결정체고 최상의 축복이라고 받아들이라. 어떤 모습이든 간에.' 아주 중요합니다. '필요한 것이 있다. 있어야 할 것이 있다. 이 모든 것의 깊은 곳에는 하나님의 축복과 선이 있다.' 그걸 알고 받아들이는 사람이 바로 건강한 사람입니다. '이유 없이 사랑하라.'

또 그는 이렇게 말합니다. '조건 없이 자신을 사랑하라.' 모든 조건을 무릅쓰고, 작으면 작은 대로, 크면 큰 대로 사랑하는 것입니다. 작으면 작으니까 아담해서 좋고, 크면 크니까 늘씬해서 좋고…… 그렇지 않습니까. 심지어는 병들고 건강한 것까지도 좋은 것입니다. 자신의 상태가 어떻든, 있는 그대로 조건 없이 자신을 사랑해야 됩니다. 내가 나를 사랑하지 않는데 누가 나를 사랑하겠습니까. 내가 나를 소중히 여기지 않는데 누가 나를 소중히 여기겠습니까. 건강의 비결은 여기에 있습니다. '조건 없이 자기 자신을 사랑하라!' 지금의 내 형편 이대로가 하나님께서 내게 주신 최고의 은사라고 받아들이는 마음이 중요합니다. 그러고 나서 다른 사람을 조건 없이 사랑하는 것입니다. 가장 불행한 것은 조건을 내세우는 경우입니다. 조건 있게 사랑하다보니 조건 있게 원망하게 되는 것입니다. 이 조건이라는 것을 완전히 탈피해버려야 합니다. 조건 없이 사랑하고, 모든 사람을 사랑의 눈길로 보는 것입니다. 아름답게 보는 것입니다. 귀하게 보는 것입니다. 이것이 얼마나 중요합니까. '오늘 내가 벌써 사랑을 받았다. 지금의 내 처지는 사랑의 최고 결정체다. 이유 없이 사랑하라. 이유 없이 사랑을 느껴라.' 그러고야 온전한 건강을 얻을 수 있습니다.

오늘본문에서 사도 바울은 바야흐로 로마 감옥에 갇혀 있습니다. 언제 죽을지 알 수 없는 절박한 시간입니다. 인간적으로는 참으로 절절한 고통 속에 있는 것입니다마는, 그의 편지는 정반대입니다. 그렇게 아름다울 수가 없습니다. 그의 편지 속에는 기도가 있습니다. 이 에베소서에만 기도가 세 번이나 나옵니다. 그는 감옥에서 계속 하나님 앞에 기도합니다. 그 기도를 편지에 써서 밖에 있는 교인들에게 보냅니다. 하지만 그 편지 속에는 그가 처해 있는 상황에 대한 기도가 한 마디도 없습니다. "너희들이 기도해서 나 감옥에서 빨리 나가게 해다오. 내가 감옥에 있는 동안 몸도 약해졌으니 건강을 위해서도 기도해다오. 너희들이 나를 위해서 기도해서 내가 감옥문을 박차고 나가서 복음을 전하게 해다오." 이런 기도, 없습니다. 상황에 대한 기도, 환경변화에 대한 기도가 없는 것입니다. 다만 내적인 것뿐입니다. 사도 바울도 인간입니다. 감옥에 있는 동안 알게 모르게 마음이 약해졌을 것입니다. 하지만 그는 이렇게 말합니다. "마음이 약해지는 것을 느끼면서 무릎을 꿇고 비노니 속사람의 강건을 위해서 기도하자." 얼마나 귀합니까. 겉 사람이 아니고, 환경도 아니고, 정치도 아니고, 세상도 아니고, 속사람, 그 내면세계에 있는 속사람을 강건하게 해달라는 기도를 하라고 말합니다. 속사람의 강건함을 위한 기도입니다. 아마도 그 순간 바울은 자기 속사람이 약해지고 있는 것을 느끼고 있지 않았을까, 하고 추리해봅니다. 그렇다면 어떻게 속사람을 강건하게 합니까? 성령의 능력으로 강건하게 하는 것입니다. "성령의 능력으로 속사람을 강건하게 하옵소서." 물질도 아니고, 건강도 아니고, 세상적인 성공도 아닙니다. 속사람을 강건하게 하는 것은 성령뿐입니다. 특별히 16절은 '그의 영광의 풍성함을 따라'라고 말씀합니다. 여기에 그의 기독론이 있습니다. 예수께서 십자가에 돌아가시고, 부활하시고, 승천하신 그 영광 속에 성령의 역사가 오늘 우리와 함께하고 있습니다.

　그 신비롭고 놀라운 바울의 기독론 속에 그의 간구가 있고, 신앙고백이 있습니다. 성령께서 그가 하나님의 자녀 됨을 확증해주십니다. '내가 비록 감옥에 있고, 이대로 죽는다고 하더라도 하나님께서는 나를 사랑하십니다. 사랑하시는 것이 확실합니다. 아니, 사랑하시기 때문입니다.' 성령 충만할 때 아무리 어려운 환경에서라도 속사람이 강건해집니다. 속사람이 강건해지면 생각이 밝아집니다. 몸도 강건해집니다. 그래서 그걸 믿고 있습니다. 또한 그는 이런 신비로운 말을 합니다. "그리스도께서 너희 마음에 계시게 하시옵고……" 여러분 마음에는 무엇이 있습니까? 돈이 있습니까? 요즘 같아서야 걱정거리밖에 없을지도 모릅니다. 이자는 밤낮 내려가지요, 경제는 오르락내리락 하지요, 자칫하면 이놈의 돈이 하루아침에 그냥 폭삭 내려앉을 수도 있는 것이니, 이런 걱정 하다보면 끝이 없습니다. 그러면 약해지는 것입니다. 하지만 우리 마음에는 그리스도가 계십니다. 우리를 위해 십자가를 지신 그리스도가 계십니다. 나를 사랑하시는 그리스도가 계십니다. 그리스도께서 우리 마음에 계실 때 우리는 건강합니다. 돈 때문에 건강한 것이 아닙니다. 명예 때문에 건강한 것이 아닙니다. 성공은 불안하기 짝이 없는 것입니다. 오늘의 성공? 믿을 수 없습니다. 우리 속사람은 오직 믿음으로 말미암아 그리스도께서 우리 마음에 계심으로 말미암아 강건해지는 것입니다.

　사도 바울은 빌립보서에서 이렇게 말씀합니다. '주 예수의 마음, 이 마음을 품으라. 곧 주 예수 그리스도의 마음이니.' 그리스도의 마음이 가득할 때 그는 강건할 수 있습니다. 이어 신비로운 말씀을 합니다. '그리스도의 사랑을 알아. 그리스도의 사랑을 알아.' 우리는 앞으로 남은 일생을 그리스도인으로서 살아갈 텐데, 이것은 그리스도의 사랑을 알아가는 과정이기도 합니다. 어쩌면 우리 한 인간의 일생도 부모님의 사랑을 알아가는 과정일 것입니다. 부모님은 우리를 사랑하셨습니다. 내가 모르는 가운데 나는 엄청나게 사랑을 받았습니다. 하지만 나는 그걸 다 잊어버렸습니다. 세월이 흘러 나이가 많아지면 참 특별한 것이 하나 생깁니다. 제가 80이 넘은 할아버지하고 같이 골목을 지나갈 때 어쩌다 할아버지가 자칫 도랑에 빠질 뻔하면 "아이고, 어머니!" 하시더라고요. 그래 제가 그랬습니다. "할아버지, 연세가 몇이신데 애들처럼 어머니를 부르세요?" 그러자 할아버지가 이러십니다. "아니다. 이것은 영혼의 부르짖음이다." 나이가 몇이든 우리는 조금만 어려워도 "어머니!" 합니다.

이런 기가 막힌 이야기가 있습니다. 6·25전쟁 때 있었던 일입니다. 미국 군인들은 죽을 때 이런 말을 한다고 합니다. "Give me a cup of fresh milk." 신선한 우유 한 잔! 이렇게 말하고 죽는 것입니다. 하지만 우리 한국 청년들은 하나같이 "어머니!" 하고 죽는다고 합니다. 미국 군인들은 아기 때 어머니 젖이 아니라 소젖을 먹고 자랐기 때문에 그 절절한 순간에 우유가 생각난다는 것입니다. 어머니는 마음의 고향입니다. 사람이 나이가 들어 늙으면 어떻습니까? 어머니의 사랑을 비로소 깨닫습니다. 뿐입니까? 아내에 대한 사랑, 자식에 대한 사랑도 그제야 비로소 느낍니다. 우리의 일생이 사랑공부입니다. 당신에게 묻습니다. 당신은 얼마나 사랑을 느끼고 있느냐고요. 생각하면 우리가 어느 수준에 도달하면 이렇게 느끼고 깨닫게 됩니다. '하나님은 사랑이시다. 세상은 사랑이다. 모두가 사랑이다.' 사랑 아닌 것이 없습니다. 조그마한 일이나 큰일이나 간에 다 그렇습니다. 그래서 그리스도의 사랑을 알고, 더 나아가서는 그리스도의 사랑을 깨닫고, 그 넓이와 깊이와 길이를 깨달아 알아보자, 이것입니다. 순간마다, 사건마다 하나님의 사랑을 알고 깨닫고 확증해야 합니다. '아, 이것이 사랑이구나! 아, 저것도 사랑이구나! 아, 저분이 나를 괴롭히는 줄 알았는데, 실은 사랑이었구나. 아, 이것은 마치 나를 향한 저주인 양 생각했는데, 실은 거기에 사랑이 있었구나!' 이렇듯 순간순간 사랑을 확증하게 될 때 속사람이 강건해지는 것입니다. 사람은 밥만 먹고 사는 존재가 아닙니다. 사랑을 먹고 삽니다. 사랑을 알아야 됩니다.

보면 다들 건강을 위해서 많이 애를 씁니다마는, 건강의 비결 가운데서 가장 큰 것이 웃음입니다. 많이 웃어야 됩니다. 웃으면 그렇지 않을 때보다 엔돌핀의 효과가 4배나 더 높답니다. 그래서 요즘 병원에서는 '스마일 그림'을 이용합니다. 환자들을 죽 모아놓고 각기 연필을 한 자루씩 입에 물고 있게 합니다. 입을 다물지 못하게 하는 것입니다. 그리고 한 시간 동안 "하하하하!" 웃게 합니다. 그러고 나면 웬만한 병은 다 낫는다, 이것입니다. 웃을 일이 없어도 웃는 것이 중요합니다. 웃으면 웃을 일이 생깁니다. 그러면 병이 낫는다는 것 아닙니까. 한데 이 스마일 클리닉보다 더 효과가 높은 것이 있답니다. 바로 깨달음입니다. 이것은 또 웃는 것보다 4배나 효과가 더 높다는 것 아닙니까. '미처 몰랐는데, 이제 깨닫고 보니 그게 사랑이었다. 그동안 나는 미움 받는 줄로만 알았는데, 이제 깨닫고 보니 사랑이었다. 나는 소중하구나!' 이렇게 번쩍 깨닫는 순간 웬만한 병은 다 이길 수 있습니다. 이것이 건강의 비결입니다.

마스크 한다고 건강이 지켜집니까? 웬만하면 그냥 사십시오.

그거 별로 마음에 안 듭니다. 얼마나 더 살겠다고 이 난리입니까. 심지어 제가 어디를 갔더니 악수도 제대로 하지 않으려 하더라고요. 그래서 제가 속으로 '오래 사세요!' 하고 말았습니다. 여러분, 그만 합시다. 그거 정신적으로 아주 나쁩니다. 하나님의 사랑을 느끼고, 확인하고, 그리스도의 사랑을 알고, 성령으로 충만하게 될 때 비로소 강건하게 되는 것입니다. 그리스도를 우리 마음에 계시게 하면 죄에 대한 형벌 의식에서 벗어날 수 있습니다. 하나님의 자녀로서 속죄 받은 기쁨과 감격으로 충만하게 됩니다. 이제부터 내가 당하는 고난은 절대 죗값이 아닙니다. 징벌이 아닙니다. 사랑입니다. 여러분, 감당하기 어려운 일을 당했습니까? 그것도 사랑입니다. 꼭 잊지 마십시오. 그 속에서 사랑을 느낄 수만 있다면 우리는 모든 병을 이길 수 있습니다. 속사람은 오직 하나님의 사랑으로 강건해지는 것입니다. 사랑, 성령으로 사랑을 느끼고, 그리스도를 믿음으로 하나님의 사랑을 확증하고, 실생활 속에서 날마다 사건마다 이것이 사랑임을 간증할 수 있을 때 내 속사람이 건강해집니다. 속사람이 강건해질 때 병을 이기고, 건강을 지키고, 환경을 초월하고, 하나님의 찬양할뿐더러, 또 다른 사람을 강건하게 할 수 있습니다. 또 다른 사람에게 사랑을 베풀 수 있고, 사랑을 나타낼 수 있게 되는 것입니다.

여러분, 요새 우리가 병 때문에 많이들 걱정하고 다닙니다마는, 그저 웬만큼 하고 맙시다. 그런다고 저만 살 것도 아니지 않습니까. 겉 사람이 아니고 속사람이 중요합니다. 그리고 기도하십시오. '하나님이시여, 저의 속사람을 강건하게 하시옵소서. 성령으로 말미암아, 그리스도로 말미암아 날마다 사랑을 깊이 깨닫고 간증하면서 건강한 하나님의 사람으로 살아가게 하시옵소서.' △

소년 다윗의 신앙고백

블레셋 사람이 방패 든 사람을 앞세우고 다윗에게
로 점점 가까이 나아가니라 그 블레셋 사람이 둘러보
다가 다윗을 보고 업신여기니 이는 그가 젊고 붉고
용모가 아름다움이라 블레셋 사람이 다윗에게 이르
되 네가 나를 개로 여기고 막대기를 가지고 내게 나
아왔느냐 하고 그의 신들의 이름으로 다윗을 저주하
고 그 블레셋 사람이 또 다윗에게 이르되 내게로 오
라 내가 네 살을 공중의 새들과 들짐승들에게 주리라
하는지라 다윗이 블레셋 사람에게 이르되 너는 칼과
창과 단창으로 내게 나아오거니와 나는 만군의 여호
와의 이름 곧 네가 모욕하는 이스라엘 군대의 하나님
의 이름으로 네게 나아가노라 오늘 여호와께서 너를
내 손에 넘기시리니 내가 너를 쳐서 네 목을 베고 블
레셋 군대의 시체를 오늘 공중의 새와 땅의 들짐승에
게 주어 온 땅으로 이스라엘에 하나님이 계신 줄 알
게 하겠고 또 여호와의 구원하심이 칼과 창에 있지
아니함을 이 무리에게 알게 하리라 전쟁은 여호와께
속한 것인즉 그가 너희를 우리 손에 넘기시리라 블레
셋 사람이 일어나 다윗에게로 마주 가까이 올 때에
다윗이 블레셋 사람을 향하여 빨리 달리며 손을 주머
니에 넣어 돌을 가지고 물매로 던져 블레셋 사람의
이마를 치매 돌이 그의 이마에 박히니 땅에 엎드러지
니라

(사무엘상 17 : 41 - 49)

소년 다윗의 신앙고백

아주 오래 전 이야기입니다. 1974년, 제가 두 번째로 미국유학 길에 올랐는데, 그때 저는 풀러(Fuller Theological Seminary)라고 하는, 지금 LA에 있는 신학교에 가서 공부하게 되었습니다. 거기에는 랄프 윈터(Winter, Ralph D. (EDT))라는 세계적인 학자가 있었습니다. 제가 그분의 과목을 수강하게 되었는데, 그 첫 시간입니다. 그분이 책 열두 권을 소개합니다. 유명한 찰스 베아드(Charles A. Beard)의 역사서입니다. 찰스 베아드는 일생동안 세계의 역사를 연구해서 열두 권의 책을 썼습니다. 물론 그 책들은 신학서적이 아닙니다. 성경에 대한 책도 아니고, 일반 역사서입니다. 그걸 가리켜 Hard Require라고 합니다. 그 책들을 읽으라는 것입니다. 그냥 읽으라는 것이 아닙니다. 두 주간 동안 다 읽으라는 것입니다. 그러고 나서 시험을 보겠다는 것입니다. 읽었는지 안 읽었는지, 제대로 읽었는지 아닌지를 두 주 뒤에 테스트하겠다는 것입니다. 그래 저는 몇날 며칠 잠도 못자고 그 열두 권을 다 읽어야 했습니다. 처음부터 그런 어려움이 있었습니다. 그분이 그때 왜 그렇게 그 역사서를 읽으라고 했는지 뒤늦게 깨달았습니다. 읽으면서 조금씩 느낄 수 있었습니다. 베아드는 이렇게 서술해나갑니다. '역사는 전쟁사다. 역사는 전쟁이다. 세계 역사는 싸움이다. 싸우고, 먹히고, 죽고, 죽이고…… 그 피비린내 나는…… 이것이 인류의 역사다.' 그런데 왜 평화를 원하지 않고, 오순도순 행복하게 살지 않고, 왜 이렇게 싸우느냐? 왜 전쟁이 있느냐? 베아드는 바로 그걸 설명하려는 것입니다. 왜 전쟁이 있을까? 전쟁이 한 번 있을 때마다 세상이 폐허가 됩니다. 망하는 것입니다. 많은 사람들이 죽습니다. 재산도 잃어버립니다. 또 특별히 중요한 것은 인간성이 파괴된다는 것입니다. 이제는 다 잊었겠습니다마는, 전쟁을 한 번 치르고 나면 꼭 유행병이 돕니다. 사실은 우리가 직접 싸운 것도 아닙니다. 6·25때도 전쟁이 끝나자마자 유행병이 돌았습니다. 호열자라는 병이 돌아가지고 얼마나 많은 사람들이 죽었는지 모릅니다. 그때 죽은 시체들을 산에다 갖다놓고 불태우는 그 벌건 불기둥을 저녁마다 봤습니다. 그래서 역사는 말합니다. 전쟁에서 죽은 사람보다 전쟁 뒤에 전염병으로 죽는 사람이 훨씬 더 많다고요. 이렇게 될 뿐만 아니라, 더욱이 보이지 않는 문제가 있습니다. 도덕성이 타락합니다. 질서가 무너지니까요. 도둑놈도 많고, 살인강도도 많고, 하여튼 말도 못합니다.

제가 얼마 전에 재미있는 책을 읽었습니다. 「40이 넘어서 다시 읽는 손자병법」입니다. 흥미가 있어서 젊었을 때 읽었지마는, 40이 넘어서 다시 보는 손자병법, 그거 마음에 듭니다. 그래 한번 읽어봤습니다. 자세히 읽다가 깜짝 놀랐습니다. '전쟁이란 처음부터 속임수다.' 그렇잖아요? 전쟁 잘하고 못하고가 어디 있습니까. 이쪽으로 가는 척하면서 저쪽으로 가고, 작으면서 큰 척하고, 없으면서 있는 척하고…… 전쟁이라는 것은 애당초가 전부 속임수다, 이것입니다. 그러니까 잘 속인 자가 이기고, 잘 속인 자에게 훈장이 돌아가는 것입니다. '이것이 전쟁이다. 그러니까 전쟁을 치르고 나면 사람의 도덕성이 타락한다.' 진실이 통하지를 않습니다. 이제는 거짓말이 최고입니다. 거짓말 잘하는 사람이 잘삽니다. 사기꾼이 지혜로운 사람입니다. 이것이 전쟁 뒤에 오는 후유증입니다. 그런고로 진실이 무너집니다. 다 없어집니다. 이 얼마나 무서운 일입니까. 지금 탈북자들이 여기에 와 있잖아요? 이분들이 공장에서 일을 하는데, 자꾸 거짓말을 하거든요? 그래서 사장님이 불러서 그랬답니다. "자네 말이야, 왜 확실한 일에 자꾸 거짓말을 하나?" 이렇게 꾸중을 했더니 정면으로 그러더랍니다. "사장님, 잘 생각해보세요. 제가 거짓말을 안 했다면 여기까지 왔겠습니까?" 여러분, 북한은 온통 거짓말입니다. 아니, 거짓말을 잘 해야 살아남을 수 있습니다. 이게 무너지는 것입니다. 도덕률, 진실, 이게 왕창 무너지고 맙니다. 이걸 다시 세우려면 얼마 걸리겠습니까? 전문가가 하는 말입니다. 40년 걸린답니다. 한 번 무너진 도덕성을 다시 세우려면 말입니다. 그러니까 재산이 조금 없어지고, 집 좀 무너지고, 다시 건설하고…… 그런 것은 아무 것도 아닙니다. 인간성이 문제입니다. 도덕성이 무너집니다. 그 후유증이 너무나 오래갑니다. 전쟁은 무서운 것입니다. 그런데 왜 전쟁이 있습니까? 간단합니다. 베아드는 딱 두 마디로 말합니다. 욕심과 교만입니다. 끝없는 욕심과 교만 때문입니다. 없는 자가 가지려고 하는 것이 아닙니다. 가진 자가 더 가지려고 하는 것입니다. 이것이 전쟁입니다. 그리고 교만한 것입니다. 욕심과 교만— 그래서 전쟁 때 보면 악이 승리하는 것 같습니다. 어둠이 빛을 몰아내는 것 같은, 세상이 여기서 끝나는 것 같은 아픔을 느낍니다.

그러나 오늘본문은 우리에게 확실하게 말씀해줍니다. '전쟁은 하나님께 속한 것이다.' 여러분, 그 누구도 원망하지 마십시오. 전쟁은 하나님께 속한 것입니다. 하나님의 섭리와 경륜과 능력과 지혜 속에 있는 것입니다. 이걸 잊지 마십시오. 우리는 고백해야 됩니다. 우리가 얼핏 생각해서 누구 때문이요, 누구 때문이요, 이놈 때문이요, 저놈 때문이요 하는데, 그만하십시오. 아니올시다. 전쟁은 하나님께 속한 것입니다. 잠깐잠깐 보기에는 악인이 승리하는 것 같습니다. 불의가 득세하는 것 같습니다. 거짓이 지혜로운 것 같습니다. 그러나 하나님께서는 심판하십니다. 전쟁은 하나님께 속하는 것입니다. 교만한 자를 심판하십니다. 끝없는 욕심을 심판하십니다. 오늘 본문에서도 골리앗대장, 얼마나 교만합니까. 이스라엘 백성을 향하여 전쟁을 벌이고, 다윗을 향해 욕을 하면서 얼마나 교만합니까. 그의 교만을 심판하십니다. 하나님께서는 정확하게, 은밀하게 심판하십니다.

베아드의 중요한 기사가 있습니다. '하나님의 심판의 연자 맷돌은 너무나 천천히 돌아서 도는 것 같이 느껴지지 않는다. 그러나 부드럽게 간다.' 연자 맷돌을 직접 보지 못한 분들은 이해가 잘 안 될 것입니다. 옛날에는 이 동그란 연자 맷돌이라는 것이 동네마다 하나씩 있었습니다. 돌덩어리입니다. 그걸 말이나 소나 당나귀가 빙빙 돌립니다. 그럼 연자 맷돌, 그 큰 것이 천천히 돌아가면서 곡식을 부드럽게 갈아버립니다. 이처럼 하나님의 심판은 너무나 천천히 도는 것처럼 보여서 마치 심판이 없는 것 같습니다. 하나님께서 살아계시지 않는 것 같습니다. "하나님, 어디 계십니까?"라고 소리 지르고 싶습니다. 그러나 틀림없이 하나님께서는 구체적으로, 확실하게, 아주 세밀히 역사하십니다. 베아드의 논법 가운데 재미있는 것이 있습니다. 하나님께서는 악한 자를 심판하실 때 벼락을 치시든가 병에 걸리게 하시든가, 졸도하게 하시든가 하지 않으십니다. 하나님께서 악한 자를 심판하시는 가장 흔한 방법은 성공하게 하는 것입니다. 이것이 우리 마음에 안 드는 것입니다. 악한 자는 죄를 짓자마자 벼락을 맞아야지, 성공하면 되겠습니까. 악한 자의 사업이 성공하고, 악한 자가 출세하고, 권세를 얻고…… 이거 안 되는 것 아닙니까. 그러나 하나님께서는 그런 방법으로 심판하신다, 이것입니다. 이게 역사입니다. 악한 자를 성공하게 하십니다. 못된 놈에게 돈을 주십니다. 못된 놈에게 권력을 주십니다. '아, 이건 아니지 않습니까?' 이렇게 우리는 불평하지마는, 성경은 말씀합니다. '악인의 형통을 질투하지 마라. 악인의 형통을 부러워하지 마라. 이게 심판이니까.' 악인이 성공하는 것은 심판입니다. 한 번 확실하게 생각해보십시오. 죄를 지었을 때는 망해야지요. 아니면 잘못된 길을 가서 차라리 병들어야지요. 그게 사랑이지요. 잘못된 길을 가는데 성공하고, 부정한 방법으로 부자가 되면 어쩌자는 것입니까. 좀 못마땅하지 않습니까. 그러나 그럴 때마다 생각하십시오. '악인의 형통함을 부러워하지 마라. 악인은 곧 없어질 테니까. 다시 살필지라도 없을 것이다.' 이걸 잊지 말아야 됩니다. 잠깐잠깐이라도 잊는다면 실수하는 것입니다. '하나님께서는 악인을 심판하실 때 더 성공하게 하신다. 교만하게 하신다. 교만의 사다리를 끝까지 올라가도록 내버려두신다. 이것이 하나님의 심판방법이다.' 또 하나는 그로 이상과 양심을 버리게 만드십니다. 눈을 흐리게 만드십니다. 귀를 어둡게 만드셔서 성공하고, 권력을 얻고, 돈을 벌고 잘 되니까 정신을 못 차리게 하십니다. 양심도 없고, 이성도 없습니다. 끝까지 교만하게 드십니다.

세 번째가 중요합니다. '하나님께서는 악한 자를 심판하실 때 선한 자를 통해서 하지 않으신다. 하나님께서는 더 악한 자를 통해서 악한 자를 심판하신다.' 하나님께서는 이스라엘의 죄를 심판하실 때 세상에서 가장 잔악한 느부갓네살을 통해서 하셨습니다. 부패한 사회를 심판하실 때 히틀러를 통해서 심판하셨습니다. 스탈린을 통해서 타락한 교회를 심판하셨습니다. 이걸 아셔야 됩니다. 더 악한 자를 통해서 심판하신다, 이것입니다. 선한 자하고 악한 자하고 싸우면 언제나 선한 자가 집니다. 그러나 하나님께서는 그 악한 자를 어떻게 다스리시느냐? 그보다 한 단계 더 악한 자를 통해서 치십니다. 이것이 하나님의 방법이라고 찰스 베어드는 확실하게 우리에게 말해줍니다. 귀한 깨달음입니다. 그래서 때로는 하나님의 심판이 없는 것처럼 보입니다. 더 악한 자를 통해서 이루시기 때문입니다. 그러니까 악한 자들끼리 싸우는 것을 볼 때 우리는 잘 판단해야 됩니다. 이걸 잊지 말아야 합니다. 악인의 악인은 눈에 안 보입니다. 그러나 하나님께서는 보십니다. 반드시 더 악한 자를 통해서 그를 확실하게 심판하십니다. 동시에 엄청난 역사 속에, 전쟁 속에서 하나님께서는 구원을 이루십니다. 당신의 백성을 구원하십니다.

여러분, 우리가 잘 잊어버리는 게 있잖아요? 우리가 8·15해방을 기뻐합니다마는, 우리가 얼마나 많이 싸워서 일본을 물리쳤습니까. 일본이 교만해가지고 미국하고 싸우고 난리를 치는 바람에 저들끼리 싸워가지고 망했잖아요? 그래서 우리는 해방되었잖아요? 일본이 망해서 우리가 해방이 되었다는 이 사실을 우리가 간단히 보면 안 됩니다. 전쟁 속에서 하나님의 백성을 구원하신 것입니다. 개인적으로 봐도 그렇습니다. 악한 자는 저들끼리 싸웁니다. 다 망할 것 같으나 그 속에서 하나님의 백성을 구원하십니다. 역사적으로, 개인적으로 날마다 이 구원을 볼 수 있어야 됩니다. 하나님의 심판도 보고, 하나님의 구원도 볼 줄 알아야 합니다.

그래서 오늘본문 47절은 말씀합니다. "여호와의 구원하심이 칼

과 창에 있지 아니함을 이 무리에게 알게 하리라 전쟁은 여호와께
속한 것인즉 그가 너희를 우리 손에 넘기시리라." 깊이깊이 생각해
야 될 말씀입니다. 하나님께서는 환난 속에서 구원의 역사를 이루십
니다. 또 전쟁 속에서 선교의 역사를 이루십니다. 지금 우리 한국 교
회가 높이 성장해나가는 줄 알았는데, 요새 성장이 침체되었습니다.
교회 부흥이 잘 안 됩니다. 애는 많이 쓰는데도 교회가 부흥이 안 되
거든요? 왜 그런 것 같습니까? 예전 그 어렵던 시절의 뜨거운 체험
이 없는 것입니다. 잊지 마십시오.

　　우리나라에 새벽기도라는 게 있지요? 이 새벽기도라는 제도가
본래는 없는 것입니다. 저는 북한에서 보았습니다마는, 그때는 부흥
회 주간에만 새벽기도가 있었지, 보통날은 새벽기도라는 게 없었습
니다. 새벽에 각자 개인적으로 나가서 기도했지, 따로 기도회를 열
어서 예배를 드리고, 찬송을 부르고 하는 것은 없었습니다. 그러다
가 새벽기도라는 것이 생겼는데, 바로 전쟁 때 생긴 것입니다. 그러
니까 새벽기도는 전쟁의 유물입니다. 여러분, 전쟁 통에 기도 안 할
수 있습니까. 전쟁이 우리로 기도하게 만드는 것입니다. 이걸 잊지
말아야 됩니다. 우리가 질병을 괴로워합니다마는, 질병 때문에 기도
하잖아요? 병들고 기도 안 하는 사람 봤습니까? 간단히 말하면 하나
님께서 기도하게 만드시는 것입니다. 탁 내려치시는 것입니다. 이걸
알아야지요. 그러니까 하나님께서는 전쟁이라고 하는 엄청난 사건
속에서 당신의 구원의 역사를 이루신다는 말입니다. 여기에 신앙고
백이 있는 것입니다. 새로운 질서, 새로운 가치관을 창조하시는 것
입니다.

　　뿐만 아니라, 엄청나게도 전쟁을 통해서 선교의 역사를 이루십

니다. '선교사'라고 하는 역사가 있습니다. 선교의 역사를 죽 연구해 보면 결론은 간단합니다. 전쟁을 통하지 아니하고 선교가 이루어진 때가 없습니다. 그렇게 애를 써도 잘 안 됩니다. 하나님께서 직접 전쟁이라고 하는 비상수단을 통해서 역사하실 때 하나님의 선교는 창조적으로, 엄청나게 효과적으로 이루어지는 걸 볼 수 있습니다. 전쟁이 좋다는 것이 아닙니다. 생각하면 우리 개인도 그렇기 때문입니다. 많은 환난과 고난 속에서 믿음을 얻고, 믿음이 자라고, 새로운 가치관을 얻게 됩니다.

제가 예전에 한 시절 인천에서 목회를 했습니다. 1960년부터 14년간입니다. 그 젊었을 때 목회를 하면서 열심히 교인들 심방도 하고 그랬습니다. 그때 교회에 장로님들이 한 20여 분 계셨는데, 그 가운데 아주 특별한 장로님이 한 분 계셨습니다. 별명이 '예수 동생'이었습니다. 예수님 동생이다, 이것입니다. 그 정도로 존경받는 분이었습니다. 정말 예수 동생 같습니다. 제가 봐도 얼마나 신앙이 좋은지 모릅니다. 봉사도 열심히 합니다. 이름도 없이 빛도 없이 그렇게 열심히 합니다. 그분은 어떤 병든 사람이 있는 가난한 집으로 심방을 가면 함께 예배드리고 나올 때 자기 주머니 속에 들어 있던 장사밑천을 꺼내가지고 이부자리 밑에 슬며시 넣어두고 나옵니다. 마음이 아픈 것입니다. 그런 분입니다. 그 가운데 가장 드라마틱한 이야기가 이것입니다. 어떤 분이 섬의 양계장에서 달걀을 배에 실어 인천으로 가져옵니다. 그걸 다시 시장으로 가져가는데, 그때 달걀을 지게에 지고 갑니다. 새벽기도 마치고 나가다 보면 지게에 달걀을 잔뜩 지고 가는 노인이 있는데, 바로 그분입니다. 그 노인이 달걀을 지게에 지고 가는데, 동네 깡패들이 그분 뒤를 따라가면서 달걀

을 몰래 **빼**갑니다. 하지만 노인은 그걸 모릅니다. 보이지 않게 뒤에
서 자꾸 꺼내가니까요. 한데 겁이 나서 아무도 그걸 노인한테 알려
주지 못합니다. 그때 한 장로님이 그 노인을 딱 붙들어 세워놓고 말
합니다. "아저씨, 좀 지게 좀 내리세요." 그리고 깡패의 손을 딱 붙
들고 이렇게 이릅니다. "너, 이거 갖다가 팔 거냐? 내가 돈 줄게. 먹
을 거냐? 달걀 사줄게. 이 달걀은 여기다 넣어라." 그래서 별명이 예
수 동생입니다. 그분 집에 가보면, 별로 큰 집이 아닙니다마는, 안방
한 쪽 구석에 커다란 배낭이 하나 걸려 있습니다. 먼지가 뽀얗게 앉
았습니다. 그 배낭에는 구멍이 뻥뻥 뚫려 있습니다. 그게 뭐냐고 물
으니 장로님이 이런 이야기를 해줍니다. 장로님이 6·25전쟁 때 북
쪽에서 남쪽으로 도망을 해 나왔는데, 뒤에서 인민군이 그 장로님
을 쐈답니다. 그때 총알 세 개가 배낭에 박힌 것입니다. 장로님은 엎
드려서 죽은 줄 알았는데, 살았습니다. 그 배낭을 안방구석에다 떡
하니 매달아놓은 것입니다. 그것만 쳐다보면 은혜가 된답니다. 그때
엎드려 하나님께 맹세하고 기도한 것입니다. 그때 생각을 하면 문제
될 게 하나도 없답니다. 여러분, 묻습니다. 전쟁과 환난 속에서 하나
님께서 나를 부르셨습니다. 오늘도 말씀하십니다. 이걸 잊어서는 안
됩니다. 전쟁 속에 나는 무엇을 깨달았는가? 전쟁 속에서 나는 무엇
을 버렸는가? 나는 무엇을 얻었는가? 어떤 소원을 가졌는가? 이 소
원을 지켜야 됩니다.

　　이따금 우리는 시험을 당합니다. 선한 사마리아 사람의 비유를
생각해보십시오. 예수님께서 그 선한 사마리아 사람을 칭찬하셨습
니다. 강도를 나무라지 않으셨습니다. 사회제도를 원망하지 않으셨
습니다. 이 썩어빠진 세상, 잘못된 위선적인 종교를 비판하지 않으

셨습니다. 다만, 네가 선한 사마리아 사람이 되어라, 하셨을 뿐입니다. 이것이 예수님의 관점입니다. 오늘 우리는 세상을 보고 이 말, 저 말 복잡하게 비판하기 쉽습니다. 악한 사람 잘 되는 걸 보고 생각합니다. '왜 하나님께서는 가만히 계시는가?' 그만하십시오. 하나님께서는 분명하게 역사하고 계십니다. 이 역사를 바로 보아야 할 것입니다. 오늘 소년 다윗은 외칩니다. 전쟁은 하나님께 속한 것입니다. 하나님께서 살아계심을 여기서 보여드리겠습니다. 새로운 역사관, 새로운 가치관, 새로운 믿음, 새로운 마음으로 전쟁을 통해서 우리에게 주신 하나님의 엄청난 교훈을, 그 엄청난 능력을 다시 한 번 확인하고 새롭게 출발하는 신앙생활이 되어야 할 것입니다.   △

두려워말고 믿기만 하라

아직 예수께서 말씀하실 때에 회당장의 집에서 사람들이 와서 회당장에게 이르되 당신의 딸이 죽었나이다 어찌하여 선생을 더 괴롭게 하나이까 예수께서 그 하는 말을 곁에서 들으시고 회당장에게 이르시되 두려워하지 말고 믿기만 하라 하시고 베드로와 야고보와 야고보의 형제 요한 외에 아무도 따라옴을 허락하지 아니하시고 회당장의 집에 함께 가사 떠드는 것과 사람들이 울며 심히 통곡함을 보시고 들어가서 그들에게 이르시되 너희가 어찌하여 떠들고 우느냐 이 아이가 죽은 것이 아니라 잔다 하시니 그들이 비웃더라 예수께서 그들을 다 내보내신 후에 아이의 부모와 또 자기와 함께한 자들을 데리시고 아이 있는 곳에 들어가사 그 아이의 손을 잡고 이르시되 달리다굼 하시니 번역하면 곧 내가 네게 말하노니 소녀야 일어나라 하심이라 소녀가 곧 일어나서 걸으니 나이가 열두 살이라 사람들이 곧 크게 놀라고 놀라거늘 예수께서 이 일을 아무도 알지 못하게 하라고 그들을 많이 경계하시고 이에 소녀에게 먹을 것을 주라 하시니라

(마가복음 5 : 35 – 43)

두려워말고 믿기만 하라

　미국의 초대 대통령인 조지 워싱턴이 어렸을 때 이런 일이 있었다고 합니다. 하루는 아버지가 멀리 있는 마을에 필요한 물건을 사러 간다고 아침 일찍 마차를 정비하고 거기에 올라탔습니다. 조지 워싱턴이 그 모습을 지켜보다가 "아버지, 나도 가면 안 돼요?" 하자 아버지가 선뜻 허락을 했습니다. 그래 조지 워싱턴과 아버지가 나란히 마차에 올라타고서 길을 떠났습니다. 조지 워싱턴은 어디 근사한 데로 소풍가는 것 같아서 너무나 즐거웠습니다. 목적지에 도착하여 아버지는 이런저런 물건들을 사려고 이 가게에도 가보고, 저 가게에도 가보고 하면서 부지런히 돌아다녔습니다. 그러다보니 어느 순간 자기를 따라다니는 아들이 거추장스럽게 느껴졌습니다. 그래서 아들한테 일렀습니다. "너 이 골목에 좀 서 있거라. 내가 물건들을 다 사갖고 돌아와 너를 집으로 데려가겠다." 조지 워싱턴이 대답합니다. "예, 알겠습니다." 그리고 그 골목에 꼼짝 않고 가만히 서 있기 시작했습니다. 한데 물건을 다 구입한 아버지가 그만 함께 온 아들을 까맣게 잊어버리고 혼자서 집으로 돌아갔습니다. 집에서 기다리던 조지 워싱턴의 어머니가 남편을 맞이하면서 묻습니다. "조지는 어떻게 하고 혼자 오셨어요?" 아버지는 그제야 아들 생각이 났습니다. 바삐 서두르다 그만 깜빡한 것입니다. "아, 이거 큰일 났네!" 그래 그 밤중에 황급히 서둘러 다시 아들을 데리러 갔습니다. 한편 조지 워싱턴은 아버지 말씀대로 그때까지도 그 골목에 정말 꼼짝도 않고 가만히 서 있었습니다. 동네사람들이 지나가다가 그 모습을 보고 조지 워싱턴에게 말을 붙입니다. "애야, 우리 집에 와서 밥 먹어라. 추운데 이리 들어와서 불도 좀 쬐고 쉬어라." 하지만 그래도 조지 워싱턴은 움직일 줄을 모릅니다. "아니에요. 우리 아버지께서 곧 오실 겁니다. 제가 여기 없으면 실망하실 거예요. 고맙습니다만, 그냥 여기 있겠어요." 그러면서 조지 워싱턴은 그냥 골목에 계속 서 있었습니다. 시간이 하염없이 흘러 어느덧 새벽녘이 되었습니다. 그제야 아버지가 그곳에 도착합니다. 보니까 아들이 그 자리에 그냥 그대로 서 있잖아요? 얼마나 놀랍고 다행스럽고 기특했겠습니까. 아버지는 그제야 그 사랑하는 아들을 데리고 집으로 돌아갔습니다. 언뜻 들으면 평범한 이야기 같지마는, 조지 워싱턴은 아버지를 믿었습니다. 아버지가 자기를 데리러 반드시 돌아오리라는 것을 믿었습니다. 그런고로 평안했고, 걱정도 없었던 것입니다.

오늘본문에서 예수님께서는 참 중요한 말씀을 하십니다. "두려워하지 말고 믿기만 하라." 이 믿음이란 사실 깊이 생각해보면 하나님께서 주신 소중한 선물입니다. 에베소서 2장 8절은 말씀합니다. "하나님의 선물이다." 믿음, 내 마음대로 못합니다. 믿음이 큰 사람이 있고, 믿음이 없는 사람이 있습니다. 작으나 크나 의심으로 꽉 차 있는 사람이 있습니다. 참으로 불행한 것입니다. 당연히 믿어야 할 것을 믿을 수 없을 때, 믿어지지 않을 때, 나아가 아무도 믿을 수 없을 때, 좀 더 나아가서는 자기 자신도 믿을 수 없을 때, 그것이 바로 우울증입니다. 병입니다. 의심은 병입니다. 잊지 말아야 합니다. 의처증, 또는 의부증이라는 말이 있지 않습니까. 그냥 병이 아닙니다. 중병입니다. 의심은 일단 시작하면 갈수록 점점 더 커집니다. 의심하기 시작하면 사탄, 마귀가 옆에서 부채질을 합니다. '너 잘한다.

너 잘한다.' 나중에는 별것을 다 의심하게 됩니다. 마지막에는 자기 자신도 믿을 수 없게 됩니다. 이것이 우울증입니다. 정신적 파산행위입니다. 잊지 말아야 합니다. 참으로 믿음이란 중요한 것입니다.

폴 돌런의 「행복은 어떻게 설계되는가?」라는 베스트셀러가 있습니다. 행복설계에 대한 책입니다. 이 책에서 그는 이렇게 말합니다. '행복이란 감성이 아니다. 지식도 아니다. 행복이란 행동이다. 행동은 엄연한 사건 속에 있는 것이다. 마음이 좋았다 나빴다 하는 거기에 행복이 있는 것이 아니다.' 깊이 새겨둘 만한 얘기입니다. 그는 또 말합니다. '사람은 무엇을 듣는가가 중요한 것이 아니고, 누구에게서 듣는가가 중요하다.' '무슨 말을 듣느냐?'가 중요하지 않고 '누가 말했느냐?'가 중요하다, 이것입니다. 그리고 그는 이 '누구'라는 말에 세 가지 조건이 있다고 말합니다. 첫째는 그가 내가 믿을 수 있는 사람이라야 한다는 것입니다. 내가 그를 믿을 수 있어야 됩니다. 서로 믿는 신의의 관계가 성립할 때 비로소 말이 되고, 대화가 됩니다. 불신하면 어떤 진리를 말해도 소용없습니다. 그런고로 내가 믿을 수 있는 사람, 내가 믿을 수 있는 관계, 그 속에서 비로소 귀한 말씀도 들을 수 있고, 내 길을 찾을 수 있다, 이것입니다. 그래서 믿어지는 인격입니다. 둘째는 그가 나보다 더 확실한 지식의 소유자로 전문가여야 한다는 것입니다. 나보다 한 걸음 더 앞서 있는 사람이라야 됩니다. 다시 말하면 그의 지식과 경험에 대한 신뢰가 있어야 된다, 이것입니다. 그래서 우리는 생각합니다. '저분이 말하는 것은 맞아.' 왜요? 그의 경험을 믿는 것입니다. 그의 지식을 믿는 것입니다. 내가 일일이 의심할 필요가 없습니다. 그분의 말은 다 믿어도 됩니다. 이렇게 되어야 내가 귀한 지식을 전수받을 수 있습니다. 셋째는 내 처지를 잘 아는 사람이라야 한다는 것입니다. 나를 사랑하는 분이라야 됩니다. 내가 신뢰하고 믿는 분이라야 됩니다. 나와의 아름다운 사랑의 인격적 관계가 있을 때 비로소 그분으로부터 내가 귀한 말씀을, 진리를 들을 수 있다, 이것입니다. 이 얼마나 중요한 이야기입니까. 여기서부터 행복은 이루어집니다.

오늘본문은 회당장 야이로의 이야기입니다. 그 가버나움 회당은 지금도 흔적이 조금 남아 있습니다. 당시 회당장이라고 하면 종교적, 정치적, 사회적으로 굉장히 높은 지위에 있는 사람입니다. 그런 사람이 지금 예수님 앞에 나아와 무릎을 꿇고 간청합니다. 귀한 이야기입니다. 지체 높은 사람이 무릎을 꿇은 것입니다. 가버나움은 예수님의 제2의 고향입니다. 그곳에서 하나님의 음성을 듣는 서른 살 난 청년 앞에 회당장이라는 높은 신분의 사람이 무릎을 꿇은 것입니다. 굉장한 사건 아닙니까. 어떻게 이리 될 수가 있었던 것입니까? 다른 까닭이 아닙니다. 그 회당장의 사랑하는 딸이 병들었기 때문입니다. 열두 살 난 그 사랑하는 딸이 지금 병들어 죽어가고 있습니다. 아마도 벌써 백방으로 치료하려고 애를 써봤을 것입니다. 한데 속수무책입니다. 병세는 점점 더 깊어만 갑니다. 그야말로 죽어가는 형편입니다. 그래서 그가 예수님 앞에 나아와 무조건 무릎을 꿇은 것입니다. 그리고 간절하게 아룁니다. "제 딸이 죽어가고 있습니다. 부디 도와주시기 바랍니다." 이 회당장, 누가 예수님 앞으로 인도했습니까? 누가 이 회당장을 이만큼 겸손하게 만들었습니까? 누가 이 회당장을 예수님 앞에까지 나아와 무릎을 꿇게 만든 것입니까? 여기서 우리는 큰 진리를 생각해야 됩니다. 세상에는 수많은 실패가 있고, 질병이 있고, 고난이 있습니다. 이 고난이라고 하는 것에는 카리스마, 굉장한 의미가 있습니다. 이 고난을 통해서 사람은 겸손해집니다. 고난을 통해서 사람은 깨닫습니다. 고난을 통해서 사람은 비로소 신뢰를 갖게 됩니다. 고난이 아니면 안 됩니다. 우리가 얼핏 생각하면 성공이 좋고, 건강이 좋고, 만사형통이 좋은 것 같지만, 아닙니다. 그런 것 가지고는 안 됩니다. 고난이라야 됩니다. 이것을 통해서만 이 회당장은 주님 앞에 나아올 수 있었습니다.

물론 고난을 당한다고 해서 다 좋아지는 것은 아닙니다. 하지만 이걸 알아야 합니다. 고난당할 때 좋아지는 사람, 그가 하나님의 사람입니다. 고난을 통하여 하나님께서 그를 부르고 계신 것입니다. 그러나 고난을 통해서 더 나빠지는 사람도 있습니다. 우리가 여러 매체들을 통해서 곧잘 보고 있지 않습니까. 사람이 죄를 짓고 벌을 받아 형무소에서 몇 해를 고생하면 정신 차릴 것 같지요? 아닙니다. 나와서는 곧바로 또 범죄를 저지릅니다. 그래서 다시 들어갑니다. 몇 십 년을 갇혀 있어도 사람 안 됩니다. 안 될 사람은 안 됩니다. 이 얼마나 참 중요한 이야기입니까. 고난 속에서 하나님께서는 당신의 사람을 부르시는데, 이 부름을 듣는 사람이 있고, 못 듣는 사람이 있다, 이것입니다. 오늘본문의 회당장 야이로는 열두 살 난 사랑하는 딸이 죽어가는 모습을 보면서 주님의 음성을 들었습니다. 그리고 겸손해졌습니다. 그래서 예수님 앞에 나아와 무릎을 꿇은 것입니다. "제 딸이 죽어갑니다." 그 말을 들으시고 예수님께서는 선뜻 나서십니다. "그래, 너희 집에 가자." 그가 예수님을 모시고 집으로 갑니다. 한데 가는 중에 또 다른 사건이 생겼습니다. 바로 혈루증 앓는 여인의 등장입니다. 열두 해 동안이나 혈루증을 앓고 있는 여자가 병 고침 받을 생각으로 예수님께 나아왔습니다. 이 여인은 혈루증이 부끄러워 차마 어디에 보이지도 못하고 말도 꺼낼 수 없었습니다. 하지만 이제 예수님을 만나야 되지 않습니까. '어떻게 할까? 어떻게 할까?' 하다가 이 여인이 떠올린 최고의 방법, 가능한 최선의 방법은 예수님의 옷자락을 만지는 것이었습니다. 여인은 예수님의 옷자락만 만져도 기적이 나타나리라고 믿은 것입니다. 그래 조용히 다가가 예수님의 옷자락을 만졌습니다. 그러자 예수님께서 딱 뒤를 돌아보시면서 이르십니다. "누가 나를 만졌느냐?" 여기서 제자들이 한 말이 재미있습니다. "사람들이 많이 모여 있으니 어쩌다보면 옷깃이 스치기도 하고, 만지기도 하고 그런 거지, 예수님, 이런 걸 가지고 그렇게 말씀하십니까. 사람이 많은 게 문제지요." 하지만 예수님 말씀은 이렇습니다. "아니다. 나를 만진 자가 있다. 그냥 오다가다 옷이 스친 게 아니다. 의식적으로, 의도적으로, 믿음으로 만진 자가 있다." 아주 중요한 말씀입니다. 의식적으로, 의도적으로, 믿음으로 예수님의 옷자락을 경건하게 만졌다, 이것입니다. 그래서 이 여인은 병이 나았습니다. 그리고 예수님 앞에 나와서 간증을 하게 됩니다. 그러다보니 그만 시간이 많이 지체되었습니다. 지금 딸이 죽어가고 있는데, 한시라도 빨리 가야겠는데, 이 여자 때문에 지체가 되는 것입니다. 아마도 그때 회당장 야이로가 마음은 몹시 초조했을 것입니다. "예수님, 이러시면 안 됩니다. 빨리 가셔야 됩니다. 제 딸이 다 죽어가고 있는 걸 보고 왔는데, 빨리 가시지요." 하지만 뭐라고 재촉할 수도 없고, 시간만 계속 지체되고 있었습니다. 그러다 일이 수습되어 다시 회당장 야이로의 집으로 가려고 하는 바로 그때에 야이로의 집에서 사람이 왔습니다. 회당장 야이로에게 알립니다. "당신의 딸이 죽었나이다."

이거 어쩝니까? 딸이 이미 죽었답니다. 이제 회당장 야이로가 난감하게 되었습니다. '예수님을 모시고 가야 하나, 말아야 하나?' 예수님을 한갓 의사로 여긴다면 이제는 모시고 갈 필요가 없습니다. 딸이 이미 죽었으니까요. 죽기 전에 의술이지, 이미 죽었으면 다 소용없는 것입니다. 시간을 놓친 것이니까요. 그 시간에 예수님께서 하신 말씀입니다. "두려워말고 믿기만 하라!" 여기서 굉장한 시각적 변화가 이루어집니다. 딸이 죽었다는 소식을 들었는데도 그대로 예수님을 모시고 간다면 그것은 예수님을 의사가 아니라 메시아로 여기는 것입니다. 여기에 큰 차이가 있습니다. 예수님을 의원으로 모시는 시간이냐, 아니면 하나님의 아들인 메시아로 영접하는 시간이냐, 하는 차이입니다. 큰 차이입니다. 그런데 이때 예수님께서 말씀하신 것입니다. "두려워말고 믿기만 하라!" 여기서 신앙이 바뀝니다. 의원이나 마술사, 훌륭한 선생이 아니고, 죽은 자도 살리실 수 있는 메시아, 하나님께로부터 오신 메시아라고 하는 신앙고백이 여기에 있는 것입니다. 그래서 회당장 야이로는 딸이 죽었다는 소식을 듣고도 예수님을 모시고 자기 집으로 간 것입니다. 딸의 죽음에 슬퍼서 사람들이 울고 있습니다. 그걸 보고 예수님께서 말씀하십니다. "죽은 것이 아니라 잔다." 그러자 사람들이 비웃습니다. '아니, 죽은 게 확실한데, 잔다니? 이게 무슨 말인가?' 그러나 예수님께서는 안으로 들어가셔서 죽어 누워 있는 아이를 향해서 "달리다굼!" 하십니다. "딸아, 일어나라!" 그래서 일으키셨다, 하는 이야기입니다. 여러분, 이 회당장 야이로의 딜레마를 생각해보십시오. '딸이 이미 죽었다는데, 예수님을 모시고 집에 가야 하나, 말아야 하나? 예수님과 계속 관계를 맺어야 하나, 그만 두어야 하나?' 참 어렵고 답답한 시간입니다. 이 야이로의 입장에서는 이 시간 적어도 몇 가지를 극복해야 됩니다. 우선 참 믿음을 가지려면 예전에 가지고 있었던 지식부터 버려야 됩니다. 일반적으로 생각하는 병자와 의사와 인간과 고난과 죽음, 이런 보편적 가치들은 다 버려야 합니다. 죽었으면 끝난 것입니다. 이것이 지식이요, 상식입니다. 이 상식을 벗어나야 합니다.

사람들이 아인슈타인 박사에게 와서 이런 말을 했다고 합니다. "성경에는 기적이 많이 나옵니다. 홍해가 갈라지고, 반석에서 물이 나오고, 병자가 고침을 받고, 죽은 자가 살아나고…… 이 많은 이적들, 마음에 안 듭니다. 안 그래도 성경 볼 마음이 없는데, 이 때문에 더 안 읽게 됩니다." 그러자 아인슈타인 박사가 이랬답니다. "당신들 참 답답하네요. 세상 자체가 기적입니다." 그렇습니다. 기적을 믿는 신앙이 없다면 애당초 성경을 볼 필요가 없습니다. 세상을 알 수도 없고요. 왜요? 전부가 기적이니까요. 전부가 엄청난 기적이니까요. 이걸 알아야 됩니다. 그런고로 기적을 믿는 믿음을 가지려면 예전의 지식을 버려야 합니다. 내가 아는 일반적인 지식을 버리고 그 프레임을 버려야만 성경을 바로 읽을 수 있습니다. 또 그런가하면 이성적 판단도 버려야 합니다. 철학적인 이해, 논리적인 이해, 다 포기해야 합니다. 포기하기 전에는 참 믿음을 가질 수 없습니다. 경험도 포기해야 합니다. 인간의 조그마한 경험, 아무것도 아닌 것 같지마는, 이 경험이 사람을 고집스럽게 만듭니다. 자기 경험적 가치에 집착하게 만듭니다. '내가 다 해봤다.' 이것이 문제입니다. 우리 나이 든 노인들이 실수하기 쉬운 것이 바로 이것입니다. 사람들이 뭐라고 해도 "내가 다 해봤다. 그래서 잘 알아, 내가." 천만에요. 알기

는 뭘 압니까? 문제입니다. 내 경험, 하찮은 것입니다. 그 보잘것없
는 자기 경험에 대한 집착으로 그 이상의 진리를 전혀 받아들이지
못하는 것입니다. 그런고로 과거의 경험, 현재의 경험, 다 포기해야
합니다. 왜요? 기적은 경험 밖의 일이니까요. 하나님의 은사는 내
경험을 초월하니까요. 뿐만 아니라, 나의 나약성을 버려야 합니다.
'나 같은 죄인이 은혜를 입을 수 있을까? 나에게도 은혜가 있는가?'
심리학적으로 좀 더 깊이 추리하면 아마도 회당장 야이로가 병든 딸
에 대해서 자기의 도덕적 책임을 통감하며 하나님 앞에 두려운 마음
이 있었는지도 모릅니다. '이게 다 내 잘못이다. 내가 부도덕하고,
내가 불신앙적이라서 이 가정에 귀한 딸이 죽어가는 엄청난 사건이
있게 되었구나.' 이런 뉘우침, 이런 자책이 있다는 말입니다. 이것도
극복해야 됩니다. 그러지 않고는 참 믿음을 가질 수 없습니다.

　　"두려워하지 말고 믿기만 하라." 예수님의 이 말씀, 엄청난 의미
가 있습니다. 두려움, 믿음, 두려움, 믿음…… 믿으면 두려움이 없습
니다. 두려움이 있다는 것은 믿음이 없다는 뜻입니다. 상황의 문제
가 아닙니다. 세상 돌아가는 이야기가 아닙니다. 하나님을 믿는 사
람에게 두려움은 없습니다. 예수님께서는 늘 믿음에 대해서 말씀하
십니다. 물 위로 걸어오는 베드로를 향해서도 말씀하셨습니다. "믿
음이 적은 자야, 어찌 의심하느냐?" 제자들은 예수님과 같이 다니면
서 생각한 게 있는 것 같습니다. '예수님의 믿음, 참 대단하다. 우리
는 왜 이렇게 믿음이 없을까? 문제는 믿음인데, 어떻게 하면 우리가
더 믿음을 가질 수 있을까?' 그러면서 예수님 앞에 기도합니다. "믿
음을 더하게 하소서." 예수님께서 대답하십니다. "기도 외에는 이런
일을 당할 수가 없느니라." 계속 기도해야 합니다. 기도하면서 믿음

을 지키는 것입니다. 오늘도 기도해야 됩니다. 아침에도 기도하고, 저녁에도 기도하고, 이 세상 떠날 때에도 기도해야 됩니다. 왜요? 하나님과 나와의 관계니까요. 하나님과 나와의 만남이니까요. "믿기만 하라!" 메시아의 명령입니다. 아브라함이 하나님을 믿었습니다. 그런고로 하나님께서 아브라함의 모든 허물을 다 용서하십니다. 모세가 하나님을 믿었습니다. 하나님께서는 모세와 함께하셨습니다. 노아는 120년 뒤에 될 일을 믿었습니다. 그래서 방주를 준비한 것입니다.

오늘본문에서 회당장 야이로의 마음에 의심이 없었을까요? 이 절박한 시간에 '예수님을 모시고 가야 하나, 말아야 하나?' 하는 의심이 없었을까요? 저는 야이로에게 의심이 있었다고 생각합니다. 그러나 그는 순종했습니다. 예수님께서 "가자!" 하시니 그 예수님을 따라서 집으로 왔습니다. 만일 그때 야이로가 "필요 없습니다!" 했으면 이야기가 달라졌을 것입니다. 하지만 야이로는 의심하면서도 순종했습니다. 아브라함의 역사를 봐도 그렇습니다. 야곱을 봐도 그렇습니다. 모세를 봐도 그렇습니다. 믿음의 조상들을 가만히 보면 그 믿음 속에 의심이 없었던 것이 아닙니다. 그러나 그들은 믿으면서 의심을 극복하고 순종했습니다. 그래서 하나님의 은사를 받았습니다. 오늘 우리는 많은 사건들을 봅니다. 감당할 수 없는 많은 사건에 부딪히고 있습니다. 그 위를 보십시오. 그리고 역사를 주관하시는 하나님, 그 위에 계시는 하나님, 우리의 미래를 손에 쥐고 계시는 하나님을 생각하십시오. 그리고 이 말씀을 들으십시오. "두려워하지 말고 믿기만 하라." 하나님의 뜻은 반드시 이루어질 것입니다.   △

너희는 복을 빌라

예수께서 이 열둘을 내보내시며 명하여 이르시되 이방인의 길로도 가지 말고 사마리아인의 고을에도 들어가지 말고 오히려 이스라엘 집의 잃어버린 양에 게로 가라 가면서 전파하여 말하되 천국이 가까이 왔다 하고 병든 자를 고치며 죽은 자를 살리며 나병환자를 깨끗하게 하며 귀신을 쫓아내되 너희가 거저 받았으니 거저 주라 너희 전대에 금이나 은이나 동을 가지지 말고 여행을 위하여 배낭이나 두 벌 옷이나 신이나 지팡이를 가지지 말라 이는 일꾼이 자기의 먹을 것 받는 것이 마땅함이라 어떤 성이나 마을에 들어가든지 그 중에 합당한 자를 찾아내어 너희가 떠나기까지 거기서 머물라 또 그 집에 들어가면서 평안하기를 빌라 그 집이 이에 합당하면 너희 빈 평안이 거기 임할 것이요 만일 합당하지 아니하면 그 평안이 너희에게 돌아올 것이니라 누구든지 너희에게 돌아올 것이니라 누구든지 너희를 영접하지도 아니하고 너희 말을 듣지도 아니하거든 그 집이나 성에서 나가 너희 발의 먼지를 떨어 버리라 내가 진실로 너희에게 이르노니 심판 날에 소돔과 고모라 땅이 그 성보다 견디기 쉬우리라

(마태복음 10 : 5 - 15)

너희는 복을 빌라

영국의 유명한 토마스 모어(Thomas More)는 정치적 음모에 휘말려 중상모략을 당한 끝에, 역사가들이 한결같이 말하는 것처럼, 참으로 억울하게 사형선고를 받게 되었습니다. 바로 그때에 있었던 실화입니다. 법정에서 사형선고가 내려졌을 때 그는 재판장을 향하여 이렇게 부탁합니다. "재판장님, 오늘만은 제가 당신을 친구로 부르게 하여주십시오." 재판장이 허락합니다. 그러고도 그는 한동안 침묵을 지키다가 이윽고 말을 이어갑니다. "친구여, 나는 당신과 나의 관계가 성경에 나타난 사도 바울과 스데반과 같은 관계가 되기를 바랍니다. 사도 바울은 스데반을 미워하는 마음으로 돌로 쳐 죽였습니다. 그러나 바울은 나중에 예수를 믿고 사도가 되어 한평생 복음을 전했습니다. 나는 그들이 하늘나라에서 서로 만났으리라고 믿습니다. 바울이 죽인 스데반은 순교자가 되어 하늘에 올라가 있고, 사도 바울도 뒤늦게 로마에서 순교하여 하늘나라에 올라갔으니, 그 둘이 다시 서로 만났을 때 얼마나 반가웠겠습니까. 그들은 그렇듯 가장 귀중한 친구로 주 앞에서 영광을 누릴 것이라고 나는 믿고 있습니다. 지금 내가 여기서 이렇게 죽지마는, 당신이 곧 예수를 믿고, 언젠가 하늘나라에서 바울과 스데반처럼 우리가 아름다운 관계로 다시 만나게 되기를 바랍니다." 이 말을 듣고 재판장은 큰 충격에 휩싸여 견딜 수가 없었습니다. "나는 당신에게 사형선고를 내렸는데, 당신은 어찌 내게 그처럼 놀라운 약속을 해주신다는 말이오?" 재판장은 감격했습니다. 그때 토마스 모어가 한 유명한 말이 있습니다. "그렇게 할 수 있는 것은 예수님께서 먼저 나에게 그렇게 하셨기 때문입니다. 당신이 나한테 억울하게 사형선고를 내렸지만, 예수님께서는 내게 벌써 그와 같은 큰 은혜를 베푸셨기 때문에 내가 당신을 용서하는 것은 그리 중요한 게 아닙니다." 이 이야기는 너무나도 소중한 역사적 사실로, 많은 사람들에게 두고두고 깊은 감동을 주고 있습니다.

여러분, 무엇보다 중요한 것은 스스로 나 자신이 누구인지를 아는 것입니다. 요즘 사람들 가만히 보면 하나같이 주제를 모릅디다. 자신이 누구인지를 모르는 것입니다. 정체의식이 없다, 이것입니다. 너무나 안 된 일입니다. 나 자신이 누구인지를 똑바로 알아야 합니다. 그러자면 우선 내 과거를 알아야 합니다. 그리고 더 중요하게는 내 미래를 알아야 합니다. 내 운명이 어디로 가고 있는지를 알아야 한다, 이것입니다. 그리고 현재를 알아야 합니다. Who am I? 나는 누구인가? 오늘본문은 세 마디의 확실한 답을 줍니다. 첫째가 '용서 받은 자'입니다. 용서하는 자가 있기 전에 먼저 용서받은 자가 있습니다. 이걸 잊지 말아야 합니다. 내가 누구를 용서하고, 정죄하고…… 이것이 아닙니다. 먼저 내가 용서받은 자다, 이것입니다. 뿐만 아니라, 나는 앞으로도 용서를 받아야 됩니다. 그러니 이런 내가 누구를 감히 심판한다는 말입니까? 누구를 정죄한다는 얘기입니까? 이걸 잊지 말아야 합니다.

예수님께서는 이 귀중한 진리를 엄청나게 큰 예화로 우리에게 설명해주십니다. 만 달란트 빚진 사람이 있습니다. 달란트는 금화니까 만 달란트라면 엄청나게 큰돈입니다. 이런 큰돈을 빚진 사람이 어쩌다 그만 갚지를 못했다는 것입니다. 도저히 갚을 형편이 못됩니다. 이때 만 달란트를 빌려준 사람이 그 사실을 알았습니다. 그래 그를 불러다놓고 이릅니다. "사정을 보아하니 아무래도 안 되겠구먼. 내가 빚을 전부 탕감해주겠네." 그 당시에는 사람이 빚을 지고 갚지 못하면 그 자녀들이 대신 갚아야 합니다. 그마저도 여의치 않으면 그 자녀들이 노예로 팔려가야 됩니다. 빚은 무슨 수를 쓰든 반드시 갚아야 되는 것입니다. 한데 그 빚을 탕감해주겠다고 하니 얼마나 감사한 일입니까. 그는 연방 허리를 굽혀 인사를 합니다. "감사합니다! 감사합니다! 감사합니다!" 그리고 집으로 돌아가던 길에 자기한테 백 달란트 빚진 사람을 만났습니다. 만 달란트에 견주면 민망하리만큼 적은 액수입니다. 하지만 그는 이 사람을 만나자마자 "당장 갚아!" 하고 소리칩니다. 이 사람은 사정합니다. "예, 갚겠습니다. 하지만 당장은 어려우니, 조금만 더 기다려주십시오. 반드시 갚도록 노력하겠습니다." 한데도 그는 막무가내입니다. 당장 갚지 않으면 감옥에 쳐 넣겠다고 길길이 날뜁니다. 조금 전에 만 달란트를 탕감해준 사람이 이 소식을 들었습니다. 그래 그를 도로 불러가지고 이릅니다. "내 너에게 무려 만 달란트를 탕감해주었는데, 너는 고작 백 데나리온을 탕감해줄 수 없더냐? 너도 만 달란트를 갚아라!" 이렇게 되었다는 이야기 아닙니까. 엄청난 진리가 여기에 들어 있습니다.

지금으로부터 2천 년 전이니까, 그 만 달란트를 오늘날의 가치로 환산하면 자그마치 천만 불에 해당한다고 합니다. 백 데나리온은 20불에 해당하고요. 이게 어디 상대가 됩니까. "천만 불이나 탕감 받은 사람이 그래 겨우 20불을 탕감해줄 수 없더냐?" 여러분, 이건 아셔야 됩니다. 처음부터 그걸 탕감해주어야 이걸 탕감해주겠다는 조건이 있었던 게 아닙니다. 조건이라면 율법적 조건이 아니라, 은총적 조건입니다. 큰 것을 탕감 받았으니 작은 것을 탕감해주는 것입니다. 성경은 분명히 말씀합니다. '마땅하지 아니하냐? 마땅하다.' 이것이 바로 진리입니다. 당연히 그러해야 됩니다. 용서받은 사람이 용서하는 것, 당연한 일 아닙니까. 탕감 받은 사람이 탕감해주는 것, 당연하지 않습니까. 천만 불이나 탕감 받은 사람이 백 데나리온을 탕감할 수 없다는 말입니까? 이것이 바로 은총적 윤리입니다. 여러분, 깊이 생각해보십시다. '내가 하나님 앞에 어떤 사람인가? 얼마나 많은 것을 용서받았나? 얼마나 많은 것을 탕감 받고 사는가?' 이걸 잊어서는 안 됩니다. 그런고로 용서받았으니 용서해야 합니다. 오늘 예수님의 말씀이 아주 구체적입니다. "거저 받았으니 거저 주라(8절)" 거저 받았으면 거저 줘야지요. 안 그렇습니까. 이것이 마땅한 일 아니겠습니까. 우리는 용서받은 사람이요, 앞으로도 용서받아야 할 사람입니다. 누구를 심판하겠습니까. 누구를 비판한다는 말입니까. 이것이 은총적 윤리의 기본입니다. 뿐만 아니라, 현재도 오직 은혜로 삽니다. 생각하면 내가 하나님 앞에 내놓을 것이 뭐가 있습니까. 오직 긍휼로, 은총으로, 축복으로 살아갈 뿐입니다.

저는 젊은 시절 저 북한의 광산에 끌려가서 8개월 동안 이루 말로 다할 수 없는 고생을 했습니다. 거기서 그냥 죽는 줄로 알았습니다. 한데 정말 하나님의 은혜로 제가 그 무서운 강제노동 수용소를 탈출했습니다. 그래 산속에 숨어서 몇 달을 지내다가 마침내 남쪽으로 내려와서 감사하게도 목숨을 부지할 수 있었습니다. 이에 덧붙여 커다란 은총이 또 하나 있습니다. 여러분은 모르실 것입니다. 제가 북한 출신입니다. 중고등학교를 북한에서 다녔습니다. 그때 북한에서는 영어를 가르치지 않았습니다. 그래서 제가 영어를 잘 못합니다. 한데도 미국으로 유학을 가서 박사학위까지 받았습니다. 가만히 생각하면 참으로 크나큰 은총이요 기적입니다. 저는 지금도 1년에 한 번씩 미국의 풀러 신학대학에 가서 영어로 강의를 합니다. 언젠가 한번 계산해봤더니 제가 해마다 거기 가서 강의한 지가 벌써 22년째입니다. 다 기적입니다. 은혜입니다. 오늘도 우리는 그저 은혜로 사는 것입니다. 하나에서 열까지, 내가 뭘 잘해서 된 일이 없습니다. 이걸 알아야 합니다. 그런 크나큰 은총 속에 내가 있음을 알아야 합니다. 은총이 아니고는 단 한 순간도 살아남을 수 없습니다. 아무 일도 할 수 없습니다. 이걸 알아야 합니다. 오직 은혜로 사는 것입니다. 그러니 은혜로 살면 은혜를 베풀어야지요. 당연한 일 아닙니까. 은혜를 받았으면 은혜를 베풀어야지요. 여기에 무슨 변명이 필요합니까.

오늘본문인 마태복음 10장은 '사명장'입니다. 예수님께서 열두 제자에게 사명을 주십니다. Calling, Giving, Sending, 부르시고, 권능을 주시고, 보내십니다. '가서 복음을 전파하라.' '귀신을 내 쫓으라.' '문둥병자를 깨끗이 하라.' '죽은 자를 살려라.' 예수님께서 보내시는 것입니다. 이 사람들이 예수님의 보내심을 받고 나갑니다. 그러면 내가 누구입니까? 나는 보냄 받은 사람입니다. 이제는 나를 위해 살아서는 안 됩니다. 나를 부르신 분의 뜻을 따라서 살아야 합니다. 이것이 우리가 걸어가야 할 길입니다. 사명자로서 당연히 복을 빌어야 됩니다.

오늘본문에 너무나 재미있는 말씀이 있습니다. '어디 가든지 복을 빌어라. 이 집에 복이 있을지니 샬롬, 평강이 있을지어다, 샬롬, 샬롬, 하고 복을 빌어라. 때때로 핍박을 받더라도, 푸대접을 받더라도 복을 빌어라.' 그렇습니다. 참 마음에 드는 말씀입니다. 내가 복을 빌면 그로 인해서 내게 어떤 결과가 올까, 하고 그 후속결과 따위 신경 쓰면 안 됩니다. 그냥 복을 비는 것입니다. 상대방이 못된 사람이든 좋은 사람이든, 내게 잘해주든 못해주든, 나한테 인사를 하든 말든, 아니, 심지어 나를 핍박하더라도 그를 위해 복을 빌라, 이것입니다. 로마서 12장에서 사도 바울이 말씀합니다. "핍박하는 자를 축복하라." 굉장한 말씀이지요? 그러니까 이 Context, 상황에 대해서는 신경 쓰면 안 된다, 이것입니다. 상대방이 잘하나 못하나, 뭘 하나 안 하나, 나를 알아주나 몰라주나, 하고 신경 쓰는 것 아닙니다. 나는 내가 할 일만 하면 됩니다. 내가 할 일, 무엇입니까? 용서하는 일입니다. 복을 비는 일입니다. 봉사하는 일입니다. 이것은 내가 할 일입니다. 하나님께서 하실 일은 하나님께서 하시고, 내가 할 일은 내가 하면 되는 것입니다. 내가 할 일은 용서입니다. 내가 할 일은 은혜입니다. 내가 할 일은 복을 비는 것입니다. 이 얼마나 심각한 말씀입니까.

여러분, 문제는 우리가 별것 아닌 조그마한 수고를 하고도 그 대가를 바란다는 것입니다. 요새 어머니들 보니까 아이들 때문에 참 고생 많이들 하십디다. 사실입니다. 그러나 처음부터 고생할 각오로 낳은 것 아닙니까? 그럼 고생하고 끝나야지, 왜 대가를 요구합니까? "이놈들이 전화 한 통도 안 거네?" 전화는 무슨 전화를 겁니까. 얼마나 바쁘게들 살아가는데요? 그러는 본인은 걸었나요? 저도 안 걸면서 살았잖아요? 그걸 가지고 알아주느니 안 알아주느니, 이놈들이 정신이 있느니 없느니, 내가 저를 어떻게 키웠는데 이럴 수가 있느냐느니, 어쩌고저쩌고…… 키우긴 뭘 어떻게 키웠습니까? 밥 먹인 것밖에 더 있나요? 뭘 자기가 키웠다고 생각을 합니까? 잊어버리십시오. 마땅히 내가 할 일을 내가 했을 뿐입니다. 그런고로 우리는 끝까지 복을 빌어야 합니다. 집을 나간 자식을 위해서도 복을 빌어야 합니다. '어떤 핍박을 받아도 복을 빌어라. 너는 복을 빌어라.' 이 얼마나 중요한 말씀입니까. 복을 빌고야 내가 자유인이 됩니다. 누구라도 미워하고, 누구라도 섭섭히 생각하는 순간 나는 벌써 거기에 매이는 것입니다. 자유인이 아닙니다. 건강도 지킬 수 없습니다. 깨끗하게 자유인이 되어야 됩니다. 다 용서하고, 다 사랑하고, 다 복을 빌어야 건강합니다. 그래야 복의 사람이 됩니다.

　제가 더러 이런 생각을 합니다. '예수님께서는 이럴 때 무슨 생각을 하시는가? 예수님, 참 똑똑하시다.' 왜요? 너무나 실리적이시니까요. '너희가 복을 비는데, 복을 받을 만한 사람, 복을 받지 못할 만한 사람을 골라서 하지 마라.' 복 받을 사람에게 복을 비는 것, 당연하지요. 그러나 복 받지 못할 만한 사람을 위해서도 복을 빌어야 한다, 이것입니다. 그 다음 말씀이 아주 재미있습니다. 예수님께서 이 말씀 하시면서 싱긋이 웃으셨을 것 같습니다. '그리하면 그 복이 네게로 돌아오리라.' 여러분, 노골적으로 생각합시다. 어떻게 하면 좋겠습니까? 복 받을 만한 사람에게 복을 많이 빌어야겠습니까, 복 받지 못할 사람에게 복을 빌어야겠습니까? 알아서 하십시오. 되도록 복 받지 못할 사람, 세상의 못된 인간, 그런 사람을 위해서 복을 비십시오. 내가 핍박을 받을 때 복을 비십시오. 매를 맞을 때 복을 비십시오. 제 아버지가 제 앞에서 공산당에게 총살을 당하셨습니다마는, 저는 북한을 돕습니다. 왜요? 그들이 내 아버지를 죽였지만, 나는 그들을 용서하고, 그들을 사랑해야 하기 때문입니다. '핍박하는 자를 위하여 복을 빌라. 그러면 그 복이 네게로 돌아오느니라. 내가 받을 복이 배가되리라.' 그렇습니다. 내게 잘하는 사람을 위해서 복을 비는 마음, 좋습니다. 당연히 그래야지요. 하지만 나를 괴롭히는 자를 위해서 기도하고, 원수를 위해서 기도해야 합니다. 예수님께서 십자가에 돌아가실 때 첫 번째로 하신 말씀이 이것입니다. '아버지여, 저들의 죄를 사하소서. 저들이 자기 하는 것을 모르기 때문입니다.' 어떤 분은 이것을 과장해서 이렇게까지 말합니다. "그 한마디가 있어서 예수는 예수가 되었다. 만일에 그 한마디가 없었다면 예수 그리스도는 예수일 수 없다." 예수님께서는 십자가상에서 그 억울한 죽음을 당하실 때 "하나님이여, 저들을 사하소서. 저들이 하는 걸 모르기 때문입니다!" 하십니다. 여러분, 복을 빌어야 됩니다.

제가 목회상담이라는 것을 합니다. 교인들이 가정에 어려운 일이 있을 때 많이 해봤습니다. 그 가운데 특별한 일이 있었습니다. 어떤 여자가 결혼을 하려는데, 부모가 반대를 합니다. 상대가 믿지 않는 집이라서 안 되겠다는 것입니다. "장로의 딸이 믿지 않는 집 아들과 결혼해서야 되겠느냐?" 그럼에도 불구하고 서로가 너무나 화끈하게 좋아해서, 결국 남자가 예수를 믿기로 하고 결혼했습니다. 그래 제가 주례를 해줬습니다. 그런데 웬걸요? 딱 한 주일 교회 나오고 안 나오는 것입니다. 게다가 그 시어머니가 미신에 깊이 빠져서 얼마나 무당을 좋아하는지 모릅니다. 그래서 부정 탄다고 며느리를 교회에 절대 못 가게 합니다. 그렇게 10년을 살아오면서 아이 둘을 낳았습니다. 이 여자가 얼마나 괴로웠겠습니까. 그래 견딜 수가 없는데, 마지막에는 남편까지 툭하면 술을 마시고 들어와 부인에게 폭력을 행사합니다. 여자는 생각합니다. '내가 얼마나 더 이렇게 살아야 되나?' 결국 그 여자가 남편 몰래 저를 찾아왔습니다. "목사님, 어떻게 하면 좋겠습니까?" 몰래몰래 교회 좀 다니다가 제 방에 들어와서 얘기를 하는 것입니다. "이혼을 할까요? 어떻게 할까요?" 그래서 제가 어찌 그렇게 사느냐, 이참에 그냥 이혼해버리라고 했습니다. 그리고 이렇게 덧붙였습니다. "그런데 한 달 뒤에 하세요. 이것은 딱 한 달 기한부입니다. 이제부터 당신은 며느리도 아니고, 아내도 아니고, 어머니도 아닙니다. 이제 당신은 그냥 선교사입니다. 어차피 당신은 그 집에 들어가서 10년을 살았으니까 그 집을 구원할 책임이 있습니다. 앞으로 한 달 동안은 '내가 선교사다!' 하는 마음으로, '이 사람들을 구원해야겠다!' 하는 생각만 가지고 일하세요." 그리고 가라고 보냈습니다. 그래 그 여자는 시어머니가 괴롭힐 때에도 속으로 '이 여자를 내가 구원해야 되는데, 이 불쌍한 영혼을 어떻게 하면 좋을까?' 했고, 남편이 소리 지를 때에도 '저 철없는 것도 구원해야 되는데!' 하고 선교사의 마음으로 잘 참고 견뎠답니다. 드디어 언젠가는 신랑이 이러더랍니다. "야, 너 요새 많이 달라졌다. 무슨 일이 있냐? 아니, 전에는 이렇게 하면 빡빡 대들더니 대들지도 않고, 아 질질 짜고 울고 통곡하더니 울지도 않고, 도대체 어떻게 된 거냐? 네가 이렇게 얼굴이 밝아지고 넉넉해졌는데, 그 이유가 뭐냐?" 여자는 남편이 하도 끊임없이 캐물어서 이렇게 대답해줬답니다. "너무 답답해서 교회에 나갔지. 당신도 내가 구원해야 되겠고, 시어머니도 내가 구원해야 되겠고…… 나는 지금 이 집 며느리도 아니고, 아내도 아니고, 선교사로 온 거야. 선교사 마인드로 온 거야." 그랬더니 남편이 빙그레 웃으면서 이러더랍니다. "그만해라. 다음 주일부터 교회에 나가줄게." 이렇게 그 가정이 구원되었습니다. 이거 실화입니다.

　미워하는 마음에는 감동이 없습니다. 설명으로 되는 것도 아니고, 토론으로 되는 것도 아니고, 변론으로 되는 것도 아닙니다. 이해해야 되고, 용서해야 되고, 감동을 주어야 됩니다. 요새 우리나라 정치가들이 어쩌고저쩌고 하는 많은 말들, 아무리 들어봐도 감동이 없습니다. 감동이 있어야 설득이 되지, 이론으로 따진다고 됩니까. 이론의 이론은 끝입니다. 아무 소용이 없습니다. 감격이 없습니다. 감동, 우리 마음을 움직이는 감동, 그것은 바로 복을 비는 데에 있습니다. 그래서 예수님께서 말씀하십니다. '너희를 핍박하는 자를 위하여 기도하라. 핍박을 받을 때도 복을 빌라.' 그리하여 그리스도인이고, 그리하여 자유인이고, 그리하여 승자가 되는 것입니다. 미워하면 지는 것입니다. 용서하고 사랑하면 이깁니다. 이걸 알아야 합니다. 넉넉한 마음으로, 자유인의 의식으로 살아가야 합니다. 오늘본문에서 예수님 말씀하십니다. '너희를 핍박하는 자를 위해서 기도하라. 평강을 빌어라.' 항상 평강을 비는 마음으로, 항상 복을 비는 마음으로 살아보십시오. 그만이 진정으로 복 된 사람이 될 것이요, 승자가 될 것입니다.　△

하나님의 능력과 지혜

십자가의 도가 멸망하는 자들에게는 미련한 것이
요 구원을 받는 우리에게는 하나님의 능력이라 기록
된 바 내가 지혜 있는 자들의 지혜를 멸하고 총명한
자들의 총명을 폐하리라 하였으니 지혜 있는 자가 어
디 있느냐 선비가 어디 있느냐 이 세대에 변론가가
어디 있느냐 하나님께서 이 세상의 지혜를 미련하게
하신 것이 아니냐 하나님의 지혜에 있어서는 이 세상
이 자기 지혜로 하나님을 알지 못하므로 하나님께서
전도의 미련한 것으로 믿는 자들을 구원하시기를 기
뻐하셨도다 유대인은 표적을 구하고 헬라인은 지혜
를 찾으나 우리는 십자가에 못 박힌 그리스도를 전하
니 유대인에게는 거리끼는 것이요 이방인에게는 미
련한 것이로되 오직 부르심을 받은 자들에게는 유대
인이나 헬라인이나 그리스도는 하나님의 능력이요
하나님의 지혜니라 하나님의 어리석음이 사람보다
지혜롭고 하나님의 약하심이 사람보다 강하니라

(고린도전서 1 : 18 – 25)

하나님의 능력과 지혜

　　어떤 젊은 목사님이 개척교회를 통해서 목회를 시작하겠다는 특별한 결심을 하고 열심히 준비한 끝에 마침내 창립예배 날이 되었습니다. 목사님의 지인들과 가까운 친구 목사님들이 초청을 받아 한 삼십여 명이 모였습니다. 그래 창립예배를 성대하게 잘 마쳤습니다. 그 이튿날이 주일입니다. 목사님과 사모님 말고는 교회에 다른 교인이 한 명도 오지 않았습니다. 결국 목사님은 사모님 한 사람만 앞에 놓고 설교를 시작했습니다. 제목은 '회개하라. 천국이 가까웠느니라'였습니다. 목사님은 제목 그대로 회개에 대해서 아주 강하게 설교를 하였답니다. 사모님의 참을성이 한계에 달했습니다. 그래 듣다듣다 못해서 "너나 회개해라!" 하고 밖으로 나가버렸답니다. 회개하라는 말은 율법입니다. 회개하는 마음을 생기도록 하는 것이 은혜입니다. 이걸 잊지 말아야 합니다. 옳은 말을 했다고 다 옳은 것이 아닙니다. 옳게 이해가 되어야 합니다. 이것이 중요합니다. 상대요건이 필요하다, 이것입니다. 먼저 논리적인 설명으로 납득이 되어야 합니다. 왜 그러해야 하는가? 회개해야 할 이유, 장점, 단점을 알아야 합니다. 개인적으로, 심리적으로, 사회적으로 회개가 중요한 까닭을 잘 설명해야 합니다. 그래서 설득이 되어야 합니다. 이것이 첫째입니다.

　　둘째는 회개할 마음이 생기도록 감동이 되어야 한다는 것입니다. 느낌이 중요한 것입니다. 요새 이런 유행어가 있지요? '그 느낌, 나 알아!' 그렇습니다. 느낌이 있어야 됩니다. 마음에 와 닿는 것이 없으면 다 헛일입니다. 소용없습니다. 들리는 것도 없고, 보이는 것도 없습니다. 느껴야 합니다. 그러니까 회개할 마음을 주어야 됩니다.

셋째는 회개할 용기를 주어야 된다는 것입니다. 회개할 생각, 회개할 마음이 있어도 용기가 부족하면 회개를 못합니다. 그렇지 않습니까. 내가 어떤 때 사과하고 싶습니다. 잘못했다고 하고 싶습니다. 얼마든지 그러고 싶습니다. 하지만 용기가 없습니다. 그래서 어쩌다보니 일생동안 회개를 못 하고 말았습니다. 이걸 알아야 합니다. 회개에는 굉장한 용기가 필요합니다. 이렇게 결단할 수 있는 용기를 주어야 합니다. 깊은 감동이 일어서 회개하는 마음을 일으켜야 한다, 이것입니다. 그래서 요새 유행하는 학설 가운데 IQ니 EQ니 하는 말들이 있지 않습니까. IQ는 지능입니다. 지능으로 되는 것이 아닙니다. 감성지수가 필요합니다. 느껴야 됩니다. 사랑은 아는 것이 아닙니다. 사랑은 느껴야 되는 것입니다. 그러니까 감성지수가 절대 필요하지요. 마음을 움직이기 전에는 지능 따위 아무 소용이 없습니다. 이거 대단히 중요합니다.

사랑하라! 이 얼마나 중요한 말입니까. 그러나 먼저 사랑하는 마음이 생기게 해야 되는 것입니다. 목사님이 "사랑하라! 사랑하라! 사랑하라!" 하면 이거 옳은 말입니다. 백번 옳은 말입니다. 그러나 이 말 들을 때 여러분 마음이 어떻습니까? 괴롭습니다. 사랑해야 할 사람을 사랑 못 하고 있지 않습니까. 마땅히 사랑해야 되는 줄 알면서도 막상 얼굴을 보면 덜컥 미운 마음부터 드니, 어찌하면 좋겠습니까? 사랑하는 마음이 생기지를 않는 것입니다. 그러면 사랑하라는 권고나 지식은 점점 더 중압감으로 다가옵니다. 갈수록 괴로워지기만 합니다. 사랑하라는 말, 괴로운 말입니다. 왜요? 사랑할 수 없잖아요? 그런고로 사랑하라는 말조차도 복음이 아닙니다. 율법입니다. 심판입니다. 그런고로 부담이 됩니다. 사랑을 못 하는 고통 때문에 그렇습니다. 사랑하는 마음이 생겨야 합니다.

정직하라! 이 얼마나 중요한 말입니까. 그러나 먼저 정직할 수 있는 마음이 생겨야 합니다. 가정에서 많이들 겪는 일 아닙니까? 다들 자기아이에게 이러지 않습니까. "공부해라! 공부해라! 공부해라! 공부해서 남 주느냐?" 다 압니다. 이거 모르는 아이가 어디 있습니까. 그러나 먼저 공부할 분위기가 되어야지요. 공부할 마음이 생겨야 공부가 되지, 공부하란다고 공부가 됩니까. 공부하라는 말은 많이 하면 할수록 점점 더 어려워지기만 할 뿐입니다. 오늘본문말씀을 보십시오. 우리가 능력은 있는데, 지혜가 없습니다. 지혜는 있는데, 능력이 없습니다. 잊지 말아야 합니다.

「리처드 버튼 경의 삶」이라는 재미있는 책이 있습니다. 사람을 네 가지 유형으로 나누어 설명합니다. 첫째는 아무것도 모르는 사람입니다. 스스로 모른다는 사실조차 모릅니다. 어리석은 사람입니다. 이런 사람은 피해야 됩니다. 둘째는 아무것도 모르지만, 스스로 모른다는 사실은 아는 사람입니다. 단순한 사람이지요. 이런 사람은 가르치면 됩니다. 셋째는 알고는 있지만, 자신이 알고 있다는 사실을 모르는 사람입니다. 이 사람은 깨우쳐주면 됩니다. 넷째는 스스로 알고 있다는 사실을 잘 알고 있는 사람입니다. 현명한 사람입니다. 우리는 이런 사람을 따라야 합니다. 안다는 것만 가지고는 부족합니다. 느껴야 합니다. 그런고로 지혜가 필요합니다. 지혜롭지 못하면 아는 것은 독약이 됩니다. 말 한마디에 사람이 죽을 수도 있습니다. 심지어 내 자식을 죽일 수도 있습니다. 이걸 알아야 됩니다.

바른 지혜가 필요합니다.

　오늘본문은 이렇게 확증합니다. "그리스도는 하나님의 능력이요 하나님의 지혜니라." 어쩌면 하나님께는 능력과 지혜가 하나라고 생각할 수도 있겠습니다. 사랑에 대해서 우리는 '아가페'라는 말을 합니다. 독특한 성경용어입니다. 아가페라는 사랑은 능력과 동시에 지혜를 뜻합니다. 십자가는 하나님의 능력과 지혜가 거기에 나타나 있다고 계시해줍니다. 잊지 말아야 합니다. 지혜 없는 능력은 파괴적입니다. 절망적이고 폭력적입니다. 지혜 없는 말, 지혜 없는 행동, 지혜 없는 연설, 지혜 없는 정치…… 다 파괴적입니다. 물론 능력도 있습니다. 옳은 말입니다. 백 번 옳은 말입니다. 하지만 지혜가 없습니다. 이것이 문제입니다. 그런가하면 능력 없는 지혜도 있습니다. 능력 없는 지혜는 무력합니다. 비생산적입니다.

　옛날이야기입니다. 1951년 정월 13일 아침, 9·28수복 이후 북쪽으로 올라갔던 국군들이 중공군의 개입에 밀려 1·4후퇴로 다시 내려오던 무렵입니다. 저도 그때 남쪽으로 올 수밖에 없는 상황이었습니다. 아버지는 벌써 그 몇 달 전에 공산당에게 총살당하셨지요, 중공군은 막 몰려들지요, 총소리 대포소리는 울려대지요, 해서 그야말로 생난리를 치는 와중인데, 저한테는 어머니와 할머니가 계셨습니다. 어머니는 할머니 때문에 저와 함께 남쪽으로 올 수가 없었습니다. 속절없이 저 혼자 길을 떠나야 하는 상황입니다. 그날 어머니와 함께 새벽기도를 갔다가 돌아왔을 때 어머니가 저를 앉혀놓으시고 간단하게 하신 말씀이 있습니다. 중요한 설교입니다. "애야, 너는 이제 집을 떠나야겠다. 어디서 자고 무엇을 먹어야 될지 모르겠지만, 좌우지간 고향을 떠나야겠다. 남쪽으로 가거라." 하지만 지도가 있습니까, 돈이 있습니까? 당장 그날 밤 어디서 자야 하는지도 모릅니다. 아무 능력도 없습니다. 그러나 어머니는 어쨌거나 떠나야 한다고 말씀하시면서 이렇게 덧붙이셨습니다. "내가 너를 위해서 해줄 일이 아무것도 없구나." 그리고 제 손을 붙잡고 우셨습니다. "이 절박한 시간에 내가 너를 위해서 할 수 있는 일이 아무것도……" 사랑하는 것은 사실이지만, 이 사랑은 무능합니다. 능력이 없습니다. 불 같은 사랑이지만, 어쩌란 얘기입니까, 이 시간에? "사랑하지만, 내가 너를 위해서 아무것도 해줄 수 있는 일이 없구나. 단, 새벽 다섯 시만 되면 내 목숨이 붙어있는 한 한 평생 너를 위해서 기도하마. 이거 한 가지는 약속할 수 있다. 이것 말고는 아무것도 해줄 수가 없구나." 제가 그렇게 어머니의 손을 뿌리치고 남쪽으로 왔습니다.

어머니의 사랑, 확실하지요? 그러나 능력이 없습니다. 할 수 있는 일이 아무것도 없습니다. 그러나 아무것도 없는 것이 아니었습니다. 어머니는 기도를 약속하셨고, 그 기도 때문에 오늘 제가 있는 것입니다. 그러니까 어머니는 능력이 없는 것이 아닙니다. 없는 것 같으나 능력도 있고, 지혜도 있으셨습니다. 지혜 없는 능력은 파괴적입니다. 능력 없는 지혜는 무기력합니다. 하지만 하나님께서는 무능한 능력이 아닙니다. 노아의 홍수가 있지 않습니까. 하나님께서는 소돔과 고모라를 진멸하셨습니다. 그러나 그 능력은 창조적입니다. 창조적 능력입니다. 그리고 지혜가 함께했습니다. 아브라함과 함께하셨고, 모세와 함께하셨습니다. 선지자들을 통해서 구원하시는 하나님의 역사를 보면 계속 하나님의 능력과 지혜가 동시에 계시되고 있는 것을 우리는 알 수 있습니다.

오늘본문은 말씀합니다. "그리스도는 하나님의 능력이다." 하나님의 능력, 구원하시는 능력, 재창조하시는 능력, 사람을 살리시는 능력입니다. 하나님께서는 바로 그 능력으로 이 땅에 오셨고, 사람이 되셨고, 죄인이 되셨고, 십자가에 못박혀 죽으셨고, 마침내 부활하셨습니다. 이 엄청난 그리스도의 사건, 이것이 바로 하나님의 능력이요, 하나님의 지혜입니다. 잊지 말아야 합니다. 십자가는 무능이 아닙니다. 무력함이 아닙니다. 능력이 없어서 죽은 것이 아닙니다. 할 수 없어서 죽은 것이 아닙니다. 이것이 바로 사랑이라는 것입니다.

사랑의 참 비결은 세 가지로 말할 수 있습니다. Practice, Patience, Peace. 줄여서 3P라고 말합니다. 사랑은 행동이 있어야 됩니다. 사랑은 오래 참는 인내가 있어야 됩니다. 그리고 사랑에는 평화가 있어야 됩니다. 기쁨이 있어야 됩니다. 수고하면서도 기쁨이 있고, 희생하면서도 기쁨이 있고, 십자가를 지면서도 기쁨이 있어야 합니다. 이 기쁨이 있는 곳에 능력과 지혜가 함께하는 것입니다. 십자가는 절대로 무력함이나 무능이 아닙니다. '그것은 능력이다. 그것은 지혜다.' 이것이 그리스도인의 고백입니다. 동시에 십자가는 어리석음이 아닙니다. 지혜입니다. 놀라운 역사가 그 속에 있습니다. 신비로운 역사가 이루어집니다. 십자가를 무능하거나 어리석은 것으로 여기면 안 됩니다. 가장 높은 능력, 가장 위대한 능력, 가장 신비로운 지혜가 십자가 안에 있습니다. 이것이 그리스도인의 고백 아니겠습니까. 십자가를 능력으로, 지혜로 고백하는 것입니다. 재창조의 역사가 여기에 있습니다. 중생의 역사가 여기에 있습니다.

학자들이 유명한 말을 합니다. '예수 그리스도는 사도 바울을 중생, 변화시키셨고, 사도 바울은 세계를 변화시켰다.' 그 완악한 사울이라는 사람을 다메섹에서 딱 만나시어 "어찌하여 네가 나를 핍박하느냐?" 하십니다. 딱 이 한 마디로 예수님께서는 사울을 굴복시키십니다. 그 속에 능력이 있고, 그 속에 지혜가 있었던 것입니다. 그 뒤로 사도 바울은 예수 그리스도의 포로가 되어서 일생을 주님께 바칩니다. 그의 뒤를 따라서 많은 사람들이 오늘까지 그리스도를 위하여 충성을 다하고 있습니다. 그 십자가 속에 능력이 있고, 지혜가 있었던 것입니다. 잊지 말아야 합니다. 로마서 5장 8절은 말씀합니다. "십자가 안에서 하나님께서 자기의 사랑을 확증하셨느니라." 이것이 능력입니다.

다시 한 번 강조합니다. 저는 아버지께 매를 많이 맞고 자랐습니다. 그저 사람 되라고 때리신 것이니, 어찌하겠습니까. 제가 좀 장난이 심해서 많이 맞았습니다. 제가 기억합니다. 17살 때까지 맞았습니다. 거의 날마다 맞았는데, 한 가지는 분명합니다. 어머니께는 단 한 번도 맞은 일이 없습니다. 뿐만 아니라, 제가 조금 빗나가면 "이리 오너라" 하셔가지고 "네가 그러면 안 되지?" 하셨습니다. 이 한 마디에 저는 아무 대꾸도 할 수 없었습니다. 어머니는 위대합니다. 어머니는 능력이 있고, 지혜도 있습니다. 이것이 사랑이라는 것입니다. 하나님께서 우리를 사랑하십니다. 탕자의 아버지를 아시지요? 저는 성경의 그 대목을 읽을 때마다 '아버지는 왜 그 아들이 집을 나가는 것을 내버려뒀을까?' 하고 궁금해집니다. 돈 안 주면 못 나가잖아요? 이 정신 나간 놈이 유산을 받아가지고 나가겠다고 하는데, 그 재산을 덥석 떼 주었습니다. 왜 그랬을 것 같습니까? 그 아버지에게는 재산이 중요하지 않았기 때문입니다. '이깟 재산 다 없애고라도 사람이 되어라. 다 없애고라도 내 진정한 아들이 되어 돌아와 다오.' 이거 능력입니다. 그 아버지에게 능력이 있었던 것입니다. 또 지혜도 있었던 것입니다. 그래서 탕자를 나가도록 허락한 것입니다. 그리고 돌아오기를 기다렸습니다. 그 아버지는 능력이 있었고, 그 아버지에게는 지혜가 있었습니다. 그래서 마침내 그 아들을 잡았습니다. 완전히 사로잡았습니다. 그것이 우리 그리스도인들 아니겠습니까. 더러 우리가 잘못될 때 당장 벼락을 치면 끝날 것 같지요? 하나님께서는 그런 분이 아니십니다. 그런가하면 또 내버려두기만 하는 하나님도 아니십니다. 하나님께는, 하나님의 사랑에는 능력이 있고, 지혜가 있습니다. 그것이 십자가의 위에 나타났습니다. 십자가를 보십시오. 그것을 능력과 지혜로 보는 사람이 그리스도인입니다. 그것을 무능하게 보는 사람은 그리스도인이 아닙니다. 버려진 사람입니다. 이걸 알아야 합니다.

우리가 믿는 하나님, 능력의 하나님이십니다. 우리가 믿는 하나님, 지혜로우신 분입니다. 오늘도 우리를 사랑하시되 끝까지 사랑하시고, 그 독특한 능력, 독특한 방법, 독특한 지혜로 우리와 함께하고 계십니다. 혹이라도 하나님을 만홀히 여겨서는 안 됩니다. 하나님의 사랑을 업신여겨서도 안 됩니다. 그 사랑은 능력이요, 곧 지혜가 되기 때문입니다. 우리는 오늘도 많은 사건들 속에서 하나님을 봅니다. 여러분은 하나님의 능력을 체험하십니까? 하나님의 사랑과 그 지혜의 위대하심을 오늘도 간증하게 됩니까? 이것이 그리스도인의 모습입니다. △

이 사람의 행복

귀를 지으신 이가 듣지 아니하시랴 눈을 만드신 이가 보지 아니하시랴 뭇 백성을 징벌하시는 이 곧 지식으로 사람을 교훈하시는 이가 징벌하지 아니하시랴 여호와께서는 사람의 생각이 허무함을 아시느니라 여호와여 주로부터 징벌을 받으며 주의 법으로 교훈하심을 받는 자가 복이 있나니

(시편 94 : 9 - 12)

이 사람의 행복

우리가 잘 아는 철학자 파스칼은 '인간은 양면적 존재'라고 말했습니다. 어째서 그러냐 하면, '행복을 추구하지만 행복하지도 않고, 진리를 추구하지만 오히려 거짓말만 하고, 선을 추구한다고 하지만 악을 행하며 살기 때문'이라는 것이지요. 양면성을 이렇게 힐난하고 비판한 것입니다. 그러나 그는 또 이렇게 말합니다. '인간은 위대하다. 왜냐하면 비참한 것을 알고 있기 때문이다. 이 모순을 알고 고민하고 있기 때문이다. 그만큼 인간은 존귀하다.'

탈 벤 샤하르(Tal Ben Shahar)는 「Happier」라는 '행복학' 책을 써서 세계적으로 유명해진 하버드 대학 교수입니다. 이 책은 아주 여러 해 동안 꾸준히 많이 팔리는 스테디셀러의 자리에 있었습니다. 그는 대학에서 '긍정심리학'을 가르쳤는데, 참 놀라운 기록을 내었습니다. 2002년에 학생 여덟 명을 앞에 놓고 처음 강의를 시작했는데, 그 2년 뒤에는 무려 855명이나 되는 학생들이 등록하여 아주 큰 대강당으로 옮겨서 강의를 하게 되었습니다. 그 신화적인 명강의의 핵심은 이것입니다. '내일의 성취를 위하여 오늘의 행복을 포기하지 마라.' 우리는 내일의 행복을 위해서 오늘은 고생해야 한다고 생각합니다. 여기에 문제가 있습니다. 내일을 위해서 오늘 고생하고, 희생하고, 많은 것을 참고 견뎌야 한다는 것은 부정할 수 없는 사실입니다. 그러나 참고 견디는 현재에도 나름의 행복이 있어야 합니다. 현재는 불행한데 내일은 행복하다는 것에는 문제가 있습니다. 우리의 많은 어머니들이 그렇지 않습니까. '나는 불행했다. 하지만 너는 행복해라.' 아닙니다. 고맙지 않습니다. 어머니 당신도 행복하시고 나도 행복해야지, 어째서 어머니는 행복하지 않으시고 나만 행복해야 합니까. 어머니가 행복하지 않으시면 나도 행복할 수 없습니다. 세상에 그런 행복은 존재하지 않습니다. 물론 미래의 행복을 위해서 오늘 우리는 참아야 되고, 많은 고생을 해야 됩니다. 그러나 탈 벤 샤하르 교수의 생활철학은 그 기본이 다릅니다. 그는 말합니다. '현재의 고생 그 자체도 행복이어야 한다. 현재에 불행하고 내일에 행복할 수 없다. 내가 불행하고 남을 행복하게 할 수 없다.'

우리 신앙생활의 행복을 알기 위해서도 특별한 자의식이 필요합니다. 그는 말합니다. '인간다워라. 인간은 인간이지 창조주가 아니다. 그런고로 불행이든 행복이든, 이런 고난이든 저런 고난이든 잘 수용하는 인간적 자세가 있어야 한다. 또한, 행복은 즐거움과 의미의 교차로에 있는 것이다. 우리가 행복하려면 의미가 있어야 되고, 의미를 가져야 행복할 수 있다. 행복은 통장 잔고와 관계가 없다. 단순하게 살아라. 너무 복잡하게 살지 마라. 다시 말하면 현재 행복한데, 옛날생각 하면서 울지 말고, 현재 이만하면 괜찮은데, 앞일을 미리 걱정하면서 절망하지 마라. 단순하게 살아야 한다. 마음과 몸은 연결되어 있다. 정신적인 행복만 가지고 행복일 수 없다. 육체와 함께 가야 된다는 것을 잊지 마라. 그리고 감사한 마음을 표현하라. 그래서 다른 사람도 함께 감사할 수 있을 때 행복이 있는 것이다. 그런고로 긍정적 면을 강조하고 단점에 집착하지 마라. 그리고 몰입에 즐거움을 느껴야 한다.' 행복할 때가 있다면 그 순간 아주 마음껏 그 행복에 몰입해야 합니다. 하지만 그 행복한 시간에 거꾸로 불행한 생각을 하는 사람이 많습니다. 제가 목사로서 결혼주례를 많이 합니다. 그런데 가끔 '이걸 어떻게 구제해야 하나?' 하고 고민이 되는 때가 있습니다. 결혼식에서 주례를 하면서 보면 앞에 앉아서 우는 사람들이 있습니다. 남의 집 결혼식에 갔으면 그냥 같이 축하해주면 되지, 왜 죽은 아들을 생각합니까. 이게 불행이라는 것입니다. 단순해야 됩니다. 가장 행복한 사람이 누구겠습니까? 첫째는 죽을 때까지 건강한 사람입니다. 얼마나 오래 사느냐는 묻지 않겠습니다. 언제 죽든, 그 죽는 날까지 건강하게 사는 사람이 행복합니다. 그래서 저는 방지일 목사님이 참 행복한 분이라고 늘 생각합니다. 제가 방지일 목사님 장례식에 가서 추도사를 하면서 그 이야기를 했습니다. 목사님은 가장 행복한 사람이라고요. 왜요? 104세를 살고 아홉 시간 입원했으니까요. 행복한 사람입니다. 104세나 사시고도 고작 아홉 시간만 병원에 입원해 있다가 세상을 떠났습니다. 죽을 때까지 건강한 사람 제1호입니다.

　행복한 사람 그 둘째는 일이 있는 사람입니다. 건강은 한데 할 일이 없다면 문제입니다. 할일이 많아야 됩니다. 요새 여러분이 치매 때문에 걱정을 많이들 하시는 줄 압니다. 아직까지 치매를 고치지는 못한다고 합니다마는, 치매를 예방하는 방법은 있습니다. 뭐냐 하면, 되도록 많은 정보를 가지고 사는 것입니다. 자꾸 어디 조용한 데만 찾고, 그래 호숫가 같은 데 앉아 가만히 물만 들여다보고 있으면 멍청해집니다. 나이 들수록 복잡하게 살아야 합니다. 귀가 어두워지면 치매가 보통사람보다 다섯 배나 빨리 온다고 하지 않습니까. 그러니까 이 귀를 통해서 자꾸 많은 정보가 들어와야 됩니다. 다음은 눈입니다. 우리가 받아들이는 정보의 75퍼센트는 눈을 통해서 들어옵니다. 복잡한 것들을 많이 보고 살아야 뇌가 운동을 합니다. 한데 아무것도 보지 않고 멍청하게 앉아 있으면 아주 가는 것입니다. 생각해야 됩니다. 일이 있어야 됩니다. 일거리가 있어야 됩니다. 그것이 내가 살아야 할 이유가 되어야 합니다. 그뿐 아니라, 일의 가치도 알아야 합니다. 내가 하고 있는 일이 얼마나 의미 있는 일인지, 그 가치를 극대화해야 합니다. 이런 높은 가치, 절대가치의 의미를 항상 느끼고, 감격하고, 거기에 몰입하며 살아야 건강하다, 이것입니다. 그래야 행복하다, 이것입니다. 그 가치에 몰입할 때 참 즐거움이 있습니다.

오늘본문에서 다윗 왕은 하나님 앞에서 시편으로 찬송을 합니다. 가장 행복한 사람으로 하나님 앞에서 행복을 노래하고 있는 것입니다. 그는 하나님의 사랑을 느끼고 감격했습니다. 그래 그는 구체적으로 표현합니다. 느끼고, 감사하고…… 그것만이 아닙니다. 그는 생각합니다. '어떻게 하면 이 감사를 현실적으로 표현할 수 있을까?' 그래서 그는 성전을 지으려고 합니다. 사무엘하 7장에 보면 다윗 왕이 백향목 궁전을 짓습니다. 그렇게 자기 궁전을 지어놓고, 거기 앉아서 가만히 생각해보니 너무나 행복한 것입니다. 그런데 하나님의 법궤는 지금 수달피가죽으로 된 천막 속에 있습니다. 그래 그는 나단 선지를 불러서 이렇게 하나님께 고합니다. "제가 성전 지을 마음이 있습니다." 성경을 자세히 여러 번 읽어보면 하나님께서 어린아이처럼 좋아하셨다는 걸 알 수 있습니다. "누가 너더러 성전 지으라고 하더냐? 어찌 그런 생각을 했느냐? 내가 뭐 불편하다고 하더냐? 왜 그런 생각을 했느냐?" 아닙니다. 하나님께서는 너무너무 기뻐하십니다. 다윗이 자원해서 성전을 짓겠다고 하니까 너무너무 기뻐하십니다. 그래 하나님께서 그 다윗에게 큰 복을 주십니다. "그래,

너는 내 집을 지어라. 나는 네 나라와 의를 영원히 견고케 하리라." 여기서 큰 축복이 나타납니다. 여러분 아시는 대로 다윗 왕은 의인이 아닙니다. 요샛말로, 여러 가지 실수가 많았던 사람입니다. 그는 왕이었기에, 또한 전쟁에 나가 많이 싸웠기에 여러 가지 실수와 죄들을 저질렀습니다. 더구나 밧세바 사건과 같은 불륜도 저질렀습니다. 허물이 많은 사람입니다. 그러나 하나님께서는 그 다윗을 사랑하십니다. 왜요? 다윗이 하나님을 사랑하니까요. 성경에는 다윗이라는 이름이 8백 번이나 나옵니다. 사람이름으로 제일 많이 나오는 것이 '다윗'입니다. 그 다윗을 하나님께서는 사랑하셨습니다. 의인이 아닌 다윗을 하나님께서는 사랑하신 것입니다. 다윗은 하나님을 그저 사모하고 사랑할 뿐만 아니라, 아주 구체적으로 사랑했습니다.

사랑이란 무엇입니까? 어떻게 하는 것이 사랑입니까? 제가 인천에서 목회할 때 그 교회에 유명한 사진작가가 한 사람 있었습니다. 사진작가협회 회장까지 지낸 장로님입니다. 카메라를 아주 소중히 여깁니다. 좌우간 집에 카메라가 스무 개나 있습니다. 그 가운데 제일 아끼는 카메라가 '라이카 엠 포'라고 하는 기종입니다. 그걸 그분이 어느 부활절에 교회에 가지고 나왔습니다. 예배를 마친 다음에 사진을 찍으려는 생각으로요. 한데 이게 웬일입니까. 그 카메라를 옆에다 두고 기도를 했는데, 눈을 떠 보니 없어진 것입니다. 얼마나 황당하고 섭섭한 일입니까. 나중에 그 장로님의 아내인 권사님이 소식을 전해주었는데, 장로님이 너무나 마음이 아파서 꼬박 일주일 동안 식사를 안 하시더랍니다. 그래 하는 수 없이 빚을 내어가지고 그 남편을 위해서 똑같은 기종의 카메라를 사주었답니다. 그 권사님이 미장원을 하시는 분인데, 그때 형편이 어려웠는데도 남편을 위해서 빚을 낸 것입니다. 제가 깜짝 놀라서 그 권사님을 칭찬해드리고 물었습니다. "어찌 그러실 수 있었습니까?" "제 남편에게서 카메라를 뺏는 것은 죽으라는 거나 마찬가지입니다. 그가 그렇게 사랑하고 어루만지는 카메라를 제가 사랑하니까 사줍니다." 이게 사랑이라는 것입니다. 잊지 말아야 합니다. 여러분, 혹 남편이 낚시질을 좋아합니까? 남편이 낚시질 가는 게 마음에 안 듭니까? 그놈을 꺾어가지고 아궁이에다 집어넣어 보십시오. 그러면 이혼합니다. 내가 제일 아끼는 걸 같이 아껴줘야지요. 내가 사랑하는 걸 같이 사랑해야지요. 이게 사랑이라는 것입니다. 그저 "아이 러브 유!" 한다고 사랑이 아닙니다. 이걸 알아야 합니다.

며칠 전 제가 어떤 모임에 가서 이렇게 말했습니다. "사랑한다면 구체적으로 사랑할 뿐만 아니라, 상대방이 소중히 여기는 것을 소중히 여겨줘야 한다. 그래야 사랑이다." 그랬더니 어떤 목사님이 이런 말을 합니다. "오늘 은혜 많이 받았습니다. 제가 결심하고 그렇게 하렵니다." 그래 제가 "뭔데요?" 하고 묻자 이런 이야기를 합니다. "아내가 지금 나이 70인데, 아침마다 화장하느라고 몸부림을 칩니다. 옆에서 보기에 하도 딱해서 제가 "그만해!" 하고 핀잔을 줬더니 얼마나 섭섭해 하는지, 막 울더군요. 그래 제가 왜 그럴까 궁금했는데, 오늘 목사님 말씀을 듣고 나니 이제야 '그래, 여자는 그저 예쁘다는 게 제일 중요한데……' 싶습니다. 그래서 오늘부터는 무조건 예쁘다고 하기로 했습니다." 그래 제가 그랬습니다. "철드셨구먼요." 여자는 그저 예쁜 게 최고인데, 그래서 열심히 화장을 하고 있는데, 옆에서 딴 소리 하면 되겠습니까. 그는 그만 살기로 작정한 사람입니다. 사랑이라는 것이 무엇입니까? 상대방이 소중히 여기는

것을 소중히 여겨주는 것입니다. 그렇지 않습니까? 하나님께서 이
스라엘 백성을 사랑하시어 거기에 법궤로 임하고 계십니다. 성전이
있습니다. 다윗은 성전을 사랑했습니다. 그것이 하나님의 사랑에 대
한 구체적 표현입니다. 여러분, 꼭 잊지 말아야 합니다. 하나님의 전
에 가는 사람이 행복한 것입니다. 사모하는 사람이 행복한 것입니
다. 제비와 참새도 행복합니다. 여호와의 집에 거하는 자가 행복한
것입니다.

　　오늘본문은 말씀합니다. '문지기로 있는 것이 좋사오니, 하나
님의 집에 문지기로 있는 게 좋습니다. 다른 데서 천 날보다 하나님
의 집에 있는 하루가 좋고, 여호와의 집에 문지기로 있는 것이 행복
합니다.' 무슨 말씀입니까? 그는 행복을 아는 사람입니다. 하나님을
사랑하기 때문입니다. 요새 '경제심리학'이라는 재미있는 학문이 있
습니다. 경제를 심리적으로 풀어나갑니다. 거기에 재미있는 이야기
가 하나 있습니다. '사람이 도대체 얼마를 가지면 행복할까?' 가만
히 보니 다들 돈 많이 갖기를 바라지만, 그 돈, 어느 정도를 넘어가
면 사람이 불행해지기 시작합니다. 이걸 알아야 됩니다. 부부사이도
얼마까지는 행복한데, 그거보다 돈이 더 생기면 이혼하기 딱 좋습니
다. 안 됩니다. 보면 요새 돈 많은 사람들 심심해서 이혼하잖아요?
다 돈이 말썽을 부린 결과입니다. 그러니 도대체 얼마를 가지면 좋
을까요? 전문가들이 이 문제를 연구했습니다. 여러분, 잘 기억해두
십시오. 연봉 30만 불, 이것이 행복의 기준이랍니다. 이 정도 벌 수
있다면 그때가 제일 행복하답니다. 하지만 거기까지입니다. 그 다음
부터는 불행입니다. 왜요? 불안하니까요. 이 행복이 꺼질까봐 겁이
나는 것입니다. 뭐가 잘못될까봐 두려운 것입니다. 전에는 불만스러

웠지만, 이제부터는 불안한 것입니다. 그리고 사람을 의심하게 됩니다. 마음속에 어두운 그림자가 생깁니다. 이것이 경제심리학의 분석입니다.

　다윗은 지금 성전 문지기로 있는 것이 좋습니다. 생각나는 게 하나 있습니다. 1963년에 제가 미국에 처음 유학 갔을 때 이 교회, 저 교회 다니면서 설교를 할 일이 있었습니다. 한번은 유명한 은행장이 장로로 있는 어느 교회를 갔습니다. 미국에서 네 번째 가는 큰 은행인데, 제가 그 은행장 장로네 집에 가서 하룻밤을 쉬고 그 이튿날 주일에 설교를 했습니다. 그때 그 장로님이 저한테 월요일에 은행을 구경시켜주겠다고 해서 뉴욕에 있는 그 으리으리한 은행을 구경했습니다. 그리고 은행을 나오는데, 거기 수위가 문 앞에 서 있다가 우리가 나오니까 인사를 합니다. 그래 은행장이 그 수위하고 저하고 악수를 하게 합니다. 그리고 은행장이 빙그레 웃으면서 하는 말이 이렇습니다. "이분이 1년 전에 이 은행의 은행장이었습니다." 은퇴하고 나서 본인이 간절히 소원해서 지금 수위로 있는데, 이 사람의 얼굴을 볼 때마다 세상에 얼마나 행복해 보이는지, 너무나 부럽다는 것입니다. 그러면서 고백합니다. "제가 은행장으로 있으니까 얼마나 걱정이 많은지, 그저 휴가를 가도 걱정입니다. 사업이 잘 되나 안 되나, 주가가 올라가나 내려가나…… 도대체 걱정에서 헤어나올 길이 없습니다. 한데 수위로 있는 이분은 아무 걱정이 없습니다. 얼굴이 환합니다. 오가는 사람들에게 '안녕하십니까?' 하고 인사하면 끝입니다. 그리고 주말만 되면 휴가를 나갑니다. 세상에 행복한 사람입니다." 여러분, 은행장과 수위, 어느 쪽이 행복합니까? 높은 자리에 있다고 행복한 것 아닙니다. 회장님, 사장님 다 고생입니다. 부러워할 게 못 됩니다. 오히려 문지기로 있는 것이 좋습니다. 문지기는 아무 걱정도 없습니다. 이걸 알아야 됩니다.

'나는 하나님 집의 문지기, 여호와를 섬기는 문지기다. 그런고로 나는 행복하다.' 이것이 오늘본문의 말씀입니다. 하나님 집의 문지기가 되겠다는 그것이 행복한 것입니다. 문지기로 있는 것이 좋습니다. 왕의 지위보다 하나님 집의 문지기가 되는 것을 바라고 부러워하고 있습니다. 여러분, 나의 불행은 어째서입니까? 하나님의 집에서 떠났기 때문입니다. 멀리서 하나님과 관계없는 일들을 하기 때문입니다. 다 절망과 후회로 끝납니다. 탕자는 아버지의 집을 떠났기 때문에 불행했습니다. '아버지 집에서 하나님의 일, 하나님 집의 일, 그 말단에서 문지기로 있다.' 이것이 행복입니다. 비가 내리는 날 이 아침, 교회에 나와 있으니 여러분은 행복한 사람입니다. 아무나 나오는 것 아닙니다. 그만큼 건강했고, 그만큼 자유로웠고, 그만큼 믿음도 있고, 성령의 감화가 있고, 그리고 여러분이 이 자리에 있습니다. 내 아버지 집에 거하는 이 시간이 가장 행복합니다. 일주일에 한 번 이 자리에서 가장 행복합니다. 더 바랄 것이 없습니다. 이 현재적 행복이 있고야 영원한 축복도 함께 가는 것입니다. 하나님의 집에 거하는 자, 문지기의 행복, 이 얼마나 아름다운 것입니까.

저는 목회하면서 경험했습니다. 인천에서 목회할 때 경찰 서장으로 있던 분이 심장에 이상이 생겨가지고 바깥출입을 못하게 되었습니다. 그런 중에 예수를 믿었습니다. 그래 만날 때마다 한 번만 교회에 나가보고 죽으면 한이 없겠다고 그랬습니다. 하지만 그분의 심장이 너무나 약하기 때문에 택시 타고 교회에 가다가 죽으면 안 되니까 "조금 더 기다려봅시다, 조금만 더……" 하다가 결국 한번도 교회에 나오지 못하고 세상을 떠났습니다. 저는 생각합니다. 아버지 집에 아무나 오는 것이 아닙니다. 하나님께서 허락하셔야 오는 것입니다. 아버지 집에 거하는 자의 행복이 얼마나 크고 위대한 것인지를 잠시도 잊어서는 안 됩니다. 사도 바울은 빌립보서에서 말합니다. '너희 믿음과 봉사 위에 네가 나를 관제로 드릴지라도 기뻐하리라. 피를 쏟아 부어도 나는 기뻐하리라.' 왜요? 그 하는 일이 너무나 소중하기 때문입니다. 이 사람의 행복, 하나님 집의 문지기가 되겠다고 하는 바로 그 마음 말입니다. 그의 현재적 행복이 영원한 축복의 출발이 되는 것입니다.   △

나의 나됨의 존재의식

　　형제들아 내가 너희에게 알게 하노니 내가 전한 복
음은 사람의 뜻을 따라 된 것이 아니니라 이는 내가
사람에게서 받은 것도 아니요 배운 것도 아니요 오직
예수 그리스도의 계시로 말미암은 것이라 내가 이전
에 유대교에 있을 때에 행한 일을 너희가 들었거니와
하나님의 교회를 심히 박해하여 멸하고 내가 내 동족
중 여러 연갑자보다 유대교를 지나치게 믿어 내 조상
의 전통에 대하여 더욱 열심이 있었으나 그러나 내
어머니의 태로부터 나를 택정하시고 그의 은혜로 나
를 부르신 이가 그의 아들을 이방에 전하기 위하여
그를 내 속에 나타내시기를 기뻐하셨을 때에 내가 곧
혈육과 의논하지 아니하고 또 나보다 먼저 사도 된
자들을 만나려고 예루살렘으로 가지 아니하고 아라
비아로 갔다가 다시 다메섹으로 돌아갔노라
　　　　　　　（갈라디아서 1 : 11 - 17）

나의 나됨의 존재의식

　유명한 철학자 러셀은 이런 의미심장한 말을 했습니다. '인간은 대부분 자기가 왜 세상에 사는지를 모르고 산다. 결국 죽음이 임박해서야 내가 왜 존재하는가를 알게 되는 것 같다.' 제가 몇 달 전에 책에서 이 구절을 읽으면서 많이 생각해보았습니다. 좀 진즉에 알았더라면 얼마나 좋았겠습니까. 그렇지 못하고 죽기 직전에 가서야 '내가 왜 존재했는가?' 하는 것을 알게 되더라는 말입니다. 이런 철학적인 지혜를 옛날 어른들은 간단하게 말했습니다. '철나고 죽는다. 철나자 죽는다.' 이 말, 무엇입니까? 죽기 전에야 철이 난다는 말입니다. 그동안은 철나지 못하고 사는 것입니다. 그리고 막강한 후회와 함께 회한을 안고 세상을 마친다는 것입니다. 그게 인간이라는 것입니다.

　미국의 베스트셀러 작가인 개리 켈러(Gary Keller)와 제이 파파산(Jay Papasan)의 공저인 책 한 권이 새로 나왔습니다. 바로「The One Thing(그 하나)」입니다. 지금 우리는 multitasking, 다양하고 복잡한 세상을 삽니다. 그러니 자기가 몰입할 수 있는, 자기의 온 정신과 온 생을 기울일 만한 일 한 가지를 찾아야 된다는 것이 이 책의 메시지입니다. 그렇습니다. 이것이 옳은가, 저것이 옳은가도 구별 못한 채 그럭저럭 살아가지고는 마지막에 후회만 남습니다. 한(恨)의 인간이 된다, 이것입니다. 그러니까 무엇보다 중요한 것은 모두가 성공이라고 인정하는 것을 무작정 따라가서는 안 된다는 것입니다. 남의 성공이 내 성공이 될 수는 없습니다. 남에게 좋은 일이라고

나한테도 좋은 일인 것은 아닙니다. 그런고로 내가 따라가야 할 본
질적인 가치, 최고의 가치, 절대가치를 발견해야 된다는 것입니다.
'이것만을 위해서라면 이제 죽어도 좋다. 이것만을 이룰 수 있다면
더 바랄 것이 없다.' 이런 확실한 것이 있어야 됩니다. 하지만 아무
목적도 목표도 없이 그럭저럭 그 많은 세월을 흘려보냈더라는 말입
니다.

　두 번째 특징은 뭐냐 하면, 모든 일을 다 할 수 있다, 이것입니
다. 세상에는 내가 할 수 있는 일이 있고, 할 수 없는 일이 있습니다
마는, 그래도 여전히 할 수 없는 일보다는 할 수 있는 일이 더 많습
니다. 가능성이 언제나 열려 있는 것입니다. 그러나 나는 선택해야
됩니다. 하나뿐입니다. 이걸 잊지 말아야 합니다. 제가 오늘 아침에
도 옷장을 열고 옷을 찾아 입으려고 할 때 이 옷도 보고 저 옷도 보
면서 '지금 밖에 비가 오는데, 무엇을 입어야 하나?' 하고 한참 궁리
했습니다. 그렇다고 모든 옷들을 다 입을 수 있는 것은 아니잖아요?
하나만 입어야지요. 딱 하나만. 당신의 선택은 어차피 하나입니다.
이걸 잊지 말아야 됩니다. 하나를 선택하기 위해서 나머지는 버려야
됩니다. 그러니까 잘못하면 옷을 입었다 벗었다, 입었다 벗었다 하
면서 아까운 시간만 낭비하게 됩니다. 생각해보십시오. 무려 한 시
간 동안이나 옷장 앞에서 그러고 있는 사람들도 있잖아요? 아닙니
다. 그래서는 안 됩니다. 딱 마음을 잡고 과감하게 하나를 골라야 합
니다. 그리고 나머지는 버려야 합니다. 이 용기가 있어야 합니다. 어
차피 우리의 선택이란 완전할 수 없습니다. 결국 가장 중요한 하나,
The One Thing을 찾아야 합니다. 이걸 찾았으면 다음은 거기에 몰입
해야 됩니다. 온 생을 다 기울여야 됩니다. 이대로 죽어도 좋다고 해

도 될 만큼 말입니다. 그럴 때 비로소 내 운명은 새로운 길로 들어설 수 있다, 이것입니다.

우리가 잘 아는 출애굽의 모세는 나이 80세가 되어서 비로소 철이 났습니다. '나는 왜 존재하는가? 나는 왜 세상에 태어났는가? 나는 왜 애굽에서 살아야 하는가? 나는 왜 광야에서 40년 동안 처가살이를 해야 되는가?' 그는 몰랐습니다. 정말 몰랐습니다. 그렇게 왜 살아야 하는지를 모르는 채로 무려 80년을 살았습니다. 그리고 80세, 그 인생의 늘그막에 이르러서야 비로소 하나님의 음성을 듣고 자신에게 왜 지난날의 그런 과거가 있어야 했는지, 또 어째서 자신이 오늘 이렇게 존재하는지를 깨우칩니다. 그가 모세입니다. 아마 아직 80세에 이르지 못한 분들은 이것이 무슨 의미인지 제대로 알기가 힘들 것입니다. 나이가 그 정도 되고서야 비로소 알더라, 이것입니다. 이 얼마나 중요한 이야기입니까. 그런가하면 아브라함 같은 사람도 세상에 태어나서 75세가 될 때까지는 몰랐습니다. '내가 왜 살아야 하는가?' 그는 75세에 하나님의 음성을 들으면서 비로소 자기존재의식을 얻게 됩니다. 뿐만이 아닙니다. 그는 "고향을 떠나라!" 하는 하나님의 말씀을 듣고 떠났습니다. 떠나고도 갈 바를 알지 못하고 갔다고 했습니다. 어디로 가야 하는지, 자기 운명이 어떻게 될지, 그는 하나도 몰랐습니다. 그는 그렇게 살았습니다. 그리고 100세에 가서야 다시 하나님의 말씀을 듣고 '내가 왜 존재하는가?' 하는 그 본뜻을 알게 되었다, 이 말입니다.

결국 인생은 세 단계를 거칩니다. 첫째가 무지의 단계입니다. 모르고 출발합니다. 여러분은 세상에 태어날 때 뭘 알고 있었습니까? 그저 부모님이 낳아주셨으니 세상에 나왔을 뿐입니다. 심지어 여러분은 자신이 어떻게 태어났는지도 모르지 않습니까. 그냥 나온 것입니다. 여러분이 아버지를 선택하고 어머니를 선택한 게 아닙니다. 내 생일도 내가 선택한 게 아닙니다. 그냥 태어난 것입니다. 나와는 아무런 상관이 없는 일입니다. 그러나 '선택된' 것입니다. 내가 선택한 것은 아니지만, 나는 선택이 되어서 세상에 태어난 것입니다. 아버지 어머니가 얼마나 좋아하셨겠습니까. 나는 모르지만, 내 출생으로 부모님이 얼마나 기뻐하셨겠습니까.

무서운 이야기입니다마는, 제가 어렸을 때 아버지가 이것저것 가르쳐주시는데, 우리 친척들 가운데 시계수리 하는 분이 있었습니다. 어느 날 아버지가 제게 이르셨습니다. "너, 올 여름방학에는 놀지 말고 그 집에 가서 시계수리 하는 것 좀 배워둬라. 나중에 좋을 게다." 그래 제가 그 집에 한 달 동안 머무르면서 시계포에서 아주 자세하게 시계수리기술을 배웠습니다. 그리고 집에 돌아와서 교회에 가 봤더니 벽시계가 딱 멎어 있는 것입니다. '이거다!' 싶어서 사다리를 놓고 올라가 그 시계를 떼어가지고 내려왔습니다. 어린 마음에 제 손으로 그걸 온전히 수리하고 싶었습니다. 고쳤습니다. 시계가 이제 잘 갑니다. 그런데 문제가 생겼습니다. 오래 걸려 있던 것을 떼어냈으니 먼지가 많이 묻어 있을 것 아닙니까. 그걸 깨끗하게 닦다가 시계 뒤편에 '곽선희 생일 기념'이라고 떡하니 씌어 있는 것을 발견한 것입니다. 우리 할아버지께서 제가 세상에 태어날 때 너무너무 기쁘셔서 시계포로 달려가 제일 비싼 것을 사다가 교회에 벽에 떡하니 걸어두셨던 것입니다. 물론 시계 뒤에다가 '곽선희 생일기념'이라고 제 생년월일까지 박아서 써두셨고요. 우리 할아버지께서 그렇게 기뻐하시면서 이 손자의 생일을 축하해주셨는데, 정작 저는 그걸 모르고 있었던 것입니다. 그야말로 아무것도 모르고 있었습니다. 여러분, 이걸 알아야 됩니다. '무지의 단계'가 있는 것입니다.

그런가하면 '복종의 단계'도 있습니다. 모르고 따르는 것입니다. 아버지가 이래라 하시면 이렇게 하고, 어머니가 저래라 하시면 저렇게 하는 것입니다. 하지 마라, 해라, 하지 마라, 해라…… 우리 모두가 부모님의 그 엄격한 몽학선생 같은 교육을 받지 않았습니까. 그야말로 매를 맞아가면서요. 그 복종의 단계가 있는 것입니다. 그 단계에서 내가 선택할 수 있는 것이 있습니까? 없지요? 그저 부모님이 시키시는 대로 따라갈 수밖에 없습니다. 때로는 반항을 해보기도 하지만, 어차피 그 집에서 얻어먹고 살아야 되니까 별수가 없지 않습니까. 그렇게 따라가면서 나도 모르게 이것저것 많이 배우게 되는 것입니다. 가랑비에 속옷 젖듯 물이 드는 것입니다. 문화화된 것입니다. 체질화된 것입니다. 성격화된 것입니다. 그러니 이게 어디 내 것입니까. 물론 개중에는 아주 특별히 성격 급한 사람들도 있습니다. 반대로 느린 사람들도 있고요. 다 어디서 배운 것들입니까? 부모님께 물려받은 것입니다. 본디 자기 것이 아닙니다. 이걸 알아야 합니다.

그리고 세 번째로, 스스로 선택하는 자유의지의 단계가 있습니다. 이제는 홀로서기입니다. 이제부터는 내가 선택하고, 내가 결정해야 합니다. 성인이 되면 내가 한 일에 대한 책임은 내가 져야 됩니다. 이렇게 사는 단계가 있다, 이것입니다. 이 세 가지 단계를 거쳐서 오늘의 우리가 있는 것입니다.

오늘본문에서 사도 바울은 엄청난 진리를 우리에게 설명해주고 있습니다. 여러분 잘 아시는 대로, 바울은 본디 유대교에 열심이던 사람입니다. 오늘본문에 나타난 대로, 그는 유대인들이 스데반을 죽일 때 거기에 동참한 사람입니다. 그토록 극렬한 유대 주의자였습니다. 얼마나 극성이었는지, 기독교인들이 박해를 피해서 다메섹으로 피난을 갔는데, 직접 거기까지 찾아가서 기독교인들을 붙잡아오려고 했던 사람입니다. 저는 궁금했습니다. 도대체 그 2천 년 전에 예루살렘에서 다메섹까지 가는 데 시일이 얼마나 걸렸는가? 그래 제가 자료를 찾아서 그 문제를 좀 알아봤더니, 꼬박 한 주일이 걸려야 갈 수 있었다고 되어 있었습니다. 죽어가는 사람을 살리기 위해서라면 몰라도 멀쩡한 사람을 죽이기 위해서 꼬박 일주일이나 걸리는 길을 간다? 참 어처구니없는 일 아닙니까. 하지만 바울을 그때 그랬습니다. 그러니 그가 얼마나 극악무도한 사람이었다는 이야기입니까. 그런 고약한 위인이 다메섹 도상에서 예수님을 만나게 됩니다. 예수님께서 그에게 물으십니다. "사울아, 어찌하여 네가 나를 핍박하느냐?" 사울이 되묻습니다. "주여, 뉘십니까?" 그 경황없는 가운데 대답은 하지 않고 되묻다니, 참 야무진 사람 아닙니까. 오히려 예수님께서 선선히 대답을 해주십니다. "나는 네가 핍박하는 예수다." 거기서 그가 예수의 포로가 됩니다. 완전히 예수의 사람으로 바뀝니다. 그렇게 그리스도께 붙들리어 그는 그 순간부터 그리스도의 복음을 전하는 자로 한평생을 살아가게 됩니다.

오늘본문에 나오는 이 이야기, 참 신비롭지 않습니까. 사도 바울이 부르심을 받은 것은 다메섹 도상에서였습니다. 그런데 그는 이렇게 말합니다. "어머니의 태로부터 택정함을 받아……" 아주 신비로운 말입니다. 타이밍이 완전히 다릅니다. "내가 예수님을 만난 것은 내 나이 서른 살 때다. 그러나 이것은 내 생각이고, 내 경험이다.

신비롭게도 어머니의 태로부터 택정함을 받아 오늘의 내가 있다." 이 얼마나 기가 막힌, 신비로운 고백입니까. 여러분, 스스로 생각해 보십시오. 내가 아는 거, 별것 아닙니다. 그러나 조금 더 깊이 생각 해보면 내가 어머니의 태로부터 택정함을 받았습니다. 이 얼마나 중 요한 이야기입니까. 제가 어렸을 때 가끔 어머니 속을 썩여드렸습 니다. 그때마다 어머니는 저한테 딱 한마디를 하셨습니다. "내가 너 를 세상에 태어나게 하려고 10년 동안을 기도했다. 알겠느냐?" 그러 면 저는 이 한마디에 꼼짝을 못했습니다. "10년을 기도하고 내가 너 를 낳았다." 그러면 내가 무슨 할 말이 있겠습니까. 여러분, 꼭 잊지 말아야 합니다. 사도 바울은 말합니다. "어머니의 태로부터 택정함 을 받았다. 그게 바로 나다. 내가 미처 몰랐다. 그러나 이제는 깨달 았다. 이제야 깨달았다. 이제야 비로소 알게 되었다. 은혜로 나를 부 르신 이가 오로지 은혜로 나를 부르셨다." 율법이 아닙니다. 선행도 아닙니다. 의도 아닙니다. 오직 은혜로, 오직 그리스도의 은혜로 나 를 부르셨다, 이것입니다. 주께서는 자격을 묻지 않으십니다. 과거 도 묻지 않으십니다. "오직 은혜로 부르시어 오늘의 내가 있다. 나는 택정함을 받았다. 나는 모르지만, 아시는 분이 정하신 바가 있다. 계 획하신 바가 있다. 거기에 하나님의 섭리가 있었다. 그 계획 속에 내 가 있다. 나는 택정함을 받았다."

　이런 재미있는 이야기가 있습니다. 옛날 알렉산더 대왕이 아주 크게 세력을 확장하고 있을 때, 그 이웃의 한 작은 나라 왕이 알렉산 더 대왕에게 선물을 보내왔습니다. 아주 영리하게 생긴 사냥개 두 마리를 "특별한 것입니다!" 하고 선물로 바친 것입니다. 대왕은 그 개들을 데리고 사냥을 나갔습니다. 노루도 있고, 토끼도 있습니다.

하지만 그 개들은 사냥감을 한 마리도 못 잡았습니다. 결국 대왕은 사냥터에서 그 개들을 데리고만 다니다가 나중에 사냥을 다 끝내고 나서 그 개들을 가차 없이 쳐 죽였습니다. 그리고 저녁에 짐으로 돌아와 그 왕을 만났을 때 대왕은 이렇게 말했습니다. "자네가 내게 준 그 개 두 마리, 형편없는 것도 못 잡더라고? 토끼 한 마리도 못 잡아!" 그랬더니 그 왕이 하는 말입니다. "아니올시다. 그 개는 호랑이와 사자를 잡도록 훈련되었습니다. 호랑이와 사자가 아니면 상대를 안 합니다." 이 말을 듣고 알렉산더 대왕이 크게 뉘우쳤다는 것 아닙니까.

　여러분은 무엇을 잡도록 훈련되었습니까? 무엇을 하도록 나도 모르게 훈련되었습니까? 여기에 하나님의 경륜이 있습니다. 택정, 거기에 의미가 있는 것입니다. 그래서 사도 바울은 말합니다. "나는 이방인의 사도로, 이방사람에게 복음을 전하기 위해서 날 태부터 택정함을 입었다." 이제야 깨달은 것입니다. 또 거듭거듭 깨달은 것 같습니다. 왜요? 그는 여기저기 동리를 다닐 때마다 유대사람의 회당에 들어가서 복음을 전했습니다. 그러면 어김없이 핍박을 받았고, 바울은 다시 뉘우칩니다. '내가 이방사람에게 보내심을 받았는데, 쓸데없이 유대사람의 회당에 들어갔다가 일을 그르쳤구나!' 이렇게 뉘우쳤던 것 같습니다. 하지만 사도 바울이 몰랐던 것이 있습니다. 바로 '디아스포라'입니다. 다메섹 도상에서 예수님을 만났을 때 그는 여러 가지 배경이 있었습니다. 가말리엘 문화에서 공부했을 뿐만 아니라, 가장 중요한 것은 길리기아 다소에서 태어났다는 사실입니다. 두 가지 언어, 두 가지 문화, 그러니까 'bilingual, bicultural'을 가졌다는 것입니다. 헬라어를 능통하게 하면서 히브리말을 하고, 헬라철학에 능통하면서 히브리종교에 익숙한 사람입니다. 이 두 가지 문화를 완전히 터득한 사람입니다. 이 사람이 다 필요한 것입니다. 이방인에 복음을 전하기 위해서는 이 사람이 필요했던 것입니다.

언젠 한번은 제가 이상현 박사를 프린스턴 대학에서 만난 적이 있습니다. 그는 프린스턴 신학교에서 교수로 20년 동안 영어를 가르쳤습니다. 그러니 얼마나 영어를 잘 하겠습니까. 제가 보기에는 참 놀라우리만치 영어를 잘합니다. 그런 분이 저보고 이렇게 말합니다. "곽 목사님, 저 영어 잘 하지요?" "그럼, 잘 하고말고!" 그 다음 말이 놀랍습니다. "한데, 중학교 다니는 제 아이들이 저더러 뭐라고 하는 줄 아세요? 교회 가서 영어로 말하지 말라 그럽니다. 아버지가 하는 영어는 진짜 영어가 아니라나요?" 그렇지요. 자기들은 거기서(미국) 태어났고, 이상현 박사는 여기서(한국) 공부하고 간 사람입니다. 안 됩니다, 그거는요. 오리지널의 문제입니다. 아무리 공부해도 될 것이 있고, 안 될 것이 있습니다. 이걸 알아야 합니다. 그런데 사도 바울은 헬라어와 히브리말, 헬라철학과 히브리종교를 둘 다 완전히 마스터한 사람입니다. 그렇기 때문에 당대 최고의 지성인이고, 이방사람들에게 복음을 전하는 데 매우 적합한 인물입니다. 태어날 때부터 그렇게 만들어진 사람입니다. 그리고 오늘 이방인을 위해서 일하고 있는 것입니다. 중요한 것은 그가 이걸 그제야 비로소 깨달았다는 사실입니다. 그래서 고백하는 것입니다. 내가 그래서 길리기아 다소에서 태어났고, 내가 그래서 가말리엘 문화에서 공부했고, 내가 그래서 이스라엘 사람들의 율법에 능통했고, 더 나아가서는 그래서 내가 스데반을 죽였고…… 그 모든 사건들이 반드시 있어야만 했던 것이라는 고백입니다. 왜요? 이방인의 사도가 되기 위해서입니다. 이방인에게 복음을 효과적으로 전하기 위해서입니다. 여러분은 자기 존재를 어떻게 생각하십니까? 내가 아는 거, 별것 아닙니다. 내 것 아닙니다. 내 생각, 내 습관, 내 가치관이 다 살아오면서 나중에 만들어진 것입니다. 하나님의 경륜 속에서 이루어지고 주입된 것입니다. 이 선택의 의미를 사도 바울은 이제야 비로소 깨달은 것입니다.

　제가 여러분에게 묻겠습니다. 여러분의 존재의미가 무엇입니까? 여러분은 무엇을 위해 살았으며, 무엇을 위해 살아야 합니까? 아니, 여러분은 무엇을 위해서 죽어야 합니까? 이제는 알아야 하지 않겠습니까. 너무 늦게 알면 후회만 남습니다. 한(恨)이 됩니다. 이제라도 빨리 깨달아야 합니다. '나의 나 됨은 어머니의 태로부터 택정함을 입은 것이다. 그래서 오늘의 내가 있다. 그렇기에 나는 이것을 위해 한 평생을 살뿐이다. 이것을 위해 죽는 것이 나는 아깝지 않다. 이것이 내 바람이다.' 이 얼마나 놀라운 이야기입니까. 그래서 사도 바울은 오늘본문 마지막에서 신비로운 말을 합니다. '내가 누구에게서 배운 것도 아니고, 받은 것도 아니다. 오직 계시로 말미암아 내가 있다. 내 복음이 있다. 나는 나보다 먼저 된 자들을 만나려고 예루살렘으로 가지도 않았고, 사람과 타협하지도 않았다. 만나야 할 이유가 없다. 그리고 아라비아로 왔다가 다메섹으로 갔노라.' 아라비아는 큰 비밀입니다. 왜 아라비아인지 누구도 확실하게 모릅니다. 그는 아라비아 사막에 가서 수도원에서와 같은 삶을 3년 동안이나 삽니다. 복음을 적립한 것입니다. 그러고 나서 다메섹으로 갔습니다. '나는 사람에게 묻지 않고, 하나님께 여쭈었다. 나는 사람과 의논하지 않고, 하나님께 의논을 드렸다. 그리고 나는 원점으로 돌아가 다메섹에서부터 다시 복음의 사역자로 출발했다."

여러분, 이제 묻겠습니다. 내가 존재하는 이유가 무엇입니까? 이제쯤은 알아야 하겠습니다. 내가 살아야 할 이유, 내가 몰입하는 일, 내가 행복한 이유, 그리고 내가 죽어야 하는 이유, 이것을 알고 출발해야 합니다. 거기서부터 진정한 나의 생을 살게 되는 것입니다. 거기서부터 사람다운 생이 되는 것입니다. '어머니의 태로부터 택정을 받아 내가 있노라!' 사도 바울의 이 신비로운 간증이 여러분 한 사람 한 사람의 간증이 되고, 현실이 될 수 있기를 바랍니다. △

곽선희목사 설교집·강해집·기타

〈설교집〉

〈강해집〉
(빌립보서 강해) 희락의 복음
(갈라디아서 강해) 은혜의 복음
(고린도전서 사랑장 강해) 진정한 사랑의 의미
(예수님의 이적 강해) 이적으로 계시된 말씀
(사도신경 강해) 사도들의 신앙고백
(야고보서 강해) 참믿음 참경건
(예수님의 잠언 강해) 예수의 잠언
(사도행전 강해)(상) 교회의 권세
(사도행전 강해)(하) 교회의 권세
(로마서 강해) 믿음에서 믿음으로
(고린도전서 강해) 복음의 능력
(고린도후서 강해) 생명에로의 길
(예수님의 비유강해)(상) 하나님의 나라/(중) 이 세대를 보라/(하) 생명
에로의 초대
(에베소서 강해) 내게 주신 은혜의 선물
(골로새서 강해) 위엣것을 찾으라
(데살로니가서 강해) 사도의 정체의식
(디모데서 강해) 네 직무를 다하라

〈기타〉
행복한 가정/참회의 기도/영성신학/종말론의 신학적 이해/생명의 길